CLEPTOCRACIA

Sobre cómo nos vemos a nosotros mismos a la luz del ejercicio del tradicional oficio de un Tlachiquero

IGNACIO GUTIÉRREZ PITA

International Book Corporation

CLEPTOCRACIA
Copyright © 2018 por Ignacio Gutiérrez Pita.

Reservados todos los derechos. No se permite la reproducción total o parcial de esta obra, ni su incorporación a un sistema informático, ni su transmisión en cualquier forma o por cualquier medio (electrónico, mecánico, fotocopia, grabación u otros) sin autorización previa y por escrito de los titulares del copyright. La infracción de dichos derechos puede constituir un delito contra la propiedad intelectual.

Mas información :
http://www.ignaciogutierrezpita.org

Diseño y composición: Catalina Inés Gutiérrez
Coordinación de la colección: Carlos Ignacio Gutiérrez
Correcciones: Soluciones Editoriales

ISBN: 9781980775966

1ª edición: 2018

10 9 8 7 6 5 4 3 2 1

ÍNDICE

	PRESENTACIÓN	1
CAPÍTULO 1:	MEGALÓPOLIS	5
CAPÍTULO 2:	EL PRESIDENCIALISMO	47
CAPÍTULO 3:	LA ALTERNANCIA	95
CAPÍTULO 4:	GOBERNADORES Y ALCALDES	135
CAPÍTULO 5:	EL CONGRESO	177
CAPÍTULO 6:	LA JUSTICIA	221
CAPÍTULO 7:	FUERZAS CORPORATIVAS	277
CAPÍTULO 8:	OTROS ACTORES POLÍTICOS	313
CAPÍTULO 9:	CRIMEN ORGANIZADO	367
CAPÍTULO 10:	LA JOYA DE LA CORONA	402
	EPÍLOGO	445
	SOBRE EL AUTOR	451

Presentación

Inicio los trabajos para construir la presente obra, imbuido por el convencimiento de que la misma, si se diera el caso de que llegara a las manos de un número significativo de lectores, pueda constituirse, simbólicamente, en un minúsculo grano de arena – que sería, en todo caso, mi más humilde y comprometida aportación - al esfuerzo conjunto que, con alma, corazón y vida, realizamos en la actualidad, una gran mayoría de mexicanos, comprometidos con la causa, e inmersos en labores con el fin de esclarecer las infinitas sombras que se movilizan, sin sentido aparente, en el largo trayecto de la posverdad prevaleciente en el entorno de la construcción de la más reciente historia política del país que nos tocó vivir, al menos, durante el trascurso de las últimas cinco generaciones, contadas a partir del comienzo de la consolidación de los principios enarbolados por la lucha armada de principios del siglo pasado.

Si, llegado el momento, nos tomásemos la molestia de realizar una mirada retrospectiva en el tiempo, para ubicarnos en la época en que correspondió a la Generación Silenciosa (1928-1945) enfrentar los retos más extremos derivados de una muy complicada situación, tanto a nivel nacional, como internacional, con toda seguridad, coincidiríamos con los criterios que fueran elaborados por nuestros más insignes prohombres, los cuales labraron a raja tabla una súper estructura monolítica que, por el simple transcurso del tiempo, se consolidó en la forma de un sistema político impenetrable, inexpugnable, incontestable y blindado a cal y canto, como mejor fórmula para contrarrestar cualquier tipo de alteración que pudiera llegar a poner en riesgo su propia existencia.

A los Baby Boomers (1946-1964) nos correspondió tragarnos sin chistar dicha medicina (que por cierto sabía asqueroso), la inalterabilidad del régimen fue magistralmente retratada por el genio del Premio Nobel de literatura, Octavio Paz, quien hizo suya la consigna en su obra del Ogro Filantrópico. El régimen, que para ese entonces se había convertido ya en una verdadera matrona, visualizada ésta amamantando a miles de sus más dilectos feligreses, comenzó a hilar fino en beneficio de su propio entorno (cosecha propia y exclusiva) y desechó, a ultranza, cualquier tipo de desafección política independiente, actuando de forma nugatoria a la libertad política individual, de la misma manera como lo ha venido intentando hasta nuestros días.

Los integrantes de la Generación X (1965-1980) tuvieron la magnífica oportunidad de ser testigos de los estertores finales de un régimen sustentado en la hegemonía política de un solo partido, algunos de cuyos más destacados dirigentes históricos comenzaron el declive tanto de su popularidad, como de su existencia física, empezaron – algunos de ellos - a utilizar pañales para adultos, como mejor medida para no mojarse los pantalones, sobre todo, durante las largas ceremonias republicanas en las que ocuparon un sitial preferente cerca del balcón central de Palacio Nacional.

La gerontocracia les fue característica.

Para los Millennials (1981-1994) las cosas resultaron más favorables. Por principio de cuentas, les correspondió, a muy temprana edad, ser testigos del principio del fin del sistema de partido hegemónico (que tanto daño causara en contra de la cultura cívica del país) y el comienzo de un régimen de partido dominante. Además, el privilegio de ser la primera generación de mexicanos que concurrieron – una vez cumplida su mayoría de edad – al proceso electoral que hizo posible la anhelada alternancia política que, finalmente, tocó, en tiempo y a tiempo, a nuestra puertas, y llegó al país para quedarse, como la novedad más esperada por parte de toda la ciudadana.

Da pesar que los Centennials (1995-2020) sobre todos los nacidos en la frontera entre una y otra generación, fueron testigos del cumplimiento de la maldición de la Malinche, por virtud de que, inconscientemente, fueron testigos de un nuevo advenimiento del Dinosaurio, quien, para sorpresa de todos, despertó de su letargo, tras doce años de su paulatino ostracismo.

Vale decir, en tono optimista que, para bien de esta última generación, en la cual depositamos nuestras más sinceras y afectivas esperanzas, el mal endémico que corroe el tejido social y que padecemos desde tiempo inmemorial, referidos a la corrupción y la impunidad rampantes y galopantes, pasarán a mejor vida, una vez sean sometidos, con carácter de urgencia, a una intervención quirúrgica de trasplante de cerebro, como fórmula única e indivisible para poner un hasta aquí definitivo al ejercicio de apropiación indebida y a mansalva de recursos públicos que se ha traducido en que en lugar de que se nos reconozca como una sociedad culta, cívica e impoluta, se nos caracterice como el estigma de ser una cleptocracia en el mayor sentido del término.

Intentaremos, a través del presente ejercicio escrito, focalizar algunos de los principales síntomas característicos de tal enfermedad, a la que, muy a pesar de todos los pesares, seguimos considerando como curable y viable a nuestra respectiva existencia, sobre todo, de cara a sus principales afectados: los mexicanos.

Como suele ser habitual, dedico la presente obra a las cinco Estrellas de mi Universo personal, a sus dos respectivos Luceros, y también, a mi más entrañables afectos en México, Colombia y República Dominicana.

Capítulo 1

MEGALÓPOLIS

Sucedió como suele acontecer, incluso en los casos más inexplicables de la vida que se presentan como una realidad insoslayable, cuando transitaba por una arteria de la ciudad de México, en hora pico, por la tarde, con una inmensa fila de vehículos delante del mío, esperando la luz verde de un semáforo sempiterno, colocado a propósito en el cruce de Puente de Morena con avenida Revolución (Tacubaya), cuando fui sorprendido por la acción de dos delincuentes juveniles, quienes, aprovechando la lentitud del cambio de las luces de la señal de tráfico, con certeza, prontitud y eficacia, atracaron una camioneta – conducida por una mujer – a la que, amenazaron con armas de fuego, tras fragmentar violentamente con una bujía de motor, los dos vidrios laterales delanteros de su automóvil, la despojaron de todas las pertenencias visibles, y al alcance de la mano,

Con incredulidad, miré el hecho, convencido, como imagino intuyeron los otros cuatro conductores de los vehículos a mi vanguardia, que nada se podía hacer, mucho menos en circunstancias como las que se presentaron en ese momento, debido a que, mi posición en la línea de espera, no disponía de una vía de escape segura hacia la arteria con mayor flujo vehicular. Como suele ser habitual, y sirviendo de testigo la sorpresa colectiva, los dos delincuentes juveniles, blandiendo en sus diestras las herramientas que les facilitaron la comisión del ilícito, se alejaron de mi vista, acogiéndose al amparo de la penumbra que les proporcionaba la obscura tarde/noche de la ciudad capital.

Como este episodio que presencié de forma circunstancial, cada día, se producen en la mal llamada megalópolis de la ciudad de México, cientos de casos similares o más graves (con perdida de vidas humanas), a los que hay que añadir, otros miles que se registran a lo largo y ancho de territorio nacional, dentro de una larga e incesante espiral de violencia criminal, sin parangón en los anales de la historia reciente de nuestro país. Por demás queda suponer que los protagonistas del relato que ahora nos ocupa, una vez cometida su fechoría, y bajo la cobertura del anonimato, se trasladaron a un punto fijo de reunión, en donde pudieron encontrarse para revisar y repartir la parte del botín que a cada uno correspondía, procediendo, posteriormente, a celebrar el nuevo éxito dentro de su lucrativa carrera de acciones al margen de la ley.

Por el otro lado de la moneda, no quisiera imaginar las circunstancias que mediaron en el entorno de la mujer objeto del atraco, una vez que volvió la aparente tranquilidad por el intenso momento vivido, y que tuvo la oportunidad de cruzar la luz del semáforo, aún con los nervios en punta, para adentrarse por los vericuetos de una congestionada avenida Revolución, en sentido norte-sur. Lo primero que pudo hacer, fue palparse para saber si se encontraba herida, cayó en cuenta que no sólo no había laceraciones visibles, sino que se encontraba con vida, que ya es una ventaja, seguramente, la mayor de todas.

Acto seguido, en al primera oportunidad, detuvo el vehículo, sin dejar de considerar el intenso tráfico característico de la hora. Con la adrenalina a tope, visualizó los daños materiales causados en contra de su propiedad, en primer lugar, comprobó que los dos cristales laterales delanteros, quedaron hechos añicos, más adelante, distrajo su atención en los efectos personales dados ahora por desaparecidos, ya que los mismos iban resguardados en el bolso de mano que, momentos antes, le había sido arrebatado a mansalva por los dos malhechores. Hizo cálculos mentales sobre las posibles consecuencias del extravío de su billetera en la que además de dinero en efectivo, había depositado sus tarjetas de crédito, su credencial de elector, el gafete que acreditaba su pertenencia a algún club social, la tarjeta magnética de acceso al estacionamiento del condominio residencial en donde habitaba, posiblemente ubicado en una zona de exclusivo barrio, además de un largo etcétera, en donde se incluían bienes con valor únicamente sentimental, como las últimas fotografías del esposo, hijos, y tal vez, también de sus nietos.

En torno a la decisión que de inmediato correspondería adoptar sobre las opciones disponibles para casos similares, la más fácil, hubiera sido continuar con rumbo al destino al cual se tenía previsto llegar. La fórmula que reviste mayor complejidad, consiste en hacerse presente ante la autoridad competente para materializar una denuncia por despojo con violencia y daños, perpetrados a mansalva por pandilla bien organizada, en plena vía pública, lo que, indefectiblemente, conlleva la responsabilidad de estar mental y físicamente preparado para comenzar una especie de odisea, similar a la que se enfrentan otros tantos ciudadanos ingenuos, quienes confunden, por razón directa del efecto del trauma vivido, la gimnasia con la magnesia, es decir, la certeza de que la causa elevada a los estrados judiciales para su procesamiento, en algún momento será ventilada en buena y debida forma, con las implicaciones que determine el juez competente, quien, a dichos efectos, produciría una sentencia conforme al derecho positivo vigente, a favor de la salvaguardia de los derechos de la querellante, quien representa, en este caso, a una ciudadanía ofendida e indefensa ante el crimen organizado.

Sin embargo, el México que nos ha tocado vivir, dista mucho de parecerse al legado por nuestros ancestros, que fuera inspirado en la inconciencia de los sueños más sublimes, idealizados como una especie de paraíso terrenal, a cuya vera visualizaron, prístina y clara laguna, en medio de la cual yacía - sobre un nopal espinoso -, una águila real, en posición de combate, devorando feroz serpiente, epítome de nuestra identidad nacional, señora de ancestral cosmología, baluarte de una cultura milenaria que, gracias a ingentes aportaciones, se abre espacio en el universo infinito, en búsqueda de lograr que, por gracia de su influencia directa, se pueda materializar su presencia por los siglos de los siglos, de forma similar a como rezan nuestras más sentidas plegarias, clamando por la comprensión, y la divina misericordia de aquél, de quien debemos suponer, representa al dador del todo, lo visible, y lo intangible.

Por el contrario, vivimos ahora una realidad existencial completamente distinta a la que, en algún momento de nuestra historia heredamos de los grandes valores de culturas milenarias, ricas en conocimientos universales, que nos fueron legados como consecuencia de compartir el mismo espacio territorial en donde se asentaron las primeras tribus sedentarias, conocedoras de los principios básicos que hicieron posible la sustentabilidad de su raza, gracias a la capacidad de producir sus propios alimentos básicos, y defender con las armas, su entorno social.

Si producimos un giro, y regresamos al entorno que nos ocupa, los dos actores principales del relato, seguramente debieron tomar caminos distintos. Por lo que respecta a la mujer, la víctima de asalto, daño a propiedad, y despojo de bienes personales, con toda seguridad, como ha sido ya mencionado, decidió trasladarse a su domicilio particular, en donde intentará hacer el duelo correspondiente por los efectos del acto de violencia ciudadana a que fuera sometida, buscando el consuelo de sus afectos más directos como mejor vía para arrojarlo como lastre al desván del olvido.

En el caso de los victimarios, el camino tomado, indudablemente, resultó un poco más tortuoso, si partimos del hecho de que una vez que se encontraron en un sitio preestablecido, como ya fuera mencionado, aprovecharon la oportunidad para auto elogiarse por el éxito de la felonía recién cometida, se repartieron el botín – que suponemos fue de forma equitativa -, y debieron pasar por "la báscula", que en el argot vernáculo, se traduce como una obligación para hacer llegar una significativa participación del beneficio recién adquirido, entre todos los personajes del bajo mundo urbano, ubicados dentro de la línea de flotación que marca el intrincado abanico de complicidades, característico del bien engrasado sistema de extorsión ciudadana, creado como base de sustentación, para resguardar uno de los grandes males que nos aquejan a todos por igual: la corrupción.

Este fenómeno que mantiene cooptada a buena parte de la administración pública del país, en todos sus niveles de gobierno, y que se encuentra sólidamente adherido a sus instituciones nacionales, como un todo, en los treinta y dos estados que integran la federación, y del que ha sido víctima la ciudadanía en su conjunto, opera gracias a la temperancia con la que los gobernantes en turno, han procurado mantenerlo vigente, y a la indiferencia con la que, los principales afectados, nosotros, hemos hecho oídos sordos frente a los reclamos de la nación.

De ahí se desprende el hecho de que nuestros dos delincuentes juveniles interactúan en forma independiente, ocupando el lugar que la sociedad les ha asignado como consecuencia del conjunto de acciones derivadas de la falta de acceso a opciones distintas a las determinadas por sus prácticas instintivas de supervivencia, negándoles, por lo tanto, allegarse los servicios básicos mínimos a que tienen derecho (salud, educación, trabajo, seguridad, etc.) mismos que, si se hubieran obtenido, cabría suponer la posibilidad de que esa misma sociedad excluyente, los ubicase en un camino distinto, el que los aleja del riesgo permanente de encontrarse cerca del borde del abismo, ese espacio circunstancial que separa al ser, del deber ser, y que, en todo caso, representa la antesala de la pesadilla por la que les podría tocar enfrentar: el crimen organizado, cuya fuente principal, es justamente este tipo de juventud.

Además, nuestros dos delincuentes intuyen en el fondo de sus respectivos corazones, los efectos que produce el cumplimiento del axioma que reza: entre mayor sea el nivel de impunidad, mayor es el incremento en el registro del nivel de crímenes cometidos, en un momento determinado, ya que, a todos los efectos del caso, prácticamente, desaparece la amenaza de verse sancionados por parte del estado.

De ser cierto, y si se llegara a dar el caso extremo que, por excepción, la víctima del asalto concretara una denuncia formal ante el ministerio público con circunscripción en el lugar en donde fue cometido el delito, dicha instancia, por lo general, vive coludida con los mandos de la policía local, y éstos, a su vez, con jueces, funcionarios y empleados de los juzgados, cuya habilidad para hacer perdidizos expedientes de casos y causas abiertas es conocido como denegación de justicia, y por supuesto, rechazado por el conjunto de una sociedad cada vez más inconforme por el modus operandi de la administración de justicia, tanto en la capital del país, como en todo México.

La situación prevaleciente en nuestra capital, nos servirá de ejemplo para concretar la muestra empírica a través de la cual será viable la comprobación del nivel de dificultad al que nos enfrentamos si se diera el caso de intentar deshilvanar el nudo gordiano por el que atraviesa la sociedad mexicana en su conjunto, que viene siendo víctima inocente del impacto del fenómeno que nos aqueja, como fuera establecido ya, y que es el de una corrupción incontrolable, cuyos tentáculos se extienden por doquier, con situaciones cotidianas que influyen y nos afectan a todos, y de las cuales, a veces, conscientemente, otras sin siquiera imaginarlo, aceptamos con tácita complacencia, como parte de usos y costumbres válidos para los intercambios en los que participamos como actores individuales, o como integrantes del conjunto social al que pertenecemos y con el cual, formamos un todo.

Pasando nuevamente la página del evento protagonizado por nuestros dos personajes a quienes hemos investido como actores de la incomprensión y marginalidad que nos aqueja, intentaremos averiguar si el fenómeno de la corrupción opera en el cuerpo social con la misma intensidad con la se percibe el impacto de una pandemia, que si bien es cierto, conocemos e intuimos algunos de los síntomas que le caracterizan, estamos muy lejos de poder determinar la fórmula más conveniente a nuestros intereses para neutralizar los nocivos efectos a que nos tiene sometidos.

El ejercicio que nos hemos encomendado realizar, no resultará fácil abordarlo a plenitud, si partimos del hecho de las posibles afectaciones en contra de los intereses generados en el contexto de un entorno de complicidades, cuyos entre telones, trascienden lo divino y lo humano, más allá de cualquier aspiración sobre la cual nos atreveríamos a concertar una apuesta que busque trascender los límites de la realidad y el entendimiento, es decir, estaríamos en el umbral del espacio social de un realismo mágico, similar al recreado gracias a la inspiración de la pluma magistral de Gabriel García Márquez, en su obra: Cien años de soledad, pero esta vez, en lo que antaño fue reconocida como la región más transparente.

Los mismos personajes que trajimos a colación al inicio del presenta capítulo nos permiten elaborar una primera muestra aleatoria sobre el status quo prevaleciente gracias a la interacción ciudadana, con lugares comunes, en donde casos similares se repiten con una cotidianeidad sorprendente, convirtiéndolos en un conjunto de usos y costumbres, aceptados por todos, razón por la cual, y a los efectos de las ciencias sociales, podría llegarse a suponer una especie de práctica consuetudinaria sin efectos jurídicos hacia terceros, lo que en términos de derecho positivo, se interpreta como ausencia de todo tipo de sanción en contra de los infractores.

Y, es justamente en ese entorno en donde la corrupción sienta sus reales, partiendo del hecho de que ninguna de las partes involucradas – gobernantes y gobernados –disponen de voluntad para viabilizar la prevalencia de la ley, cuyos positivos efectos acarrearían el indudable mejoramiento del mal que aqueja el tejido social en su conjunto, que a estas alturas del paseo, vislumbra para el corto plazo, un amenazante proceso de metástasis, cuyas consecuencias fatales, por previsibles, son bien conocidas.

Nuestro ejemplo del micro delito cometido a plena luz del día, en la capital del país, nos da la pauta para analizar con mayor detenimiento una hipótesis sobre la crisis sistémica por el que atraviesan las principales instituciones políticas del país, regidas, en su mayoría, por un marco jurídico conceptual heterogéneo, adoptado, caprichosamente, en paralelo al derecho positivo que acordamos como pacto social, conforme a los mejores intereses de gobernantes y gobernados, a lo largo del tiempo, durante los diferentes ciclos o períodos históricos, contados a partir de septiembre de 1810, fecha en que fuera proclamada la independencia nacional.

De tal forma, cabe suponer que por encima de la obligación inherente a unos y a otros, es decir, a quienes elaboran las leyes, y en su caso, a quienes están (estamos) obligados a cumplirlas, subsiste un amplio espacio discrecional, en donde todo es posible, mientras no cambie nada (gatopardismo), un lugar común de solaz esparcimiento, donde prevalecen la gracia y el chascarrillo a la mexicana, como nos gusta afirmar cuando nos encontramos ante un grupo de extranjeros, o lejos del suelo patrio, por cuyas añoranzas estamos dispuestos no sólo a tomar tequila, sin importar la hora, enfundarnos en colorido traje de charro, o hasta afirmar que aquí, en México, el camino al éxito siempre está en construcción.

Somos diferentes a nuestros semejantes, pero similares a los de otras nacionalidades, quienes a su vez, subsisten en condiciones parecidas a las nuestras, victimizados también por la rapacidad de sus propios gobernantes corruptos, como los que tenemos en casa, que disponen de los mismos marcos jurídicos conceptuales heterogéneos, como los nuestros, inspirados, todos, bajo principios filosóficos sobre los cuales deberíamos suponer que anteponen al hombre como epítome del universo, por encima de las cosas, reales, aparentes y tangibles, mientras de soslayo esperan con paciencia el momento propicio para dejarlo caer hacia el fondo del precipicio en el cual se estrella, irremisiblemente, produciéndose por ello, acto seguido, su colapso.

Como no pensamos abordar colapsos ajenos a los propios, tarea que ameritaría profunda reflexión, nos circunscribimos a esbozar algunas ideas sobre lo que se encuentra al alcance de nuestra mano, el día a día, del país que nos tocó vivir, en el que nacimos, crecimos, y donde forjamos carácter y entendimiento, donde nacieron y crecieron nuestros padres, hermanos y abuelos, el hogar de nuestros hijos, y en donde sembramos la semilla desde la que germinarán las generaciones ante las cuales somos responsables solidarios para preservar el orden de nuestra casa, que es también, propiedad de todos. Una casa que ha venido siendo paulatinamente lacerada con el tránsito de aves rapaces, cuyo sobrevuelo sirve de sustento a un insaciable aparato burocrático, obeso y glotón a ultranza, y del que, en algún momento de nuestra efímera existencia, tendremos que deshacernos, como fórmula única para evitar que por efectos de su influencia, se cumplan sus verdaderos objetivos, y terminemos convertidos en sus vasallos.

La ciudad de México es una de las entidades federales en donde la corrupción refleja los índices más alarmantes de todo el país. En dicho sentido, el clamor de muchos capitalinos (aún sin gentilicio propio, como consecuencia de la reforma constitucional de febrero de 2016. Ojalá que no se les ocurra pensar en algo así como "Cacahuamilpas" o "Popocatépetls"), alerta que la única ley que se aplica en sus 1,485 kilómetros cuadrados, es la "Ley de Herodes", (o te chingas, o te jodes)

- conocido chascarrillo, generado al calor de la sustanciosa picardía mexicana -, fiel reflejo de la realidad prevaleciente en una entidad, en la que convive un diverso y complejo mosaico étnico, cultural, social, económico, político y lingüístico, y en la que, además, se asienta la sede de los poderes de la Unión, desde donde, en principio, se rigen los destinos de la patria.

Esa misma ciudad capital, en la que confluyen los tres niveles de gobierno: federal, estatal y municipal, que cuenta con una zona metropolitana, de aproximadamente 21 millones de habitantes, gobernados, desde 1997, por fuerzas militantes de la izquierda tradicional (marxistas, trotskistas, maoístas, leninistas, etc.) integrados - desde 1989 - en la fórmula política que enarbola el Partido de la Revolución Democrática (PRD), creado como oposición directa a los gobiernos del Partido Revolucionario Institucional (PRI) hegemónico en el país con una historia que parte desde 1929, consecuencia de la cual, sufrió paulatinamente, la pérdida de legitimidad, especialmente, por virtud de su protagonismo en los sucesos acontecidos durante el movimiento estudiantil de 1968, que culminó, con la "matanza de Tlatelolco", del 2 de octubre y el activismo ciudadano derivado de los sismos de septiembre de 1985.

Si nos adentramos un poco más en esa inmensa cocina en la que hemos convertido la ciudad de México, podremos constatar que hierven, en un primer hervor, todo tipo de condimentos, desde el barrendero que reclama una "propina" como medio para recoger el bote en donde se deposita la basura domiciliaria, hasta el empleado de la delegación del gobierno capitalino (existen 16 en la demarcación), quien condiciona el otorgamiento de una ficha numerada para el acceso expedito a la atención ciudadana, a la entrega de una "dádiva" o "mordida", que representa, en ambos casos, un ingreso adicional al del salario o estipendio, con el que, formalmente la administración le premia por el trabajo desempeñado.

Dentro del mismo formato descrito, encontramos, además, la interacción de otros activos citadinos, como son los casos de: franeleros, vendedores ambulantes, marchantes de los mercados sobre ruedas, tianguistas, improvisados limpiadores de parabrisas, malabaristas, boleros, expendedores de billetes de lotería, cirqueros, y un amplio y variopinto etcétera, dentro del cual, no se excluyen multitud de oficios varios, algunos de ellos inverosímiles, como los traga fuego, o los menores de edad, en brazos de sus madres, pidiendo limosna en plena vía pública, la mayoría informales, que se auto designan como usufructuarios permanentes de un espacio público que pertenece a todos, por ser el lugar en común, en el que se concentra la convivencia ciudadana.

Detrás de cada infractor (consciente o inconsciente) de las normas establecidas, generalmente, encontramos la sombra de un personaje que funciona como cómplice o agente facilitador del acceso a la pirámide ascendente de la burocracia local, cuya arista confluye, generalmente, en el despacho en el que sienta sus reales, El Delegado, quien durante un período de tres años, vive el sueño de convertirse en el amo y señor, y jefe de todo el entorno burocrático de su respectiva circunscripción territorial.

Unos y otros, de común acuerdo, pagan y reciben en forme natural, el "moche", eufemismo con el que distinguimos el ingreso mal habido, cuya sumatoria, al total de los percibidos por honorarios legalmente determinados para cada nivel dentro del escalafón de remuneraciones de administración pública nacional, la mayoría de las veces, lo supera con creces. Estos mismos "moches", generalmente, se traducen en una nueva y rica fuente de ingresos adicionales, no gravables, y forman parte de los millones de transacciones que bajo el mismo modus operandi se concretan, tanto a lo largo y ancho de la megalópolis, como en la totalidad de los centros urbanos y rurales del país.

Como hasta esta fecha nadie se ha puesto a pensar que dicho comportamiento es acreedor a una sanción, todos obran en función de que la violación de la ley es un mal menor, en la escala de valores de una sociedad condicionada a superar con éxito las mayores dificultades posibles, generadas a lo largo del sinuoso camino que encontrarían, si se parte de la opción de recurrir a la vía preestablecida, es decir, la del debido cumplimiento de la norma correspondiente.

De esta manera, inconscientemente, nos proveemos de una especie de llave mágica que franquea nuestro acceso a todas las puertas, además de la posibilidad de contemplar desde un espacio privilegiado, los principales escenarios de interacción humana, una especie de mundo paralelo, que gira en nuestro entorno, y que sirve como varita mágica, creada para satisfacer nuestras mas ingentes necesidades.

Así, gracias a la acción (activa o pasiva) voluntaria de la sociedad, sientan sus reales, como clase dominante, los detentadores de un transitorio poder público, a los que encontramos con facilidad en el entorno de todos los extremos del inmenso aparato gubernamental.

La decisión de escoger a la ciudad de México como punto

de partida para la prueba piloto que representa el presente ejercicio empírico, no ha sido tomada en forma causal, ni obedece a meras consideraciones de carácter histórico, como haber sido el bastión principal del imperio Azteca.

Nos motiva el hecho de que los principales detentadores del poder público local se identifican con la primitiva fórmula de nuestros ancestros imperiales: tribus perredistas, o corrientes ideológicas, cuyo imperio territorial lo reparten por sistema de cuotas, entre los respectivos seguidores de cada una, como son (por mencionar algunos casos) : Izquierda Democrática Nacional, Movimiento Progresista, Nueva Izquierda, Alternativa Democrática Nacional, Patria Digna, y otras agrupaciones o Frentes – formales e informales -, comprometidos con las causas propuestas por sus líderes, y los militantes independientes distinguidos, como han sido los casos de, al menos, los dos últimos jefes de gobierno electos en los procesos comiciales federales de 2006 y 2012.

El PRD ha ejercido el poder político en la ciudad de México, de forma hegemónica, (dato curioso) desde que asumió por primera vez la jefatura de gobierno, en 1997, y que obtuvo, en el mismo año, la mayoría de los 66 escaños (44 por voto directo, y 26 por representación proporcional) en un nuevo órgano de gobierno para la capital: la Asamblea Legislativa, cuya función principal, formalmente hablando, por supuesto, fue la de abrir nuevos espacios de participación ciudadana, vis a vis las condiciones políticas prevalecientes en México.

Como consecuencia de dicha reforma política, fue posible, también, que en las elecciones federales del 2 de julio del año 2000 - gracias a la intervención de un nuevo árbitro, el Instituto Federal Electoral (IFE) -, se alcanzara un fin para cuya consecución sólo se configuraba dentro del imaginario de los más optimistas, o tal vez, en un texto clásico de ficción: la alternancia del poder presidencial, materializada con el triunfo del abanderado del opositor Partido Acción Nacional (PAN), quien se alzó, con una indiscutible victoria, frente a sus dos contrincantes principales, el del PRI, y el del PRD.

Con el posicionamiento del PAN como nuevo actor de la geometría política nacional, disponemos ya, a los fines de nuestro trabajo, de un escenario plural e inédito, para la historiografía política del país, caracterizada por la dominancia de un partido, el PRI, que gobernó en solitario desde 1929, gracias a la estrategia implementada en tiempos de sus prohombres, consistente en cooptar todos los espacios posibles en los órganos de representación popular, en los tres niveles de gobierno, incluidos, además del titular de la presidencia de la república, la totalidad de escaños que integran el poder legislativo federal, los titulares de las gobernaciones de los estados, los integrantes de congresos locales, los titulares de las 2,417 presidencias municipales, incluidas las mayoría de sus respectivos cabildos, así como los demás órganos de representación popular.

La dominancia del PRI se extendió, por igual, a la mayoría de los órganos de control previstos por la Constitución para el ejercicio de la función pública, también se impuso en el contexto de la administración y procuración de justicia, a grado tal, que dejo huérfano de pesos y contrapesos el enunciado constitucional sobre división de poderes, determinado con el propósito de equilibrar nuestro sistema político, que por sus características, se distingue por encima de cualquier otro similar, a grado tal, que muchos estados extranjeros han buscado emularlo, sin éxito, habiendo fracasando cualquier intento por igualarnos, o superarnos.

No obstante lo anterior, la anhelada alternancia presidencial, supuesta base del gran cambio político que se esperaba para México, no sirvió de inspiración para modificar usos y costumbres vigentes, heredados del régimen de partido dominante, aparentemente, en proceso de franca extinción.

Lo que sucedió, fue todo lo contrario, no sólo no se extinguió el monstruo de mil cabezas que habíamos creado, sino que, gracias a sus estertores finales, los liderazgos políticos alternativos, tanto del PAN, como del PRD, y de otros apéndices partidarios, generados al calor del cambio, - en sus respectivas esferas de influencia -, fueron fatalmente contagiados por la cepa del mismo virus contra el que hemos intentado combatir, persistentemente. Ese mismo bicho que merodea desde tiempo inmemorial nuestra existencia: la corrupción.

El espacio que durante tiempo inmemorial sirvió de coto privado para las huestes del "partido aplanadora" como es mejor conocido el PRI, se traslado al dominio compartido de una nueva clase de corsarios a quienes identificaremos como tlachiqueros, en alusión al viejo oficio del campo mexicano, que distinguió a los trabajadores de la explotación ancestral de la esencia del maguey, materia prima para la elaboración de la bebida de excelencia: el pulque, sempiterno compañero en las mesas que atendían los gustos culinarios más exquisitos, desde nuestros ancestros, los emperadores aztecas, hasta las de los líderes de los tres sectores en los que fue dividida, por la hegemonía priista, nuestra sociedad: popular, obrero y campesino.

Dicho extracto que, aún en nuestros días sigue siendo expoliado de las entrañas de la tierra, en forma similar, como acontece con la riqueza nacional, se obtiene por vía de la absorción con un acocote (especie de gran popote) que es introducido en el corazón del maguey, se aspira, y su jugo es depositado en un bolso de piel curtida, dentro del cual, pasa a un gran tinajal, en donde se produce su fermentación. La analogía es sorprendente ¿no les parece?.

Con la dirigencia política de la alternancia sucedió lo que nadie se esperaba, los nuevos administradores de la cosa pública, probaron y comprobaron las mieles del disfrute de lo ajeno (el pulque), visualizando desde la cómoda lontananza, cuán corrupta podría llegar a ser su especie, si para ello, se presentaba la oportunidad de satisfacer sus más caros anhelos de fortuna, a cambio de desarrollar el mínimo esfuerzo para lograrlo.

Para perfeccionar dicha ecuación, idearon y encontraron la mejor fórmula para eludir la incómoda acción de la justicia, a través de subterfugios jurídicos, creados a su imagen y semejanza, de forma trasversal a cualquier norma preestablecida con carácter sancionatorio. Posteriormente, buscaron consensuar con la sociedad civil, dichos subterfugios jurídicos, de cuya aquiescencia se dio por cumplido el rol asignado a cada una de las partes como cómplices del espolio indebido de los bienes públicos pertenecientes a la nación, puestos temporalmente, bajo su custodia.

Con la vía prácticamente pavimentada, la ciudad de México fue puesta en manos de las tribus perredistas, sedientas del poder y de la riqueza que por años les fueran denegados, sobre todo, durante el curso de su militancia más extrema, caracterizada por la participación de sus máximos dirigentes en marchas, codo con codo, en contra de la institucionalidad del país, armados con pancartas con la hoz, el martillo, y la estrella roja, portando, a su vez, carteles con las efigies de Marx, Engels, Lenin, Mao, el Che Guevara y Fidel Castro, en lugar de los héroes inspiradores de nuestras gestas patrias.

Esos mismos activistas que en su momento representaron a la sociedad civil organizada, que salieron a las principales calles y avenidas de la ciudad de México, devastada por los efectos de los sismos del 19 y 21 de septiembre de 1985, para prestar apoyo y auxilio a los cientos de miles de muertos, desaparecidos y damnificados. Los mismos activistas que suplieron el vacío de poder generado por la conmoción característica de las autoridades en todos los niveles de gobierno, las cuales con su inacción, renunciaron al rol preponderante que les tiene asignado la constitución, y se mantuvieron paralizados por la magnitud de la catástrofe.

Desde que se constituyeron como la clase gobernante de la capital del país, pautaron acuerdos, y en su caso, dieron por entendida la esfera de interacción en los niveles de la rama ejecutiva que a cada uno correspondían, por mandato de ley, tanto a nivel de la jefatura de gobierno, como del de las jefaturas de cada una de las 16 delegaciones territoriales en que se encuentra dividida la ciudad de México.

El gran botín en que se convirtió la entidad que funciona como centro del poder político del país, es inverosímil, si partimos del hecho que, paulatinamente, la dirigencia del PRD, le ha ido arrebatando a su homóloga del PRI, el producto del ejercicio de las viejas canonjías derivadas de la capacidad del partido hegemónico para cooptar a los integrantes de todas las organizaciones sociales representativas de cualquier tipo de actividad pública, comenzando por los gremios de obreros, trabajadores, representantes del campo, similares y conexos (como reza la tradición sindical en el país), afiliados o asociados a cualquier tipo de entidad productiva, aunque las entidades parasitarias, a su vez, disponen de espacio propio, sobre todo, a la hora de producir el "moche" a favor de la autoridad competente.

Algo similar sucede en la esfera de los otros dos poderes que operan a nivel de lo que, en breve, será la trigésima segunda entidad federativa de la república mexicana, el legislativo (Asamblea Legislativa, con 66 escaños) y judicial (Tribunal Superior de Justicia, que funciona con 78 magistrados), los cuales, de forma mancomunada, operan, como viene siendo una tradición, con sumisión a los designios del jefe de gobierno en turno.

La organización política de la Ciudad de México, en los términos de la reforma constitucional de enero de 2016, ha sido encomendada a un poder constituyente, encargado de producir una carta política para quienes integraremos el Estado número 32 de la Federación, cuya promulgación fue el día 5 de febrero de 2017. Más adelante, comentaremos algunos detalles sobre los términos con los cuales fue integrado el cuerpo legislativo que abordó tema de tan elevada relevancia.

A nivel de la calle, es decir, del día a día de los capitalinos, encontramos que la mayoría de actividades ciudadanas funcionan bajo un régimen dual en donde el cumplimiento de la norma se traduce en la excepción, frente a la cómoda vía de hacer llegar un adecuado "moche" a cambio de obtener la satisfacción de cualquier tipo de necesidad que se presente. Si uno acoge y se apega a ese modus operandi se convierte, automáticamente en un chilango más, de entre los veintiún millones que poblamos la megalópolis.

Aunque ese esquema de interacción ciudadana se mantuvo a lo largo de la mayoría de las administraciones perredistas, al producirse el cambio en el balance de poderes entre las fuerzas de izquierda, por virtud del triunfo en las elecciones de junio de 2015 del Movimiento de Renovación Nacional (MORENA), éste afectó, directamente, el equilibrio de la gobernabilidad de las delegaciones territoriales, situación similar a la que se presentó en la Asamblea Legislativa, como órgano plural de representación ciudadana, en la cual el propio MORENA se alzó con una victoria que le permite ostentarse en la VII Legislatura, como la primera minoría política, al disponer de 22 de los 66 escaños posibles.

Y, si bien es cierto que es un órgano plural de representación ciudadana, también es uno de los más costosos, si atendemos el resultado del estudio elaborado por el Instituto Mexicano para la Competitividad (IMCO) en donde se señala que, además de onerosa la Asamblea Legislativa es una entidad de gobierno de la capital del país que se desempeña en el marco de la más absoluta opacidad, que es lenta y poca productiva, que de conformidad con las cifras analizadas de entre más de 92 países, los legisladores locales obtuvieron una calificación sobresaliente con respecto al costo unitario por encima de los respectivos de sus contrapartes internacionales, es decir, maneja un presupuesto de $ 1,903 mdp (2017) que significa 4.5 veces más que el gasto promedio de todos los congresos del país (31)

Según el Informe Parlamentario Mundial correspondiente a 2011, la Asamblea Legislativa es más cara, si para ello se le compara con otras de sus similares en países como Japón, Israel, Alemania, Bélgica, Francia, y otros 92 países incluidos en la muestra.

De conformidad con el propio estudio, cada diputado le cuesta a la nación 28 millones 834 mil pesos, que es casi el doble del costo promedio que se paga por cada uno de los 500 diputados a nivel federal, por los que se erogan $15.3 mdp., cantidad que está muy por encima del costo promedio nacional de 11.1 mdp que se asigna al resto de legisladores en el país. La Asamblea Legislativa es también, la que tiene una mayor burocratización, es decir, se auto asigna para cada uno de los asambleístas 28 plazas, mientras que el resto de legisladores a nivel nacional, cuenta con 3 por cabeza.

Fuera de los cambios que en principio deberían haberse registrado a nivel organizacional tanto en las delegaciones territoriales, como en la propia Asamblea Legislativa, ambas afectadas por la supuesta "moralina" que emana del discurso lopezobradorista que exultan los dirigentes de MORENA, las cosas poco han cambiado a nivel clientelar, por el contrario, la extorsión en contra de la ciudadanía ha cobrado patente de corso en las relaciones entre gobernantes y gobernados de la megalópolis azteca.

Por tal motivo, no debería de extrañarnos que, con independencia de que, efectivamente, existen (subsisten) servidores públicos que gracias a su comportamiento, apegado al estado de derecho, honran al gremio, sigue operando en todo tipo de interacción ciudadana un esquema de quid pro quo, del cual se deriva una dependencia viciosa de los gobernantes, quienes demandan de los gobernados dádivas o "moches" a cambio de la prestación de los servicios o satisfactores que el público les demanda.

Los nuevos tlachiqueros urbanos conocen perfectamente qué fibras son más susceptibles al poder extractor del respectivo acocote, que insertan con maestría en la entraña de su respectiva parcela de poder, con el fin de obtener, para su propio beneficio, la mayor cantidad de esencia posible, siempre en detrimento de los intereses superiores de los ciudadanos, quienes de forma voluntaria, y también, a veces obligados por las circunstancias, se someten, cual tierno cervato a las fauces del depredador en turno.

Gracias a dicha actitud, a nadie puede extrañar los publicitados episodios del famoso "cochinito" que guardaba, con la reserva del caso, la simpática jefa de gobierno capitalino que se hizo famosa, por una intensa relación amorosa con un empresario de origen argentino, filántropo a ultranza, contratista privilegiado del régimen de gobierno local, autor de los videos que exhibieron el altruismo demostrado – en beneficio de su propia causa, durante anecdótico episodio -, por un personaje, mejor conocido como "señor de las ligas" (jefe de una de las tribus del PRD), captado al momento que procedía al llenado con billetes de curso legal cuanto orificio tuvo a su alcance en el traje que portaba, por supuesto, recursos mal habidos, y producto del socorrido truco del chantaje económico a cambio de favores o canonjías de beneficio común, o para el otorgamiento de privilegios especiales por los que las partes integrantes recibieron ingresos seguros, libres de polvo y paja, y fuera del control de cualquier órgano supervisor del estado.

Caso similar al del conocido delegado en Tlalpan quien a su vez, fue ventaneado recibiendo sobornos en dinero contante y sonante del propio empresario suramericano, o el muy publicitado episodio referido al encargado de las finanzas del gobierno local, quien por cuenta del erario público satisfacía sus pasiones ludópatas en el conocido casino Bellagio, de Las Vegas, Nevada, en los Estados Unidos de América.

De igual manera, y bajo la vieja tradición priista de cooptar voluntades como salvaguardia para construir un México mejor, ergo y producir pingues negocios, los viejos luchadores sociales, a través de un proceso de metamorfosis, se materializaron como prósperos empresarios, dadores de todo tipo de favores, interlocutores obligados para el otorgamiento de concesiones para obra pública, suministro y prestación de bienes y servicios, contados desde los más básicos, como agua, luz, recogida de basura, educación, transporte, alimentación, pavimentación de calles, apertura y cierre de mercados y centro de abastos, subsidios para población en estado vulnerable (menores, ancianos, discapacitados, etc.), es decir, más de lo mismo.

El flujo de recursos económicos con los que, a lo largo del tiempo se ha beneficiado a la administración pública del otrora Distrito Federal, y ahora ciudad de México, ha sido inmenso y constante, tal cual lo prueba la ejecución de importantes mega obras públicas, supuestamente en beneficio de la capital del país, como fue el caso, entre otras, de la construcción de la primera fase del segundo piso del anillo periférico, cuya contratación concitó un acuerdo reservado – es decir, cerrado y confidencial - celebrado entre un jefe de gobierno, mejor conocido por ser suspicaz, perspicaz y pendenciero, con empresas especializadas, nacionales y extranjeras, beneficiadas por la característica opacidad en la administración del sempiterno candidato de la izquierda a la presidencia de la república.

Otras dos mega obras que nos sirven de ejemplo para determinar los quilates con los que caracterizamos a los gobiernos perredistas, son la línea 12 del sistema de transporte colectivo (Metro) y el sistema multimodal de transporte, conocido como Metrobus, para cuya construcción fue menester realizar innumerables obras de infraestructura, cuyo costo, en la práctica fue la virtual paralización de la ciudad de México, así como el incremento exponencial en los índices metropolitanos de contaminación ambiental (IMECAS), cuyas repercusiones de forma dramática, estamos padeciendo, desde ese entonces, hasta el comienzo del 2016, y años por venir, sobre los cuales, el pronóstico es de reservado.

Algo similar ha sucedido con otras mega obras, como serían los casos de la repavimentación del circuito interior (bicentenario) o las excavaciones para mejorar el sistema de drenaje profundo de la ciudad de México, tema que había sido pospuesto desde la década de los setentas en que fueran inauguradas obras similares para beneficio de la capital del país.

En la mayoría de dichos casos han sido debidamente documentados los acuerdos celebrados bajo la mesa por representantes de la administración distrital y los respectivos contratistas beneficiados, los cuales, en su oportunidad, no manifestaron inconformidad alguna, ante el tipo de operación a que se les estaba instigando.

El otorgamiento de todo tipo de licencias, desde la de conducción de vehículos; hasta las sanitarias; para la construcción (cambio de uso de suelo), adecuación, remodelación de bienes inmuebles; de venta de bebidas, licores y alimentos; de apertura o cierre de giros comerciales, mercantiles de entretenimiento, o negros; la venta de mercancías en la vía pública; la instalación de tianguis, etc., forman parte del casi infinito menú de canonjías que vienen siendo repartidos entre los integrantes de las distintas tribus que conforman la elite gobernante del PRD en la ciudad capital del país.

La gravedad de los hechos con respecto a la discrecionalidad con que se han manejado todos y cada uno de los respectivos delegados, así como otras autoridades burocráticas locales, han quedado patentes si para ello contemplamos la magnitud de los inmensos daños causados con motivo del sismo de 7.2 grados registrado el 19 de septiembre de 2017 – a 32 años después de un movimiento telúrico similar, que despertó la conciencia de cientos de miles de capitalinos - de que fueron objeto infinidad de construcciones apócrifas levantadas al amparo de permisos plagados de vicios de fondo y forma, en los cuales, la corrupción fue el sinónimo característico.

Otro nicho de mercado – aunque parezca mentira - que se utiliza para saciar los apetitos recaudatorios (cuotas) de las propias tribus del PRD, son las cinco principales instituciones penitenciarias con demarcación en la ciudad de México, a saber, los Reclusorios Norte, Oriente, Sur (para varones), y los centros femeninos ubicados en Santa Martha y en Tepepan, para mujeres.

En dichos centros de readaptación social (CERESO), que son todo, menos lo que enuncia su nombre, según se desprende del informe elaborado por la Comisión Nacional de los Derechos Humanos (CNDH), publicado en abril de 2016, se registran por igual casos de extorsión (al interior y exterior), venta de protección, sobornos, ejercicio indebido de autoridad (por parte de los internos), quienes además de imponer sus reglas, trafican todo tipo de sustancias prohibidas, desde narcóticos, hasta medicamentos, bebidas alcohólicas, instrumentos punzo cortantes, todo tipo de armas, víveres, teléfonos celulares, aparatos de TV., equipos de sonido, así como un amplísimo etcétera, limitado tan sólo, por la imaginación del lector. Por cierto, ha sido comprobado fehacientemente, la introducción de forma clandestina de prostitutas, utilizadas para el solaz esparcimiento de los reos más privilegiados.

Con motivo de la puesta en práctica de un proyecto promovido por el gobierno federal durante el sexenio 2006-2012, se integró una nueva experiencia en materia carcelaria, es decir, se invitó a concretar alianzas público-privadas (APP) determinadas a la construcción, operación y administración de Centros de Readaptación Social en diversos puntos de la República (a estas fechas, operan al menos seis: Cefereso 11 (Hermosillo); Cefereso 12 (Ocampo, Guanajuato); Cefereso 13 (Miahuatlán, Oaxaca); Cefereso 14 (Gómez Palacio, Durango); Cefereso 15 (Comatitlán, Chiapas); y Cefereso 16, femenino (Coatlán, Morelos).

En la ciudad de México, bajo el propio esquema APP, correspondientes al fuero estatal, hay dos entidades: Centro Varonil de Seguridad Penitenciaria (CVSP) número 1, y número 2, respectivamente, sobre los cuales, no se dispone de información fidedigna sobre si se operan bajo el mismo esquema de complicidades con el cual son manejados sus otros similares.

A pesar de lo cosmopolita que resulta para muchos la ciudad de México, y de que en ella convivimos más de 20 millones de habitantes, una de sus características primarias que presenta, estriba en los contrastes indescriptibles que parten de una realidad existencial que se percibe a flor de piel, como los casos de pobreza, extrema pobreza, hacinamiento, insalubridad, inseguridad, y marginalidad, frente a su equidistante antagónico, representado por una nueva clase social, excesivamente opulenta, privilegiada y acomodada, poseedora de más de un tercio de la riqueza nacional en su conjunto, de la que no cabría ni suponer que pudiera llegar a darse el caso de ver que alguno de sus integrantes pisara el umbral de algún CERESO, ya que, como ha sido enunciado con anterioridad, en México la única ley que se cumple a rajatabla, es la de Herodes.

La justicia en nuestro entorno ciudadano, está determinada por el órgano judicial, a través del Tribunal Superior de Justicia del D.F., que cuenta, como fue señalado, con 78 magistrados, y sus respectivos órganos jurisdiccionales, auxiliados por una Procuraduría General de Justicia, que dispone de un cuerpo auxiliar especializado de policía judicial, ministerios públicos, y una Secretaría de Seguridad Pública, misma que dispone de aproximadamente, 84,111 integrantes.

En principio, es la autoridad avocada a velar por los intereses de los ciudadanos que habitamos en toda la urbe, así como de cumplir y hacer cumplir las leyes aplicables en la esfera de su competencia.

Conviene resaltar, sobre este particular, que el 18 de

junio de 2008, en el Diario Oficial de la Federación, salió publicado el Decreto de reforma constitucional sobre seguridad y justicia, que representa un primer intento por modernizar la procuración y administración de justicia a nivel de todo el país, y que tiene como objetivo, transformar el paradigma de la aplicación de justicia en México, mediante la adopción de un nuevo sistema penal acusatorio, mecanismo que hace posible modificar el procedimiento semi inquisitorio al acusatorio y oral, cuyos principios básicos son: publicidad; contradicción; concentración, e inmediación, y que se sustenta, principalmente, en la salvaguarda de los derechos fundamentales de las víctimas.

Es de suponer que el nuevo mecanismo jurídico debería implementarse en todo el país en un plazo máximo de ocho años, a partir de la fecha de la publicación del decreto, es decir, para el 18 junio de 2016 debería comenzar a aplicarse. Sin embargo, y tomando en cuenta el grado de avance alcanzado, antes de que se cumplan los términos establecidos por el mandato constitucional, una gran mayoría de los estados que integran la federación, incluida, en este caso, la ciudad de México (antes Distrito Federal), no han avanzado lo suficiente en los trabajos previos, determinados por la propia norma, lo cual hace suponer que, en el mejor de los casos, la fecha pautada para el inicio de vigencia del mecanismo, será pospuesta.

Por lo anterior, lejos de disponer de la normatividad jurídica que todos anhelamos como la mejor vía para favorecer el estricto cumplimiento de las leyes establecidas, y de tal forma, neutralizar los nocivos efectos de residir en una ciudad sin ley que aplicar, ni quien se atreva a ponerla en orden, enfrentamos una realidad que se traduce en un especie de "toma" y "daca", en donde los gobernados cumplen con su papel de dar (mordidas o moches), mientras los gobernantes, reciben y se hacen de la vista gorda a la hora de cumplir y hacer cumplir las leyes, de las que, en principio, deberían ser custodios.

A pesar de la abundancia característica de que dispone el órgano jurisdiccional capitalino en materia de recursos humanos y materiales, la ciudad de México sigue siendo, en comparación con las otras entidades federales, una de las más afectadas por el impacto negativo que presenta el fenómeno de impunidad, con registros por encima del 95% (se dice que hasta del 98.5%), mismo que en todo caso, repercute directamente en el incremento de los índices de corrupción, que alcanzan, conforme a mediciones realizadas por Transparencia Internacional (2014) a los 200 millones de acciones, documentados en todo el país, equivalentes, en pesos y centavos a una erogación aproximada de $1.5 billones de pesos.

Aunque existen grandes expectativas con respecto al curso del proceso constituyente previsto para la ciudad de México, tanto en materia de derechos y obligaciones inherentes para los capitalinos, como en materia de la regulación de las funciones asignadas a sus respectivos órganos de gobierno, desde mi particular punto de vista, el Congreso de la Unión expidió, intuyo que conscientemente, una convocatoria viciosa en fondo y forma que crea una "Asamblea Constituyente", integrada por 100 representantes (diputados constituyentes), entre los cuales 60, fueron elegidos (el mes de junio) a través de listas cerradas, proporcionadas por los principales partidos políticos, y el resto, es decir, los otros 40, designados mediante el tradicional "dedo", de los que 14, serían la cuota a repartir entre representantes notables (se supone) por la Cámara de diputados; otros 14, por el mismo procedimiento, para la respectiva Cámara de Senadores; 6 más, designados directamente por el presidente de la república; y los otros 6, adicionales, bajo el mismo criterio "democrático", por el jefe de gobierno de la ciudad de México.

Por lo tanto, se dispuso de una "Asamblea Constituyente" que, desde mi particular punto de vista, no solo descalificada desde su origen, sino cooptada desde antes del comienzo de sus importantes funciones, que dispuso de un plazo que venció, el 31 de enero de 2017 para elaborar la Constitución Política de la Ciudad de México, la cual, como es de suponer, regirá los destinos y los intereses de más de veinte millones de ciudadanos, los cuales, como ha sido debidamente asentado con toda claridad, en ningún momento hemos sido tomados en cuenta, por lo que se prefiguran como (padres) "constituyentes", algunos de los miembros emblemáticos y menos capacitados de la peor fauna política nacional, con rostros sobradamente conocidos, que seguramente representan organizaciones burocráticas putrefactas hasta la médula, con los peores registros de evaluación como servidores públicos, que lo que menos nos inspiran, es la debida confianza, y que nos producen un sentimiento de angustia existencial ante la incertidumbre política que depara los destinos de los habitantes de la capital del país, de esa vieja Gran Tenochtitlán, ahora redescubierta por el mismo grupo de tlachiqueros de siempre.

En este escenario tan patético, y a través de una mirada retrospectiva, contemplamos a los dos delincuentes juveniles que sirvieron de ejemplo al comienzo del presente capítulo, quienes asaltaron a mansalva a un ama de casa, indefensa. Acto seguido, la despojaron de los bienes más visibles encontrados dentro de su vehículo, la amenazaron con arma de fuego, y es muy posible que, si se hubiera presentado algún tipo de resistencia, la habrían asesinado a mansalva, así no más porqué sí, y, de inmediato, se habrían retirado a otra esquina, una más de las cientos de miles que conforman el área metropolitana, que sirven de guarida o sitio de acecho desde donde, día a día, se planean y ejecutan todo tipo de actos delincuenciales, sobre los que se conoce de antemano, que no tendrán consecuencia jurídica alguna, es decir, que quedarán impunes.

Es tan complejo el problema de inseguridad, y su correspondiente complemento delictivo, la corrupción, que nuestro país sigue siendo señalado negativamente en los estudios especializados, elaborados por entidades internacionales, como el caso del Institute for Economics and Peace, que recientemente publicó el Índice Mundial de Policía y Seguridad Interna, elaborado tras el estudio de 16 variables, en 127 países, con el fin de medir la capacidad del aparato de seguridad dentro de un país para responder a los desafíos de seguridad interna.

México, lamentablemente, fue ubicado en el puesto 118, resultando ser uno de los dos peores del continente, sólo superado por países como Venezuela, que ocupó el sitio 119.

Contrario a cualquier principio lógico, todos los días, y a todas horas, encontramos una mano extendida, propiedad de algún representante de autoridad constituida, ávida por recibir el sacrosanto "moche" o "mordida" como parte del trámite a seguir para dejarnos actuar con libertad, y de esta manera, cometer cualquier tipo de violación que contravenga alguna ley, o costumbre vigente, una especie de llave maestra que nos garantiza la apertura de la cerradura, detrás de la cual encontraremos la satisfacción del fin ulterior que propició nuestra acción.

Además de los incontables hechos delictivos que se presentan cada día en nuestra metrópoli, el país ha venido resintiendo desde tiempos inmemoriales, el negativo efecto de la interacción del crimen organizado que se soslaya a lo largo y ancho de toda la república, dentro de sus cuatro puntos cardinales. Sobre este tema específico, un poco más adelante, intentaré desmenuzar, desde mi particular visión del problema, la indudable influencia que dicho mal ha acarrado a la sociedad mexicana en su conjunto, así como los efectos directos derivados de la expansión del fenómeno de la corrupción, que ahora nos afecta a todos.

Con independencia de que en la mayoría de los casos, los jefes de gobierno de la ciudad de México – y el actual no es la excepción - en su empeño por desmarcarse de cualquier tipo de responsabilidad en la materia, niegan el hecho del empoderado del crimen organizado en esta plaza, y que, indudablemente afecta, la seguridad y el orden público ciudadanos.

En dicho sentido conviene traer a colación el más reciente informe (estudio) elaborado por la agencia para el control de las drogas del gobierno de los Estados Unidos de América (mejor conocida por sus siglas en inglés, como DEA), del que se desprenden datos tales como que, desde el año 2015, operan con la más absoluta libertad en esta plaza, integrantes de los Carteles de Sinaloa; del Golfo; del de los Beltrán Leyva; de los Zetas; y de los Caballeros Templarios, dedicados, como es bien conocido, al trasiego de todo tipo de estupefacientes, drogas sintéticas, metanfetaminas, armas y municiones, extorsión, secuestro, y un muy largo etcétera, circunstancia que ha sido determinante para la modificación de los usos y costumbres de la población que habita en el perímetro de la megalópolis.

Como prueba de lo que antecede, en los hechos que desmiente el convencimiento del jefe de gobierno y precandidato presidencial en el sentido de que, al menos, un acto de violencia extrema fue registrado el pasado 20 de julio (2017) en la población La Conchita, Zapotitlán, de Delegación de Tláhuac, lugar en el que se registró un enfrentamiento armado entre integrantes de las Fuerzas Federales (Armada de México) y una banda de micro tráfico de estupefacientes, comandada por Felipe de Jesús Pérez Luna (a) "El Ojos" quien, en dicha ocasión perdió la vida, junto con siete de sus más cercanos compinches.

Si bien es cierto, que para el PRD, su principal bastión ha sido desde tiempo inmemorial la ciudad de México, a estas alturas del paseo, con más de 27 años de vida (fue fundado el 5 de mayo de 1989) continúa pugnando por permanecer vigente en las lides políticas a nivel nacional, circunstancia que ha sido alcanzada, tal cual lo afirmaron sus actuales dirigentes, quienes enfatizaron que el partido gobierna, en al menos otras cuatro entidades federativas, entre las que se destacan, los estados de Michoacán, Tabasco, Quintana Roo, y Morelos y que, sin lugar a dudas, su mayor fuerza, la mide por el número de militantes registrados, que estima, alcanzan al menos, 4.5 millones de afiliados.

No obstante lo anterior, como es bien conocido, las implicaciones directas de un ejercicio vicioso del poder – como sucede en el caso del PRD -, le ha traído como consecuencia, un mayor desencanto ciudadano, a grado tal, que incluso en su bastión electoral principal, la capital del país, sufrió importantes reveses electorales, que han sido capitalizados en beneficio de otras fuerzas políticas alternativas, como el caso del Movimiento de Renovación Nacional (MORENA), partido que ha venido abriendo espacios de representación popular, mediante el discurso moralista de su caudillo-redentor, quien se presenta ante el electorado como legítimo salvador del país.

A estas alturas del paseo, hay que reconocer que México está aún muy lejos de disfrutar los beneficios de esa tan anhelada primavera democrática, cuyas primeros destellos cual luces de esperanza, nos deslumbraron a finales de los años noventa. Esos instantes que nos hicieron soñar con que finalmente había culminado el periodo de décadas de invierno autoritario, y que produjo, tras un breve lapso de tiempo, el retorno a la realidad insoslayable, brillantemente ejemplificada por el notable micro relato del escritor guatemalteco Augusto (Tito) Monterroso: "cuando despertó, el dinosaurio todavía estaba allí".

Lejos de desaparecer, el viejo PRI, el de siempre, regresó triunfante al escenario político que le fue familiar por más de siete décadas, al que siempre estuvo acostumbrado; al lugar que tomó como base y origen para la creación de una súper estructura corporativa, que se mantuvo intacta, no obstante los espacios que poco a poco se fueron generando, impulsados por una sociedad civil ilusionada con el concepto democrático de su propio país, que cristalizó con la alternancia política que beneficio directamente a los candidatos presidenciales postulados por la principal fuerza de oposición, el PAN, tal cual sucedió durante las elecciones presidenciales de 2000, y de 2006.

La historia reciente del PAN, tal cual dan testimonio las crónicas especializadas de la época, lo configuraban como una de las opciones políticas con mayores y mejores calificaciones morales y materiales. Se le significa con términos tales como "panismo heroico", o "la decencia de las esferas de gobierno", y "leal oposición" méritos suficientes como para propiciar, un sustantivo avance del proceso de consolidación democrática del país. Se le reconocía, también, por sus incansables luchas en busca de la favorabilidad ciudadana, confrontando con denuedo todo tipo de marrullerías electorales (robo de urnas, carrusel, ratón loco, etc.) a que estuvimos acostumbrados los ciudadanos, durante el curso del invierno autoritario, cobijado bajo la sombra del PRI

Sin embargo, y a pesar del buen crédito que le precedía, y tal cual suele suceder en casos similares como este, al PAN le fallaron sus mejores hombres, y no sólo no pudo resistir las tentaciones derivadas de su triunfo electoral, sino que, aparentemente no quiso, dar un impulso definitivo al cambio que todos estábamos esperado, lo cual motivó que también fracasara en sus intento por constituirse en una fuerza democrática alternativa (los supuestos nuevos tlachiqueros,) lo que facilitó el retorno al poder del partido aplanadora, a través del Grupo Atlacomulco (una de las tribus más desacreditadas desde la perspectiva del ámbito de interés de la presente obra), es decir, en un abrir y cerrar de ojos, volvimos a estar en el vértice del mismo camino por el que discurrimos, en presencia de un grupo de gobernantes que sin enfado alguno, aceptan lo que son, y que, pese a ello, intentan convencernos a todos que representan una nueva generación de políticos, caracterizada por ser respetuosa de fondo y forma de la cosa pública, y sin otras motivaciones que la de constituirse como los firmes defensores de los altos intereses de la nación.

Para no alejarnos demasiado del entorno de la ciudad capital, por representar ésta parte fundamental y eje principal de la geometría política, conviene destacar que convivimos en medio de un enjambre de entidades gubernamentales, las cuales, en una u otra forma, nos representan, cada cual, en la esfera del ámbito de su respectiva competencia, lo que hace en extremo difícil identificar o personalizar cuál es la instancia competente y responsable a la que deberíamos recurrir, quién atiene qué, sobre todo, en el transcurso de los casos que representen absoluta necesidad.

Antes de adentrarme con mayor profundidad en el análisis del tema objeto de nuestro estudio, que es la determinación del fenómeno de la corrupción, y sus efectos frente a la interacción ciudadana, conviene aclarar que no es de mi interés iniciar, por ahora, un debate sobre las formalidades que giran en el entorno del sistema político de gobierno, al menos, tal cual son contemplados por el derecho positivo vigente.

Por lo anterior, contrario a lo que podríamos suponer como parte fundamental del espíritu del constituyente de 1917, que consagró en la Carta Magna como forma de gobierno un régimen federal, similar, casi idéntico al determinado por nuestro vecino antagónico del norte (el gobierno de los Estados Unidos de América), la vocación centralista que primó durante el curso de la primera etapa de nuestra vida independiente, y que ocupó todos los espacios de interacción republicana, se aplicaron, como mejor modelo a seguir, como base para materializar la consolidación del proyecto del México post revolucionario, al cual todos pertenecemos.

Ese México, ideado con base a los más altos principios modernizadores de la época, claudicó en sus primeras horas, casi desde la conclusión de los trabajos del congreso constituyente en Querétaro, y se desvió por vericuetos que no le eran tan desconocidos, con rumbo a la escuela del pensamiento sustentado por los mismos caudillos decimonónicos en contra de quienes libró un sangriento movimiento armado, cuyo objetivo principal, junto con el de derrocarlos, fue buscar el cambio más profundo posible para el país.

Del federalismo como sistema de gobierno, inicialmente adoptado por el constituyente del 17, se sostienen incólumes - desde la retórica oficial -, todos sus enunciados, exaltados, siempre que es posible, en la plaza pública. Se les suele invocar en el contexto del discurso republicano con el que los gobernantes suelen comunicarse con sus gobernados. Dicha figura, desde mi particular óptica, es meramente simbólica, no obstante ser invocada como fórmula mágica, dilucidadora de cualquier controversia, y utilizada también, como elixir mágico para la salvaguardia y protección del todo poderoso jefe de estado, personaje que simboliza en nuestra cultura política la majestad del infinito poder con el que es investido temporalmente, para un reinado con extensión limitada a un período de seis años.

Para nuestra inmensa metrópoli, el ejemplo centralizador no es la excepción que confirma la regla, desde que fuera proclamada la Constitución Política, hemos sido gobernados por una figura que, originalmente, se designó como gobernador del Distrito Federal; posteriormente, migró a Regente del Departamento del Distrito Federal; de ahí, a Jefe del Departamento del Distrito Federal; y finalmente, a Jefe de Gobierno del Distrito Federal. Es de suponer que a partir de 2017, el titulo correspondiente será de Jefe de Gobierno de la ciudad de México.

Tal cual sucedió en su momento, cuando enunciamos el modus operandi utilizado como fórmula de gobierno por las tribus perredistas, correspondió también a sus similares (singulares) de la vanguardia revolucionaria del PRI, surgir y evolucionar, paulatinamente, atesorando desde el instante mismo de su origen, la estafeta depositada en su favor por un número indeterminado de gobiernos – con nombres y apellidos propios y conocidos – los cuales, poco a poco, se fueron apoderando de la administración pública de la capital del país.

A estas alturas del paseo, hemos tenido 43 altos cargos al frente de los destinos de la ciudad de México, los últimos seis (1997- 2018), como ya ha sido mencionado, son de extracción perredista (PRD), el resto, 37, fueron surgiendo como consecuencia de las circunstancias determinadas por la evolución y el desempeño de las diversas corrientes políticas configuradas al calor del México post revolucionario.

De ahí se desprende que los ocho primeros (1917-1920), fueron denominados "carrancistas"; los siete siguientes (1920-1928), "obregonistas"; los 12 posteriores (1929-1946) militantes de las dos formaciones políticas que antecedieron al PRI (PNR-PRM); y los restantes diez, (1946-1997) del PRI. Por supuesto, en los dos últimos casos, primó también el ejemplo de las corrientes personalizadas que distinguieron a sus antecesoras, veladas finamente, con el revestimiento de la institucionalidad con el que siempre se quiso ocultar al viejo partido hegemónico conocido por todos, de su paso por la historia patria.

La historia de estos mandatos populares ha sido muy simple, los primeros 37 jefes de gobierno (o términos similares) de la capital, fueron designados gracias al libre albedrío del presidente de la república en turno, quien ejerció su facultad privativa, tal como ha sucedido en México en la mayoría de las decisiones políticas que se adoptan: por su muy singular capricho. En el curso de la etapa post revolucionaria, una de las primeras huellas tangibles de cambio percibidas en la capital del país, tiene que ver con su entorno demográfico, mismo que pasó de medio millón de habitantes (1920) a la cifra anunciada recientemente por el INEGI, que incluye más de 20 millones.

Esta cantidad, podría casi duplicarse a 38.6 millones, si consideramos para ello el concepto de "megalópolis" que viene siendo utilizado por tecnócratas locales, y expertos en la materia, en los tres niveles de gobierno, para la formulación de políticas públicas determinadas a buscar solución de los más ingentes problemas a los que se enfrenta una capital en medio de un intenso nudo poblacional de la envergadura de la nuestra, por lo tanto, si a los más de 20 millones de habitantes estimados, le sumamos las cifras de poblaciones vecinas, como los casos de las ciudades de Toluca, Cuernavaca, Puebla, Tlaxcala, Pachuca, Cuautla, Tula y Tulancingo, dispondríamos de un nuevo espacio de interacción, constituido, más o menos, por casi una cuarta parte de la población total del país, que asciende a más de 128 millones.

Teniendo como base la nueva plataforma de megalópolis con la que se ha querido distinguir al centro del poder político del país, sus respectivas autoridades han implementado importantes acciones dirigidas al establecimiento de proyectos destinados a buscar solución a los ingentes problemas que nos afectan, como los de educación, salud pública, trabajo, vivienda, seguridad, tránsito y vialidad, saneamiento ambiental, migración y desarrollo urbano, sustentabilidad ecológica, lucha contra el crimen organizado, y un amplio etcétera.

Como vía para implementar dicha estrategia, de cara a las condiciones prevalecientes en la gobernanza del país, es de suponer la interacción de los tres niveles de gobierno (federal, estatal y municipal) en muchas ocasiones, bajo un esquema de coordinación, en el que cada una de las autoridades involucradas dirige sus principales esfuerzos a la búsqueda de soluciones conforme al manejo de sus agendas partidarias, cabe decir, sin tomar en cuenta las necesidades propias ciudadanas con respecto al tipo de problemática que se busca solucionar. Dicho conflicto no se había hecho presente durante el periodo de la hegemonía del PRI, época en que el aparato burocrático funcionaba bajo criterio de un estado paternalista y omnipresente, en todas y cada una de las actividades de servicio público, a nivel nacional

Es posible, y aparenta como razonable suponer, que una de las consecuencias de la ausencia formal de un sistema democrático eficaz para la designación de autoridades administrativas de la capital del país – lo que se prolongó hasta 1997 -sirva de sustento para la conformación de uno de los baluartes más significativos de la dominancia del PRI, la creación del corporativismo, sistema de organización hegemónica, considerado, por algunos como una especie de mal menor, similar al popular divertimiento infantil del "toma" y "daca", en el cual, mientras que el ciudadano obtiene "graciosamente" del estado una dádiva indeterminada, pero necesaria para su sustento, y eventual satisfacción de sus necesidades prioritarias, asume el compromiso solidario para comprometer su voluntad, a favor de la (s) causa (s), que supuestamente le serían determinadas como vía para alcanzar los fines específicos que hagan viable la supervivencia del régimen.

Como sucedió en todo el país, hasta que, en forma paulatina, se fueron abriendo los espacios de interacción ciudadana lo que se tradujo en una especie de primavera mexicana, la que parió las luces y las sombras que el día de hoy son por todos conocidas.

Baste recordar los sentimientos de solidaridad despertados en septiembre de 2017 en ocasión de los dos sismos que cimbraron al país, uno de 8.2 grados con epicentro en el sureste, y el otro, de 7.2 grados, con infinidad de afectaciones en la capital de la Republica, con más de 300 muertos, cientos de heridos, miles de damnificados y un sinnúmero de edificaciones colapsadas, o en su caso, declaradas inhabitables, como resultado directo de la creciente corrupción determinada a la hora de aplicar con rigor la normativa para construcción y edificación de inmuebles.

Quedará, grabado en forma perenne, en la memoria de los capitalinos las circunstancias en medio de las cuales fue cegada la vida de niños y niñas, y de trabajadores de la Escuela Enrique Rébsamen, en el sur de la Ciudad de México, que desde ahora se constituyen como huella señera del caos prevaleciente derivado del temblor del 19 de septiembre.

2

EL PRESIDENCIALISMO

Si nos tomamos la libertad de continuar los trabajos de la presente obra a través del eje adoptado a lo largo del capítulo precedente que hizo factible trazar una línea imaginaria que se inicia desde la capital del país - lugar en donde se ubica el centro del poder político en México -, conviene destacar que me parece útil aprovechar dicha experiencia personal con el objeto de realizar una aproximación, lo más cercana posible, al mal que hoy nos afecta e infecta socialmente, y por cuyas negativas consecuencias venimos siendo discriminados a ultranza, tanto dentro como fuera de nuestras fronteras geográficas como fuera de las mismas, y se nos estigmatiza por corruptos, o proclives de un vicio que ha sido asentado profundamente en nuestro país, y cuyas consecuencias, se insertan en todos los ámbitos posibles de interacción entre gobernantes y gobernados.

Durante el curso de los últimos 70 años de la vida institucional del país, correspondió a una sola entidad el reparto del poder público en México, efecto materializado a través de la organización política, a la que se pretendió imponer como heredera legítima del primer movimiento revolucionario del siglo XX, el PRI (PNR, PRM), cuya estructura, como era lógico suponer, fue conformada de tal manera que hizo posible - por vía de sus representantes populares (legitimados a través de un proceso democrático tutelado) -, que ejerciera en forma hegemónica, sin distingo alguno, todas las atribuciones determinadas por la Constitución de 1917, para la conducción de los distintos órganos de gobierno, correspondientes al Estado mexicano.

El saldo revolucionario se vio reflejado, también, por la proliferación de grupos armados aislados, con injerencia política en los cuatro puntos cardinales de la geografía, sobre los cuales, como es de suponer, el gobierno nacional impuso sus condiciones, a fin de estar en posición para poder consolidar la indispensable gobernabilidad del país. A dichos grupos – la mayoría de los cuales no contaban con una educación militar formal - el gobierno nacional los fue cooptando de la forma más conocida de su época: la vía de los famosos "cañonazos de 50 mil pesos". Se decía, que no había quien aguantara uno de esos cañonazos; y, por el contrario, a los que persistían por anteponer sus ambiciones personales de poder, por encima de los intereses (legítimos) del estado, simplemente, se les "formaba cuadro", y se les pasaba por las armas.

También, conviene tener presente que, conforme cita el conocido caudillo revolucionario mejor conocido como "El Alazán Tostado. Primero muerto que cansado" (1897-1978), creador de la Ley del "ierro" para aplicar en contra de sus enemigos, que consistía: encierro, entierro o destierro.

Por cierto, el brazo armado del partido en el gobierno el cual se integraba, uniformemente, con los otros sectores, desapareció en 1940, cuando dicha entidad fue institucionalizada formalmente.

La violencia política prevaleciente, durante, y tras la lucha armada, fue característica distintiva del país, en donde se repitieron innumerables escenas de sangre y fuego, que nos han servido para ilustrar, en forma panorámica y a todo color, a ese México bronco y violento que emergió como consecuencia de la revolución, y del que, por mucho, no desearíamos se vuelva a repetir, no obstante las innumerables provocaciones de que viene siendo víctima el país, como consecuencia de las muchas falencias y yerros cometidos, principalmente, por la clase política gobernante, es decir, una especie de modernos tlachiqueros.

Una vez vencidos los supuestos enemigos políticos, reales o ficticios de los principales caudillos revolucionarios, y con el fin de consolidar su movimiento, la fuerza del estado mexicano, se volcó, contundentemente, para neutralizar a uno de sus principales contradictores históricos, que aparentemente se había mantenido al margen de la lucha armada: la iglesia católica, en esa época, todavía vociferante, altanera y crítica, sobre todo, motivada por las tendencias socializantes, cuyos principios regulatorios despuntaban ya, en el ánimo de los entonces gobernantes de México.

La iglesia católica nunca estuvo, ni pudo estar conforme con las tesis constitucionales que nuevamente confirmaron el carácter laico del estado mexicano, ni las ideas avanzadas (para su época) en el entorno a los derechos y deberes consagrados a todos los mexicanos, con la clara excepción de los ministros de cultos religiosos, que pasaron a ser, en todo caso, ciudadanos de segunda clase, a los que no se les reconocería ni su personalidad jurídica, ni sus derechos políticos, económicos o sociales, ni tan siquiera, la posibilidad de realizar ceremonias de culto fuera de los lugares especialmente asignados en la materia.

La "guerra cristera" (1926-1929) se desarrollo, con distintos niveles de intensidad, en un buen número de estados de la república (Guanajuato, Jalisco, Querétaro, Aguascalientes, Nayarit, Colima, Michoacán, San Luis Potosí, Zacatecas, Yucatán, y en la ciudad de México) participaron por el lado de la iglesia católica, laicos, presbíteros y religiosos, quienes lucharon en contra del estado mexicano. Sin disponer de información confiable, gracias a que subsiste gran polarización en esta materia, concretamente, sobre el número preciso de víctimas mortales, se estima que, aproximadamente, 250 mil personas perdieron la vida, incluyendo, entre ellas, tanto a civiles, como a agentes del estado y miembros de las fuerza pública. Hubo, además, casos aislados, considerados con la dignidad de mártires por la Iglesia Católica romana, cuyos nombres han sido objeto de diversos homenajes públicos, incluida la dignidad de ser elevados por instancias vaticanas, a los altares.

Como resultado directo de dicho episodio, y de las indudables huellas indelebles con que fue marcada la conciencia del estado mexicano, los incalculables bienes muebles e inmuebles de los que siempre disfrutó la poderosa jerarquía de la iglesia católica, fueron traspasados a manos ajenas, tanto a representantes del estado (cuyos beneficiarios supieron conservarlos discretamente), como a integrantes de la elite de la sociedad civil más piadosa de la época, la cual, como era de suponer, los expolió, y explotó en su propio beneficio, invirtiendo los dividendos del capital, en proyectos productivos, que sentaron las bases de parte de lo que se constituiría, con en el paso de los años, en una poderosa burguesía conservadora, tolerante consigo misma, y cómplice, a su vez, de los innumerables excesos habidos y por haber, en que incurrió el nuevo estado mexicano.

Podríamos suponer que, a partir de ese momento, se consolidó - formalmente -, en todo el país la amalgama: gobernantes/gobernados, cuya complicidad se ha extendido sin mayor límite conocido, gracias al cumplimiento de un pacto silente en donde todo se da por entendido, mientras no se ponga en riesgo la regla clave para el comportamiento de cada uno de los actores, quienes deben cumplir a raja tabla, con una función predeterminada en el juego que todos jugamos, y que consiste en que la única regla que no puede obviarse, es justamente, la no escrita, la que no consta ni en documentos públicos, ni privados, la que trasciende como herencia de generación en generación, por la vía oral, y que, con firmeza es custodiada y defendida, desde una especie de oráculo, contenido en un espacio intangible a las partes, salvo en los casos que mejor convenga a quienes ejercen como árbitros y conductores de nuestra existencia, desde la cúspide más elevada del poder público.

Es decir, el mismo marco jurídico heterogéneo a que nos referimos en el capítulo anterior, que habilita al estado mexicano para ejercer el poder público en todo el territorio nacional - con un sólo beneficiario directo: los gobernados - podría pasar a ser "letra muerta" si se llegara a dar el caso de afectación de los interés (cualquiera que fueran), de unos y otros, por estar salvaguardados, hasta nuestros días, mediante ese acuerdo tácito entre las partes, por medio del cual convinieron interactuar en un escenario en el que, por encima de la claridad, prima la penumbra y la opacidad que favorecen la vigencia de principios supra o meta constitucionales, absolutamente indescifrables.

Como ya fue mencionado, lo anterior serviría para confirmar, que la única ley que se cumple en México, es la de Herodes.

En dicho contexto, con la mayoría de detractores acotados o sometidos, ya sea por vía del convencimiento, o en su caso, por la vía de pasarlos por las armas, los lideres revolucionarios que precedieron a sus herederos del siglo XXI, comenzaron a tejer la red que dio origen a ese "Ogro Filantrópico" a que se refirió, con tanta precisión en su canto, el laureado premio Nobel de literatura, Octavio Paz.

Con la propiedad absoluta de un partido/gobierno monopólico del poder político, nace el nuevo estado mexicano, y brinda su aporte al mundo, mediante una confusa, aunque firme figura de institucionalidad democrática, que antepone motivos racionales, sobre principios universales de participación ciudadana, y asume, de tal forma, la vanguardia en la jerarquía que le corresponde, entre sus pares del continente, es decir, sobre otras naciones en procesos similares de consolidación política, de nuestro entorno geográfico más cercano: Latinoamérica y el Caribe.

De esta manera, resulta fácil entender fondo y forma a partir de la cual, desde la visión de un partido hegemónico, se fueron cooptando, paulatinamente, todas las instancias representativas de una sociedad civil, a la que se dividió, como ya fuera afirmado, sobre todo, a los fines electorales, en tres sectores: campesino, obrero y popular. A cada uno, le fueron asignados espacios determinados para su desempeño, y como contraprestación, les fue demandado el más firme apoyo a las causas revolucionarias, que incluyeron, a todas aquellas que pudieran llegar a representar los intereses del partido, o del jefe nato, pre configurado desde su origen, por la más alta magistratura presidencial.

En nuestro país, no se movía, ni tan siquiera una hoja de cualquier árbol, si para ello, no se contaba con la anuencia presidencial. Bajo dicha regla de oro fue funcionando la institucionalidad democrática mexicana durante la mayor parte del siglo XX, hasta que el partido/gobierno comenzó su paulatino declive, a finales de los años ochenta, a raíz del surgimiento – entre otras fuerzas contestatarias - de una "Corriente Democrática" al interior del propio instituto político. Lo anterior, como causa directa de la reversión de algunas de las reglas no escritas, prevalecientes, durante las más de siete décadas que sustentaron un sistema político considerado sui generis, como sucedió con el nuestro.

El sistema presidencial en México, a la manera del PRI, funcionó perfectamente, como motor articulador para el cual fue creado, según se puede comprobar, si partimos del supuesto que bajo su bandera, fungieron con la alta primera magistratura, al menos 16 titulares del poder ejecutivo, la mayoría de los cuales ejerció su encargo por períodos de seis años consecutivos, sin considerar en dicho resumen, por resultar obvio, el actual período que finalizará el 30 de noviembre de 2018.

Dentro de los16 citados períodos, se incluyó, también, la presidencia encabezada por quien fue mejor conocido como "caudillo de la revolución", además de fundador del PNR (1924-1928), que aunque sólo duró en su encargo cuatro años, encabezó una dinastía cuyo descendientes figuran, aún hoy en día, en la primera línea de los grupos privilegiados que siguen abrevando de los beneficios heredados de las mieles del poder.

Así mismo, y como consecuencia directa de la coyuntura de la época, se presentaron los casos de tres períodos presidenciales consecutivos, de tan solo dos años cada uno: 1928-1930; 1930-1932; y 1932-1934, correspondiendo, respectivamente, al primero ser presidente interino; al segundo, presidente constitucional, quien renunció, por razones de índole personal al cumplir dos años de su respectivo mandato; y al tercero, como presidente sustituto, a quien correspondió culminar el mandato de su predecesor.

A partir del propio año de 1934, se prefiguró en México, una especie de consolidación de sus instituciones – bajo el mismo modelo del PRI- con elecciones presidenciales ininterrumpidas cada seis años y legislativas, cada tres. Sobre este particular, en ocasión de las elecciones a la primera magistratura correspondientes a: 1940,1946, y 1952, la hegemonía de partido oficial estuvo en grave riesgo de conculcarse, de la mano de abanderados que representaban influyentes corrientes políticas, distintas a las de la revolución.

El resto de presidentes constitucionales que figuran en el registro de nuestra más reciente historia política, los correspondientes a los períodos 2000-2006, y 2006-2012, fueron constituidos por representantes de la alternancia política, encabezados por dos abanderados del PAN, cuyos mandatos, a reserva de comentarlos posteriormente, no cumplieron con las amplias expectativas ciudadanas, en lo que respecta a su vocación por servir a la nación, y no servirse (con la cuchara grande) de la riqueza de la misma, ya que, ambas produjeron situaciones similares, o peores, a las heredadas del partido hegemónico, especialmente, en lo relativo a su afición por hacer prevalecer, como moneda de curso legal en todo el país: la corrupción.

El inmenso poder que soportó sobre sus espaldas la institución presidencial, fue de tal magnitud, que no fue posible prever con certeza, las consecuencia que nos acarrearía adoptar un modelo de estado benefactor, que procuró, en todo momento, acostumbrar a sus habitantes a disponer de una especie de patriarca o mecenas, que todo lo puede, mediante el simple chasquido de sus dedos. Eso sí, sin dejar de procurar, a tal efecto, la vigencia de un reino limitado en el tiempo, y sujeto a una serie de condiciones, entre las que se destaca, muy especialmente, la renuncia indefectible a cualquier intento por permanecer en el encargo, ni un minuto más, al tiempo establecido, so pena de sufrir las consecuencias, de la misma forma en que en que fue silenciado, para siempre, quien dirigió el movimiento obregonista.

Dicha cláusula, la de no reelección, por imperfecta que pueda parecer para algunos, no menoscaba el potencial que representó para quienes integraron el círculo más íntimo del temporalmente ungido con el máximo poder público, para allegarse, de forma lícita o ilícita, cuanto privilegio, canonjía, o cualquier tipo de riqueza estuvo al alcance de sus manos. De ahí, y tal cual es referido por la sabiduría popular, se encuentra el origen de las grandes (inmensas) fortunas acumuladas por los mejor conocidos "cachorros de la revolución", cuya generación, a partir de los años noventa, del siglo pasado, se transformó en el fenómeno social que según propone el periodista Ricardo Rafael, el mejor conocido como los "mirreyes", o tribu sublime, distinguida, de entre todas, por auto ubicarse muy por encima de las demás.

Como consecuencias de dicho fenómeno, es común observar, en el día a día, en nuestra cada vez más contaminada megalópolis, contrastes tales, como el de los dos asaltantes –comentados en el capitulo anterior- que despojaron a mansalva de sus bienes a una indefensa ciudadana, o ver circular, pacíficamente a los descendientes de esa especie social que se auto califica como superior, sobre los ciudadanos de a pie, como usted y yo, y que en algún momento llegamos a suponer, que para estos instantes de la historia patria, se encontrarían en franco proceso de extinción.

Hoy por hoy, pululan a mansalva, por los cuatro puntos cardinales de la capital de la república, y a lo largo y ancho del país, a bordo de vehículos blindados de alta sofisticación (niveles 6 y 7), que aparentan ser indestructibles, dentro de los cuales, esconden una corte de guardias pretorianos - blandiendo todo tipo de instrumentos de muerte – y envueltos en uniformes multicolores que denotan pertenencia a instituciones oficiales en los tres niveles de gobierno (policiales, militares, judiciales) cuya única función, es acentuar la importancia o rango del protegido. Vaya a presentarse, en cualquier momento, la posibilidad de que pudiera toparse con la chusma, el pueblo, u otros especímenes que habitan en dicho entorno, aquél en el que nos tocó vivir (tal como es enunciado con elocuencia por la periodista Cristina Pacheco).

A los mirreyes sólo los opacan sus "papis", quienes, tal como sucede con ellos, en cada uno de sus desplazamientos (tierra y aire), buscan acentuar la importancia del rango, como mejor medio para lucirse, ya sea en un sofisticado vehículo importado (generalmente descapotable) – al que sirven de escolta varios otros automotores, repletos de guaruras armados hasta los dientes –, o utilizando el corredor que cada día es más socorrido para los integrantes de la casta divina: el helicóptero, vehículo en donde se podrán evitar, entre otros inconvenientes, todo tipo de tocamientos o roces, por parte de la chusma.

En este caso, unos y otros han quedado integrados a la generación de aficionados al vuelo en un aparato con dicha tecnología, mismo que puede ser, tanto de propiedad privada, es decir, que debemos suponer fue adquirido con el beneficio de sus jugosos negocios, o por el contrario, en uno oficial, para cuyos desplazamientos, en principio, no existe mayor control, ya que, como hemos destacado con anterioridad, la única ley aplicable en esa materia, es la mejor conocida, como la de Herodes.

Bueno, punto y aparte, cuando se trata de desplazamientos más allá de los límites capitalinos, y no digamos al extranjero, ya sea en viaje de placer o de negocios (oficiales o privados), nuestros mirreyes, sus papis, y sus mascotas favoritas (perros, gatos, tigres, leopardos, etc.) disponen de una considerable flota que se constituye, de acuerdo con la información disponible de la Agencia Federal de Aviación Civil, de los Estados Unidos de América (AFA por sus siglas en inglés), en la segunda aviación privada más importante del planeta, tan sólo detrás de la que posee el país fuente de la mencionada información.

Por lo que respecta a la transportación aérea de representantes oficiales, con un botón de muestra podríamos calibrarla, como se puede contemplar con la llegada al renovado Hangar Presidencial (concesión al Grupo Higa por valor de 49 mdd) de nuestra ciudad capital, del nuevo juguete de nuestro primer mandatario, un avión Boeing 787-8 Dream Liner, cuyo costo se cifra en la nada despreciable cantidad de $ 218.7 mdd, equivalentes a (más o menos) $7,500 (mdp) a pagar, eso sí, por todos los contribuyentes, incluido usted amigo lector, de quien suponemos, nunca tendrá la oportunidad de pisar, con sus propios pies, sus mullidas alfombras tricolores.

Además, y no contentos con tan insensible erogación con cargo a nuestro patrimonio, se ha ordenado, renovar la flota de helicópteros presidenciales (actualmente, se cuenta con ocho, entre Pumas y Súper Pumas, que se dice, son obsoletos) para lo cual, la Secretaría de la Defensa Nacional (SEDENA) realizó un pedido de seis modernas aeronaves Augusta AW109, de fabricación anglo-italiana, con un costo aproximado de $1,147 (mdp). Dichas aeronaves, según se ha podido conocer, son las preferidas del actual inquilino de Los Pinos, toda vez que durante los años recientes en que ejerció como gobernador del Estado de México, la Empresa Eolo (del Grupo Higa) las rentaba mediante un esquema de "Aero Taxi", contrato que, actualmente, se dice, se mantiene vigente, y que es utilizado, con frecuencia, para los desplazamientos de altos dignatarios de las Secretarías de Hacienda y Crédito Público (SHCP) y de la de Comunicaciones y Transportes (SCT).

No se necesita ser demasiado inteligente, como para estar en posibilidad de sopesar el daño que causa a la sociedad civil en general, un agravio de tal naturaleza, toda vez que por vía de hechos tan lamentables como los descritos, contemplamos el peor reflejo de nuestra clase gobernante, de esos, a los que con simpleza designamos como herederos de la revolución, epítome de un sangriento movimiento, del que todo hace suponer, costó la vida a más de un millón de personas, por supuesto, en su mayoría, gente pobre y del pueblo.

Muy pocos hacendados y terratenientes, se contabilizaron entre las víctimas del cruento movimiento, cuyas listas fueron engrosadas por los mismos perfiles de siempre, los carne de cañón, los abandonados, los sin esperanza, los iletrados y analfabetas, los miserables, aquéllos que siempre toman las armas en nombre de causas cuya dimensión no alcanzan a comprender con exactitud, pero que, a cambio de las mismas, son capaces de ofrendar la más valiosa de sus pertenencias: la vida.

Y, una vez que se les escapa el último suspiro, cumpliendo su ciclo natural, los pocos o muchos espacios físicos testigos de su existencia, son ocupados por otros seres similares a ellos, quienes repiten sus mismas condiciones existenciales: paupérrimos a ultranza, y desheredados por imperio de la vida. En uno y otro extremos de tan compleja estructura social, el fenómeno se produce con precisión secuencial, condenando irremisiblemente, a los más, para beneficio y privilegio de los menos. Es ley de la vida, y muy poco podríamos hacer nosotros para mejorarla, de persistir la presente coyuntura.

Durante los más de 70 años de ejercicio efectivo de una visión vertical del poder público, a través del único interlocutor político en el que se transformó el PRI, en México se fortalecieron grupos específicos, y determinados de intereses que, incluso, hasta el día de hoy, en pleno siglo XXI, siguen defendiendo a ultranza, la vigencia del privilegio de ver a todos sus semejantes, por encima del hombro, es decir, a todos aquellos, como usted, o como yo, querido lector, que no estamos contemplados por las salvaguardias que conforman -cual muro de la ignominia - la vigencia de un esquema de impunidad y corrupción, en medio del cual, con toda comodidad, sientan sus reales.

Sin excepción, tanto al comienzo de la construcción del proyecto de modernización revolucionaria, hasta nuestros días, nuestros máximos dirigentes políticos conformaron un entorno de privilegios, en el que fueron característicos los grupos compactos afines, acríticos, serviles, genuflectos, lambiscones, solidarios, compinches, delatores, y un amplio etcétera, que utilizaron todo tipo de beneficios conforme a lo determinado por su propio paradigma, tanto a favor de los asuntos de carácter político, como de todos aquellos que, de una u otra manera, surgieron como consecuencia directa de acciones propias del gobierno, mismas que, por el trascurso del tiempo, se fueron multiplicando, haciéndose, cada vez, más complejas.

A pesar de que en los albores revolucionarios la hacienda pública quedó prácticamente exhausta por virtud de las muchas erogaciones bélicas, propias del mantenimiento de un guerra civil como la que vivió México, nuestro país ha dispuesto siempre de una valiosa reserva patrimonial, que ha sido capaz de superar – hasta este momento - cualquier obstáculo que se le interponga, tal como sucedió, con desavenencias propias, como la llamada "guerra cristera", u otras de carácter ajeno, como la crisis económica internacional, conocida como "La Gran Depresión", que se registró, a partir de 1929, fecha que coincide con el año de fundación del abuelo del actual PRI, el PNR y con la vigencia de la que ha sido conocida como la "Generación Silenciosa", correspondiente al período 1928-1945.

Gracias a dicha pujanza, el régimen post revolucionario estuvo en capacidad de consolidarse, acopiando para sí, y para beneficio directo de los muchos caudillos regionales surgidos al calor de la lucha armada, incalculables bienes materiales, premiando también, a esos pares, con algunas de las muchas canonjías derivadas del ejercicio del poder público, como si de bienes reales y tangibles se tratara. En dicho escenario, el jefe nato, en forma magnánima, renunció tácitamente al ejercicio pleno del poder con el cual había sido investido, como vía más conveniente para la consecución del objetivo mayor: la unidad e institucionalidad revolucionaria.

De tal forma, los 29 estados originales que integraron la federación (artículo 43 de la Constitución), el Distrito Federal (sede de los tres poderes de la Unión), más los dos territorios Baja California Sur y Quintana Roo, (más tarde convertidos en Estados), sirvieron como eje para la determinación de competencias entre el jefe de estado, y sus representantes regionales (integrados en figuras tales como caciques, hombres fuertes en plaza, caudillos militares, amigos, paisanos, correligionarios, etc.), que hicieron sentir, durante toda una época, un poder omnímodo, sobre el vasto territorio nacional, que les fue adjudicado, hasta que, en el año de 1983, fuera modificado el artículo 115 de la constitución con el fin de reconocer a favor de los 2,454 municipios que integran el país, beneficios políticos, económicos, sociales y administrativos, medida con la cual, dichos entes públicos, se favorecieron con el establecimiento de lo que se ha considerado como el nacimiento de una su mayoría de edad como entidades públicas, no sujetas, en principio, al arbitrio de sus congéneres, los gobernadores estatales.

Sin embargo, y a pesar de los indudables avances registrados en nuestro sistema político, el poder de que ha venido disfrutando el presidente de la república durante los más de 70 años del invierno mexicano, no se asemeja con ningún otro, ejercido, democráticamente, por cualquiera de sus homólogos, a nivel de la comunidad internacional.

Por lo anterior, y aunque siempre nos pareció como insolente la afirmación realizada por el escritor peruano y Premio Nobel de Literatura, Mario Vargas Llosa, quien adjetivara públicamente a nuestro sistema político como "la dictadura perfecta", en el fondo, tuvo razón, ya que, tal cual fuera afirmado con anterioridad, a partir de la fecha de consolidación de las instituciones en México (1934), y que se realizaron de forma ininterrumpida elecciones federales cada seis años, siempre se alzó con el triunfo el PRI, gracias a la contumaz y persistente violación de uno de los dos principios básico de que fueran enarbolados por la revolución, el del Sufragio Efectivo.

En forma similar, y atendiendo los criterios determinados por los respectivos calendarios electorales estatales y locales, se convocaron, regularmente, elecciones para gobernadores, presidentes municipales y otras autoridades de carácter regional

En todo caso, el debate que hoy nos acoge, se presenta a partir del momento en el que nos toca determinar si dichas elecciones, tal cual fueron materializadas en la práctica, pueden ser calificadas como equitativas, limpias y confiables; y si los actores disfrutaron de las garantías plenas que suelen concederse a las organizaciones políticas con dicha naturaleza a nivel universal, como serían aquellos casos, de poder allegarse libremente adeptos, acceder a los medios masivos de comunicación para difundir convenientemente sus propuestas; o convocar libremente a la ciudadanía a pronunciarse a favor de las distintas opciones disponibles, a la hora de emitir su voto, es decir, si el estado mexicano, contrario a lo que todos suponemos, favoreció, o ha favorecido, la implantación en todo el país de una cultura democrática.

Desde mi punto de vista, ha sucedido todo lo contrario, en México, el sistema político ha sido proclive a la discrecionalidad, la prepotencia, la concentración, la opacidad, la impunidad y la corrupción. Son bien conocidas las historias de las innumerables maniobras de que hicieron gala los popularmente conocidos como alquimistas electorales, mapaches, y los promotores del voto (y de la trampa) a favor del partido en el gobierno, como mejor vía para hacer prevalecer su hegemonía, por encima de la voluntad popular.

Bajo el principio maquiavélico de que el fin justifica los medios, la estrategia fue siempre enfocada a invocar, como pretexto máximo para limitar la voluntad ciudadana, la falta de capacidad política de la misma para determinar, con absoluta libertad, sobre sus gobernantes. Dicha estrategia lo que implica, es una falsa interpretación de la realidad social prevaleciente, y es asumida como consecuencia de los positivos resultados obtenidos gracias a la explotación de la figura del paternalismo, utilizada a ultranza por el régimen contra el cual se libró la lucha armada revolucionaria.

Otros elementos que coadyuvaron a subestimar las capacidades ciudadanas, fueron, entre otros, la ausencia de cultura cívica, así como un amplio desconocimiento sobre el manejo de las instituciones públicas. Las respectivas sucesiones presidenciales se dieron en, y con, la previa bendición del presidente en funciones.

De tal forma, y sólo así, puede entenderse – que no justificarse - el largo lapso de tiempo transcurrido durante el invierno mexicano, período en donde primó, en todo momento, una relación horizontal entre el estado y sus gobernados. Y, no fue, sino hasta el año de 1955, en pleno dominio de le generación que fuera mejor conocidas como la de los "Baby Boomers", correspondiente a los años 1946-1954, que se hizo posible la incorporación con plenos derechos políticos, del otro 50% del universo poblacional: las mujeres, quienes pudieron ejercer, por primera vez, su derecho ciudadano al voto, en una elección presidencial (histórica) verificada ese mismo año.

Sobre el mito del voto en México, para explicarlo, han corrido ríos de tinta y cubren amplios espectros de opinión, que abarcan desde sus defensores a ultranza, hasta los mayores detractores. En este punto, conviene señalar que no hubo ningún tipo de duda en el espíritu de los inspiradores del movimiento revolucionario, cuando enarbolaron como lema del partido anti reeleccionista: Sufragio Efectivo. No Reelección, supuestamente en contra de la dictadura porfirista, a la que combatieron, y en todo caso, finalmente, derrotaron.

La unanimidad política prevaleciente como doctrina del estado mexicano durante más de 70 años, sólo puede comprenderse, en función de que obedeció a un genuino intento por justificar la procuración del mayor bienestar posible en favor de sus gobernados, quienes en todo caso, aceptaron (tácitamente) inmolar parte de sus derechos fundamentales – como fue el caso del sufragio efectivo - para beneficio de la visión paternalista, característica del régimen.

Dicha visión en torno a la conveniencia de tutelar políticamente los derechos fundamentales de sus gobernados, fue acogida también con entusiasmo, por las otras dos instancias que integran la estructura del estado mexicano, es decir, a los niveles estatal y municipal. Como consecuencia de la implementación del modelo, los poderes regionales y locales, a su vez, se vieron favorecidos con pingues beneficios de carácter político, económico y social, especialmente, en lo que respecta al logro de utilidades particulares alcanzadas por todos los gobernantes en turno, se entiende así que, poco a poco, fue echando profundas raíces el mal que ahora nos afecta: la corrupción.

A partir de dicha concepción del poder público, y en medio de una serie de circunstancias que atañen, tanto al orden interno, como al externo – sobre éste último, más adelante realizare mi comentario -, se fue tejiendo una red de interacciones entre gobernantes y gobernados, en medio de la cual, los criterios de los primeros prevalían sobre las demandas de los segundos, anticipando soluciones que, con regularidad, no eran las más adecuadas (convenientes) a los intereses de todos, sin embargo, hicieron posible ir avanzando (paso a paso) en la consecución de los objetivos ulteriores, determinados, como las grandes líneas de acción del estado mexicano, y de su revolución, como principal fuente inspiradora.

En este contexto, la voluntad del gobernante fue imponiéndose sobre los deseos de sus gobernados, quienes pasaron a ocupar un lugar secundario en la lista de prioridades de aquellos de quienes recibieron la unción divina para representarlos políticamente. A cambio de tal sacrificio, el pueblo llano aprendió que la mejor forma para obtener beneficios por parte de sus gobernantes, era la de extender la mano, como vía para recibir un piadoso Maná, como medida para saciar, por lo menos, sus más ingentes apetitos.

Volviendo a las circunstancias de carácter externo referidas unos párrafos atrás, en torno al valor de las razones del estado mexicano que inspiraron a sus caudillos revolucionarios la concepción paternalista del poder público, baste recordar, el ambiente que se respiró en el contexto de las profundas convulsiones derivadas del cruento enfrentamiento entre potencias europeas durante la I Guerra Mundial (1914-1919), zanjada, como es bien conocido, con la victoria aliada, y la firma de los Tratados de Paz de Versalles.

Estos últimos, dieron origen a la creación de la Sociedad de Naciones (28 de junio de 1919), primer intento de organización de carácter universal, inspirada por la imperiosa necesidad de disponer de una entidad mundial, que hiciera posible, entre otras prioridades, alcanzar mayores y mejores entendimientos entre las naciones, de forma tal, que se alcanzara el alto objetivo de evitar la guerra, a través de la solución pacífica de todo tipo de controversias.

La Gran Depresión - como ya fue indicado con anterioridad - que asoló la economía mundial a partir de 1929, y a lo largo de los años treinta, fue otro de los factores disuasivos argüidos por nuestros responsables políticos, para considerar a la tutela ciudadana, como la vía más conveniente para llevar a buen puerto a la nave en la que fueran depositados los altos intereses nacionales.

Durante el interregno y también, como consecuencia directa de la coyuntura internacional prevaleciente, se forjan dos de las mayores aportaciones de México a la interpretación de principios del derecho internacional: la Doctrina Carranza (1 diciembre de 1918), y la Doctrina Estrada (27 septiembre de 1930).

Ambas, con vigencia plena, al menos hasta principios del presente siglo, fueron adoptadas en calidad de salvaguardia en defensa de la soberanía nacional, y con el fin de evitar cualquier tipo de injerencia externa en los asuntos de incumbencia propia para los ciudadanos de la naciente República mexicana, surgida como consecuencia de la cruenta lucha armada revolucionaria. Su importancia ha sido de tal relevancia, que los principios en ellas contenidos, fueron incorporados a la Constitución (artículo 89 fracción X) como lineamientos de cumplimiento obligatorio para el titular del Poder Ejecutivo.

De la larga lista de derechos fundamentales conculcados en beneficio de nuestra clase gobernante, se deriva, además, la aparente actitud conformista ciudadana por la cosa pública, su falta de memoria, que la hace olvidar con facilidad las historias que involucran a los corruptores, así como las de sus aliados.

Dicha afirmación, puede ser mejor interpretada si la comparamos con los datos estadísticos registrados en la materia, que nos sirven de base para ilustrar los niveles históricos de participación ciudadana, con los registrados en ocasión de la celebración de comicios electorales federales, de cuya lectura se derivan algunos aspectos destacados, como son los siguientes:

1.- Que, en el mejor de los casos, la cifra de participación, nunca sobrepasa la barrera del 50% de votos a favor del candidato de la opción más favorecida (es decir, por regla general, la que representa el PRI); y

2.- Que, como consecuencia directa de la escaza participación ciudadana, las formaciones políticas con mayor presencia a nivel territorial, se ven estimuladas para realizar movimientos que, por regla general, socavan la normativa vigente en la materia. Lo anterior, con el fin exclusivo de posicionar en los lugares de mayor conveniencia a sus intereses partidarios, las listas con las nóminas de los candidatos que defienden sus propios colores (en este caso, también, la ventaja ha sido siempre a favor del PRI).

Como consecuencia de dicha práctica maniquea, a todas luces abusiva, la incipiente oposición política que ha sumando su participación en los diferentes procesos electorales, buscó por todas las vías posibles a su alcance, abrirse espacios de interlocución ciudadana, con vista a propiciar un mayor interés de todo tipo de electores potenciales, para estar en posibilidad de revertir la tendencia abstencionista, y en todo caso, llegado el momento, alzarse con el triunfo electoral, como camino para allegarse el poder político.

Sin embargo, traducido a la realidad, ha resultado como poco práctico el esfuerzo realizado por las distintas formaciones políticas alternativas, gracias al férreo control que durante los más de 70 años ejerció el PRI, y toda la maquinaria estatal puesta a su disposición, especialmente, en materia electoral, dejando únicamente espacios marginales de participación política efectiva a las demás opciones partidarias que surgieron a la luz pública, inspiradas en los mismos principios y objetivos reconocidos universalmente a la mayoría de entidades similares: acceder al poder, y una vez en él, sostenerse en el mismo el mayor tiempo posible.

En México, todos nuestros primeros mandatarios, apoyados por un sistema que nunca ha funcionado como debiera, actuaron por encima de la ley, le encontraron la cuadratura al círculo, y en su empeño, no sólo la trastocaron, sino que, procedieron a ajustarla a su mejor conveniencia, sumando y restando en materia de derechos y obligaciones ciudadanas, otorgando de forma generosa las gracias de los primeros, a sus más cercanos seguidores, y los más amargos sinsabores de los segundos, es decir, al resto de sus gobernados.

Por lo cual, debemos asumir que a partir del post conflicto revolucionario, la sociedad mexicana quedó dividida en función de una simple operación aritmética: en la cual, correspondió a los menos (principales beneficiarios del sistema) una mayor abundancia de privilegios; y a los más, (en donde se incluye al resto de gobernados) todo tipo de carencias y sinsabores. Por supuesto, subsistió la obligación para todos de clamar al unísono su agradecimiento, y acto seguido, marchar, mano con mano, para hacer patentes los indudables beneficios obtenidos, como efecto directo de la revolución.

Una revolución que entre otras expectativas generadas por quienes la impulsaron, se incluyeron ambiciosos objetivos determinados en beneficio de las grandes mayorías nacionales, esas mismas a la que el propio estado, bajo el vano pretexto de tutelar derechos y obligaciones, sólo consiguió conculcarlos, cobijado su afrenta bajo subterfugios - hábilmente disfrazados - de un trasnochado nacionalismo, cuya bandera monumental ondea a toda asta, en el corazón mismo de la patria: en el centro del Zócalo de la capital del país.

Y, así como se incumplieron algunas de las promesas más habilitantes para el movimiento revolucionario, como el desarrollo integral del campo mexicano, o la preservación de los derechos de la clase trabajadora, fueron omitidos también, otros de los grandes objetivos que debieran haber impulsado el enorme esfuerzo colectivo, como por ejemplo, el libre cause de la participación de los gobernados en la cosa pública, el gobierno de todos y para todos, eso sí, bajo un esquema propio, pero inclusivo, no de talante abusivo, como finalmente sucedió, en al menos, durante los más de 70 años de la hegemonía política de un solo partido, período durante el cual, la relación entre unos y otros, fue de carácter vertical, con la maligna característica que encierra el principio que la voluntad de uno, primó siempre, por encima de la del resto del conjunto.

Una voluntad omnímoda, que lo mismo premia a unos, que imparte sanciones en contra de otros, el ejercicio de un poder que exacerba por igual, tanto a sus seguidores, como a sus detractores, en donde el unanimismo, es la regla clave, no sólo para hacerse visible, sino también, como para no pasar desapercibido, y de tal forma, ser tomado en cuenta, al menos, como una ficha activa en ese inmenso tablero de juego en que fue convertido el estado mexicano, consecuencia directa de la abulia ciudadana, que hizo prácticamente imposible descabezar al Dinosaurio, en medio de cuyos tentáculos, aún hoy en día, es posible calibrar la fiereza de su poderío.

Las mismas consecuencias externas que determinaron en su origen la orientación política de la revolución, es decir, durante el período previo a la "Generación Silenciosa" de la que fueron protagonistas la paz de Versalles, la Gran Depresión, y el surgimiento de la primera entidad multilateral con auténtica vocación universal, es decir, a partir del período de su institucionalización, consecuencia directa del paulatino alejamiento del poder, del grupo conformado por los caudillos forjados al interior de los cuarteles, que fueron poco a poco reemplazados por una nueva generación con perfiles profesionales en su mayoría, egresados del alma mater constituida por la Universidad Nacional Autónoma de México (UNAM), entidad que se consagró como auténtico semillero de los pujantes recursos humanos que engrosaron la administración pública del país, en plena efervescencia de la generación de los "Baby Boomers"

De igual manera, aunque a menor escala, y de forma eficaz, el Instituto Politécnico Nacional (IPN) fundado en 1936, asumió un carácter alternativo, como forjador de generaciones de técnicos medios y especializados en todas aquellas disciplinas profesionales de interés nacional, sobre todo, en las áreas prioritarias para la creación de la infraestructura básica que requería México, de cara a su mejor desempeño para apuntalar el proceso de desarrollo económico y social del país

En ese contexto, y conforme se produjeron avances para la consolidación de nuestro modelo político, implementado más como un reflejo de nuestras debilidades, que como propulsor de las fortalezas que siempre nos caracterizaron, se prefiguró un nuevo orden internacional – de indudable influencia para México –, cuyas consecuencias inmediatas de concretaron con nuestra entrada, en la II Guerra Mundial, (apoyando a los aliados, encabezados por los Estados Unidos de América) conflicto que llevó a la humanidad a escenarios históricos jamás contemplados, sembrados por millones de víctimas, cuantiosísimas perdidas materiales, y coronado por el estigma de la destrucción masiva, causada en contra de las ciudades japonesas de Hiroshima y Nagasaki, por cuya secuela, se dio origen a una nueva y aterradora época para el mundo entero: la Era Nuclear.

Ante tal fenómeno, fue prácticamente imposible sustraerse de los negativos efectos derivados del segundo conflicto armado más sangriento en la historia de la humanidad, motivo por el cual, se hizo menester blindar nuestro sistema político, con el fin de capotear, de la forma más conveniente posible a nuestros intereses nacionales, los duros embates recibidos de parte y parte, de las dos súper potencias aliadas emergentes que, además de alzarse con la victoria final, derrotando al eje Berlín-Roma-Tokio, intentaron, y en muchos casos lo lograron, imponerse como potencias hegemónicas, dominantes del nuevo orden internacional.

La Guerra Fría, fue el producto mejor terminado del post conflicto mundial. Como resultado de su culminación, fue convocada nuevamente la comunidad internacional, con el fin de avanzar negociaciones para integrar una nueva organización, con el explícito deseo que, aun en el caso de que fuera distinta a su predecesora, la Sociedad de Naciones, cumpliera con la vocación de integrarse en calidad de garante para el mantenimiento de la paz, y la solución pacífica de cualquier tipo de conflictos que surgieran entre todas las naciones partes.

Dentro de dicho marco conceptual, con el advenimiento de una postguerra plagada de vicisitudes, con indudables repercusiones para todos, la posición de México ante el concierto internacional de naciones, fue de moderación, en todo caso, con visiones del mundo cercanas a las contempladas por nuestro vecino geográfico del norte, sobre todo, en aquellos temas de política exterior que, de una, u otra manera, pudieran incidir negativamente en la estabilidad política del país, y de sus instituciones nacionales.

Dentro de las mencionadas instituciones, se destacó de forma especial, por supuesto, la presidencial, que fue recubierta con una especie de mácula, que la hizo impenetrable, inviolable, inmune, y absolutamente impune, a cualquier tipo de interdicción, ya sea que la misma pudieran llegar a presentarse desde dentro del propio sistema, así como cualquier otro tipo de riesgo proveniente del extranjero.

Gracias a ese imperceptible, pero claro blindaje, nuestros respectivos primeros mandatarios, sin excepción, tuvieron la oportunidad de ejercer el poder sobre una nación – la nuestra - sin límite alguno conocido, generando cada período sexenal, una transición con tan amplias expectativas, como las que despiertan entre todos los mexicanos, la celebración anual de los sorteos de la Lotería Nacional, preludio que hace suponer, para todos, la posibilidad de "pegarle al gordo" y convertirse de la noche a la mañana, en millonarios.

Así ha sucedido con todos los presidentes del México postrevolucionario, de la noche a la mañana, muchas veces aún sin mostrar ambición alguna por alcanzarlo, han llegado al poder – y se han enriquecido -, por obra y gracia del designio de su predecesor, con quien asumen el compromiso para "cubrirle las espaldas" ante la eventualidad (jamás presentada hasta ahora) de que pudieran llegar a presentarse cuestionamientos en torno a fondo y forma con los que fueron ejercidas sus funciones constitucionales, sobre todo, el lo relativo a las cuentas sobre el manejo (discrecional) de los abundantes recursos económico/financieros, puestos bajo su custodia, durante su correspondiente sexenio.

Con dicha fórmula, sui generis, el estado mexicano premia y reconoce a quienes considera como sus prohombres, quienes lograron encumbrarse hasta la más alta cúpula del poder político, gracias a un proceso electoral (amañado), consecuencia del cual, obtienen como premio su acceso al mayor cargo público a que puede aspirar cualquier ciudadano del país, mediante un mandato limitado en el tiempo, a un solo periodo sexenal. Se da por entendido que, en el contexto de las normas no escritas tan prolijas en nuestro sistema, quien culmina su mandato, una vez finalizados los términos del mismo, asume la obligación de desaparecer del panorama político, convirtiéndose, en una especie de paria, o sombra solitaria, que pulula , junto con sus miserias a lo largo y ancho del firmamento de nuestra geografía nacional.

Eso si, el cúmulo de privilegios y canonjías derivadas del usufructo temporal de tanto poder político, se traduce - tan puntualmente como suelen determinar la hora exacta las manecillas del reloj - en fuente inagotable de ventura personal y familiar, para todos aquellos que vivieron cerca del ungido el sueño más codiciado por todos: la posibilidad de pertenecer al exclusivo círculo íntimo, del todopoderoso, y como consecuencia de ello, haber sido salpicados por sus generosos efluvios.

Esta historia, por supuesto que no es inventada, ni me la vino a contar alguno de los muchos desafectos con los que cuenta nuestro sistema, a esos afortunados del destino, los encontramos parados, justamente ahí, en nuestra presencia, frente a nosotros, de carne y hueso, tangibles y altivos como siempre lo han sido. Cada uno, cual legítimo representante de su estirpe o clan familiar, figurando públicamente, unos días sí, y otros también, dentro del embrujo de las candilejas que gustosamente abren sus puertas como mejor medida para cobijarlos - cual pétalos de rosa – bañándolos con esa la luz tenue que contribuye a disimular las indudables imperfecciones que les rodean, como mudos testigos de un pasado obscuro y tenebroso.

Por supuesto, también los hay, y los seguiremos viendo todavía por mucho tiempo, los que son públicamente increpados o cuestionados cada vez que se hacen visibles ante la opinión pública, como consecuencia directa de las muchas y graves afrentas cometidas o permitidas durante el transcurso de su gestión.

El resto, los cachorros de la revolución, los privilegiados del sistema, con nombres propios y apellidos conocidos, varias veces referidos a lo largo de la presente obra, se integran de forma natural al conjunto social, desempeñando todo tipo de actividades, enfocadas principalmente, a las de carácter empresarial, sector que siempre se ha visto favorecido gracias al contubernio mantenido a lo largo del tiempo con el movimiento revolucionario. Desde dicho flanco, cualquier duda que pudiera surgir en el entorno del origen de los capitales invertidos, es resultado de la mera coincidencia.

A todos esos que linealmente se fueron incorporando a los estratos con mejor desempeño social y económico, desde la época del maximato, hasta nuestros días, los seguimos visualizando, leyendo y escuchando a través de las crónicas anodinas que les ensalzan, a través de medios masivos de comunicación, entidades por cuya influencia son considerados como partes integrantes de un músculo invisible, cuya función principal es la de orientar a la opinión pública conforme a los mejores intereses de los grandes electores nacionales. De ahí que se les adopte en el contexto social en calidad de actores privilegiados, o poderes fácticos, entelequias que interactúan desde el fondo de la penumbra para favorecer al mejor postor.

Visto lo anterior, me surge ahora una inmensa duda, bajo cuya sombra se plantea la incógnita sobre cuál es nuestra verdadera realidad nacional, es decir, cómo fue posible que vistas nuestras circunstancias políticas, económicas y sociales, hayamos alcanzado el lugar que México ocupa hoy dentro del concierto internacional de naciones.

En este sentido, convendría dilucidar, en una primera instancia, si la fórmula de éxito que nos favoreció, partió del principio de disponer, por un lado, de un activo sector productivo nacional que fungió como hilo conductor para impulsar el progreso de que actualmente disfrutamos vis a vis, un sistema político deficiente, antidemocrático y corrupto, proclive, además, del ambiente de impunidad prevaleciente.

En una segunda instancia, convendría determinar si dicho éxito surgió como consecuencia del convencimiento oficial sobre la necesidad de ir abriendo, paulatinamente, mayores espacios de participación política, con base a ejemplos emblemáticos como fue el caso del proceso electoral celebrado el 4 de julio de 1976, en el cual el sistema se vio sorprendido por la presencia de un candidato único a la máxima magistratura, (periodo 1976-1982) presentado por la oficialista colación "Alianza por la Democracia", conformada por el PRI/PPS/PARM, cuyo abanderado recibió el 91.90% de los votos emitidos, de un padrón electoral estimado de 25,913,063 ciudadanos, de los cuales, sufragaron el 68.97%.

Este ejemplo, considerado clásico en la historiografía democrática continental, fue característico de la hegemonía del PRI, por más de 70 años, y fue el resultado de una alianza electoral conformada, además, por las ficciones partidistas que integraron el izquierdista Popular Socialista (PPS), y el progubernamental, Auténtico de la Revolución Mexicana (PARM), considerados, ambos, como comparsas surgidas desde la entraña misma del propio sistema.

Algo así como una especie de auto justificación del unanimismo prevaleciente, hasta ese momento de nuestra historia política nacional. Lo anterior, en pleno apogeo del desenvolvimiento de la "Generación X", correspondiente los años de 1968-1980, y del surgimiento de movimientos sociales contracultura que sacudieron a algunos de los pilares occidentales, como los casos de la sexualidad, el rol y los derechos de las mujeres, los derechos raciales, el reto a las autoridades constituidas, los albores del movimiento hippie, el uso de las drogas, las campañas desde la disidencia civil, la guerra de Vietnam, la Guerra Fría, la escalada de amenaza nuclear, los magnicidios de John Kennedy y de Martin Luther King, entre otros.

La parte positiva de la que ha sido considerada como auténtica deformación democrática, que registró como consecuencia el encumbramiento de uno más, de los presidentes populistas que hemos padecido a lo largo de la historia, tiene que ver con la decisión emanada, también, desde el corazón mismo del sistema, para plantear una reforma política, que incluyó, principios, bases y estructura sobre las cuales quedó sustentado el camino hacia la anhelada alternancia política del país, cuyo mejor ejemplo se vio durante el curso del proceso electoral del 2 de julio del año 2000, en el cual, con el 42.52% de votos favorables (sobre un padrón estimado en 36,782,000 electores habilitados, con un registro de participación del 64%) el candidato del PAN, se alzó – por primera vez en su historia - con un triunfo indiscutible, frente a sus dos principales oponentes, los abanderados del PRI, y del PRD, lo que, indudablemente le significó a México, un primer vuelco democrático, aunque, lamentablemente, no el definitivo, para abandonar por siempre, un anquilosado sistema político, sustentado por los obsoletos principios ideológicos emanados de la revolución.

La reforma política propuesta bajo la inspiración de la corriente del pensamiento liberal esgrimida por el entonces emblemático Secretario de Gobernación de la época, motivó, entre otros aciertos, la aprobación de la Ley Federal de Organizaciones Políticas y Procesos Electorales (LOPPE) que asigna funciones a la Comisión Federal Electoral (CFE), antes en manos exclusivas de la propia Secretaría de Gobernación; hace viable la creación de la estructura del Colegio Electoral; otorga registro a organizaciones políticas que habían funcionado entre las sombras de la clandestinidad (como fue el caso del Partido Comunista PC); habilitó la formación de coaliciones políticas; determinó criterios de acceso a medios masivos de comunicación (prensa, radio y televisión) para los partidos políticos; y formuló criterios para el otorgamiento de curules bajo un sistema mixto de representación proporcional.

A partir de dicha reforma, y en esto coinciden un número importante de los más destacados analistas políticos de nuestra realidad, se comienza a vislumbrar la posibilidad de que el estado mexicano determine, prioritariamente, la conveniencia de utilizar criterios de carácter horizontal, como mejor fórmula para interactuar de cara a una ciudadanía comprometida que, con la mayor amplitud, venía demostrando deseos de asumir, de pleno derecho, una mayor y más activa participación en los asuntos concernientes a la administración del Estado.

Partiendo de dicha premisa, la verticalidad prevaleciente en las reglas del juego, sobre todo por lo que respecta a la titularidad del poder ejecutivo, con las que el sistema hegemónico sobrevivió a lo largo de la etapa del post conflicto revolucionario, advertía sobre la posibilidad de haber superado - con creces - el tiempo histórico que, por razón de las circunstancias, le correspondió vivir, y en su lugar, fue menester ir insertando mecanismos perfectibles, que paulatinamente fueran adaptándose a los requerimientos específicos que los ciudadanos demandaban a sus respectivos gobernantes.

Hasta ese momento, el papel que le correspondía desempeñar a la sociedad civil organizada, era de carácter marginal, como meros espectadores, con poca injerencia en la toma de las más importantes decisiones correspondientes a la administración del estado. Era el propio Presidente quien hacía y deshacía todo tipo de entuertos; a él le correspondía - con o sin razón - asumir las decisiones más trascendentales, como por ejemplo, las de carácter histórico, uno de cuyos ejemplos icónicos fue el caso del descubrimiento, en la sonda de Campeche, del rico yacimiento de "Cantarell", considerado, uno de los dos más importantes a nivel mundial, que originaron, en su momento, la desafortunada frase, con que fue coronada una presidencia de corte imperial: "los mexicanos debemos acostumbrarnos a administrar la abundancia".

Con la vigencia de un populismo a ultranza, que nos llevó a la ruina social y económica, registrado entre las décadas de los setenta, y ochenta, así como la posterior adopción del neoliberalismo como doctrina política, cayó sobre el país una de las peores desgracias de que se tenga memoria: los sismos que afectaron, principalmente, a la ciudad de México, los días 19 y 22 de septiembre de 1985, en los cuales se puso en tela de juicio la verdadera eficacia del sistema político que, a esas alturas del paseo, ya vislumbraba importantes fracturas, por virtud de las cuales, cabía suponer que se encontraba herido de muerte y al borde del colapso que, unos años después, finalmente se concretó.

Los gobernantes de esa época, quienes debieron enfrentar con imaginación los trágicos sucesos, haciendo valer para ello, el férreo control sobre los abundantes recursos del Estado de los que disponían discrecionalmente, dejaron pasar esa extraordinaria ocasión de servicio, y permitieron que prácticamente se les fuera de las manos lo que fue considerado como una de sus últimas oportunidades para legitimarse frente a sus gobernados (se mantenía fresca la Noche de Tlatelolco), y constituirse, nuevamente, en la cabeza del Ogro Filantrópico, enunciado por Octavio Paz, como rara especie de monstruo intangible, poseedor de mil cabezas, y otros tantos orificios auditivos, rebasado ampliamente, por obra y gracia de la acción ciudadanía, que instintivamente, y sin pensarlo dos veces, se volcó a las calles de su lacerada ciudad capital, con el fin exclusivo de ponerse en el mismo lugar de los cientos de miles de muertos y damnificados, a quienes facilitó, en la medida de las posibilidades reales, el auxilio y el socorro que les fuera negado, como consecuencia directa del vacío de poder que emergió en esa fresca mañana del verano-otoño capitalino.

Fue la primera vez, y con toda seguridad, la más simbólica de las múltiples señales de alerta que se fueron produciendo a lo largo y ancho de todo el territorio nacional, sobre la posibilidad real de que, en el corto plazo - como finalmente sucedió - se siguieran produciendo claros anuncios que nos alertaran sobre el advenimiento de nuestra mayoría de edad ciudadana, y que, a partir de ese momento, en forma tenaz, pugnaríamos porque no se nos fuera conculcado nunca más, uno de los mayores derechos fundamentales de que pueden disfrutar todos los individuos: elegir libremente a sus gobernantes.

Desde mi particular punto de vista, el mayor acto de corrupción que obra en la conciencia del sistema político que aun prevalece en México, es el haber aprovechado su fortaleza institucional para coaccionar por tan largo periodo de tiempo el voto ciudadano. La moneda de curso legal vehementemente utilizada, para lograr su objetivo, además de un disimulado paternalismo, fue el chantaje y la simulación, la componenda, el actuar por debajo del agua, las graciosas concesiones, dádivas y prebendas extendidas a favor y para beneficio de quienes en mayor o menor medida contribuyeran a sostener el unanimismo a ultranza que sirvió de cobertura a una de las más crueles mascaradas esgrimidas como baluartes de excelencia para sostener el régimen que hoy por hoy, todos cuestionamos.

El activismo ciudadano hizo posible, además de alcanzar el objetivo de lograr una relación bajo criterios de horizontalidad con sus gobernantes, que éstos, a su vez, reflexionaran en torno a la necesidad imperiosa de abrir todo tipo de espacios de interacción política, sobre todo por el pleno apogeo de la "Generación de los Millennials" o Milenicos, correspondiente a los años de 1981-

1994, a partir de la modernización y actualización de los criterios prevalecientes, sobre todo, los de carácter electoral, y de control de los principales medios nacionales de comunicación (prensa, radio y televisión) con referencia expresa al de la elección presidencial, cuya prueba de fuego más significativa, se vivió en la contienda de julio de 1988, fiel reflejo de los altos índices de polarización política, determinados, entre otros factores, por la concurrencia de un número cada vez mayor de opciones políticas con posibilidades reales de alzarse con un triunfo, así como la escisión en el corazón del PRI, de la que surge una "Corriente Democrática" que participó, con candidato propio bajo la figura de Frente Democrático Nacional, quien estuvo a punto de alzarse con un triunfo histórico, que le fuera arrebatado, por obra y gracia del entonces Secretario de Gobernación, y además, titular de la Comisión Federal Electoral (CFE) órgano competente en la materia, quien adujo como pretexto de última hora, "la caída del sistema de cómputo", maniobra que en su momento fuera calificada como fraudulenta, y que facilitó a los mismos operadores de siempre, distorsionar, quizá por última vez, la voluntad popular, para beneficio del propio sistema.

Como consecuencia del éxito en la implementación de las mismas viejas y conocidas prácticas electoreras, el triunfo en la elección presidencial le fue adjudicado al candidato del PRI. Por tal motivo, podríamos suponer que dicho resultado se convirtió en una especie de parte aguas, a partir del cual, y desde el propio sistema, se consideró que el momento había llegado, y que era imperioso conducir todos los futuros procesos electorales por la vías más convenientes al interés general, al menos, en las mismas condiciones vigentes para las democracias contemporáneas de las naciones con el mismo peso específico internacional de que disfrutaba la nuestra.

De conformidad con lo anterior, y según se desprende de la historia que relata el propio candidato al que le fuera adjudicado el triunfo electoral, fue menester realizar una generosa negociación política con representantes de las cúpulas de los principales partidos de la época, cuyos nombres y apellidos fueron ampliamente reconocidos, en todo caso, principalmente con las del PAN, y la del que, un poco más tarde, se transformara en el propio PRD.

A la una y a la otra, se les ofreció, como moneda de curso por su apoyo a la gobernabilidad del Estado, la garantía de acceso - por la vía electoral - a los principales órganos de representación popular, tal cual sucedió, en uno y otro casos, correspondiendo al primero, el reconocimiento del triunfo de su candidato a la gubernatura del Estado de Baja California (1989-1995) y al segundo, la Jefatura de Gobierno del Distrito Federal (1997-2002), durante el curso de las primeras elecciones directas para acceder a dicho cargo.

Por lo que toca al abanderado perredista, que fue electo en 1997, su ambición por presentarse, nuevamente, como abanderado del propio PRD a las elecciones presidenciales de julio del año 2000, le impusieron como obligación constitucional la de abandonar el cargo el mes de septiembre de 1999, cubriendo dicha vacante, una representante de su propio partido político, funcionaria que, finalmente, concluyó en tiempo y forma con los términos del mandato para el cual originalmente había sido elegido su predecesor.

Durante el curso del propio mandato constitucional 1988-1994, dominado por una clase política inspirada en la corriente ideológica del neoliberalismo (Consenso de Washington), el país sufrió una vez más, uno de los más reconocidos saqueos de sus arcas nacionales, perpetrado por los tlachiqueros de siempre, quienes degustaron, disfrutaron y se atragantaron con las mieles de las riquezas disponibles. Esa misma insuflada y obesa burocracia estatal que se empoderó, como lo hicieran, en su momento, sus predecesoras, uso y abusó de todo aquello a lo que tuvo acceso, sin mayor control, por virtud de la ausencia de verdaderos pesos y contrapesos, u órganos de control, ya que los existentes, actuaron, como era de esperarse, en complicidad, incumpliendo por ello con las funciones que originalmente les fueran asignadas al efecto, por el derecho positivo vigente.

Conviene mencionar que, para ese momento de nuestra historia patria, a nivel internacional, en la ex Unión Soviética (URSS) accede al poder un carismático líder comunista, Mikhail Gorbachov, quien desde el año de 1987 intenta, conjuntamente con los integrantes de su gabinete, un proyecto para modernizar la economía socialista prevaleciente en el país desde su creación, adecuándola al momento político que ya se vislumbraba en el panorama mundial. Dicho movimiento fue mejor conocido como Perestroika (Reestructuración en el idioma original) que produjo, con el transcurso de un breve lapso de tiempo, un efecto que nadie esperaba, el desmoronamiento de la propia URSS, la caída del Muro de Berlín (9 de noviembre de 1989), el desmantelamiento del grupo compacto de naciones de la Europa Oriental que habían conformado su zona de influencia, y lo más relevante de todo, el principio del fin de la Guerra Fría.

Con la aplicación más o menos a raja tabla de los 10 puntos enunciados por el economista John Williamson, en 1989, conocidos universalmente como Consenso de Washington, la administración intentó sacar al país de las diversas crisis sistémicas en las que había sido envuelta nuestra economía, gracias a las aventuras populista protagonizadas por la mayoría de sus antecesoras más cercanas.

Dichos diez puntos, fueron la causa de que nuestro país fuera prácticamente conducido desde un extremo hacia el otro, mientras que por un lado, nos impulsamos hasta el cenit del escenario económico internacional, intentando con ello emular una especie de Perestroika criolla, por los beneficios alcanzados con la concreción del Tratado de Libre Comercio con nuestros dos principales socios políticos, Canadá y los Estados Unidos de América, y nuestro acceso al club de las naciones más desarrolladas, la Organización para la Cooperación y el Desarrollo Económico (OCDE), en el Estado de Chiapas, y en sus alrededores, se gestaba un inédito levantamiento armado, bajo la cobertura del Frente Zapatista de Liberación Nacional (FZLN), que visualizó ante la opinión pública nacional e internacional, una de las más crudas realidades de México: la desigualdad prevaleciente, que hizo patentes las inmensas brechas existentes en las que se dividía el país, y que, lamentablemente para todos, aún subsisten.

Por cierto, si realizáramos en este momento una mirada retrospectiva sobre las ventajas que como país recibiríamos como consecuencia de nuestra pertenencia a la OCDE, basta mencionar que, transcurridos los primeros 20 años de nuestra membresía, ocupamos los últimos lugares en algunas de las mediciones anuales más representativas, como serían los casos de: educación y desigualdad, por señalar los más específicos.

Los tres lamentables hechos que se suscitaron en el contexto del empeño del gobierno de México por modernizar al país, fueron además de escandalosos y fortuitos, nugatorios de cualquier avance del país en materia política. El primero, fue el asesinato de un cardenal de la Iglesia Católica, que a su vez, fungía como Obispo de Guadalajara, quien falleció (24 de mayo de 1993) en el cruce de fuego entre grupos al margen de la ley, los cuales confundieron al prelado con el conocido narcotraficante Joaquín Guzmán Loera (El Chapo), a quien, al calor de los hechos, intentaron liquidar en lo que fue denominado como un ajuste de cuentas entre carteles del narcotráfico.

Los otros dos, el magnicidio (23 de marzo de 1994) del candidato presidencial del PRI a la presidencia de la República, quien fue asesinado en Lomas Taurinas, Baja California; y el tercero, el del cuñado del presidente en turno, quien cayó (28 de septiembre de 1994) víctima de los disparos de un arma de fuego, en las inmediaciones de la céntrica avenida del Paseo de la Reforma, en la ciudad capital del país.

Hasta aquí, aparentemente, la sociedad mexicana en su conjunto no conocía a ciencia cierta el rol preponderante que a esas alturas del paseo ocupaban los distintos carteles de la droga, mismos que, poco a poco, se habían ido abriendo espacios de interacción en distintos puntos de la geografía nacional, de forma singular, en el conocido Triángulo de Norte, conformado por los estados de Chihuahua, Sinaloa y Durango, así como en sus zonas de influencia en el Estado de Jalisco, lugar en cuya capital, como fue indicado, se había realizado el atentado que costó la vida al Cardenal de la Iglesia Católica y Obispo de Guadalajara.

Un dato relevante que abonó en esta materia, fue un hecho fortuito determinado por la captura y muerte en la República de Colombia del principal capo de narcotráfico y jefe del cartel de Medellín, abatido por las fuerza pública de dicho país, en diciembre de 1993, lo que en la práctica se tradujo como la emisión de una patente de corso, suscrita en favor de sus homólogos mexicanos, que para esas fechas habían comenzado la construcción del "castillo de naipes" que facilitó su influencia en los mercados estadounidenses de consumo de cocaína.

Para avanzar en su iniciativa de modernización económica de México, y aplicando uno de los puntos del propio Consenso de Washington, se implementó un ambicioso proyecto para reducir el aparato gubernamental, mediante la privatización de diversas entidades públicas y organismos de participación estatal (desarrollado entre 1984-2000), que posibilitaron al gobierno ofrecer al mejor postor las "cerezas del pastel", como fueron los casos específicos del sistema bancario (que fue privatizado, puesto en manos de extranjeros), la industria siderúrgica (en esa época, costosa e improductiva), y Teléfonos de México, que sirvió de ariete para catapultar al grupo empresarial al que le fue adjudicado, a las grandes ligas financieras que ocupan las páginas centrales de la revista Forbes, a nivel global.

Por supuesto, y tal cual suele suceder en este tipo de procesos, en el camino, se "untaron" muchas manos. Los nombres y apellidos de los beneficiarios de todo tipo de arreglos, componendas, moches y comisiones, al margen de la ley, son ampliamente conocidos y reconocidos, algunos de ellos, incluso, pasaron años de privación efectiva de la libertad, no como consecuencia directa de las sentencias que les fueran dictadas por los delitos que las justificaran, como sería lógico suponer, sino que, en función de una especie de venganza personal de quien en forma accidental, por motivo de la desaparición física del ungido formalmente candidato del presidente en turno, alcanzó, por la vía electoral, la más alta magistratura de la nación.

Y a pesar de que existe constancia cierta sobre los muchos delitos cometidos, derivados del proceso de desincorporación de patrimonio público tan cuestionado, en el país en donde prima el gatopardismo sólo corresponde parafrasear los consabidos refranes populares, aplicables a nuestra situación particular, que rezan, el primero: la única ley que se cumple en México, es la de Herodes; o te chingas o te jodes, y el segundo: en el año de Hidalgo (cuya máxima fue citada con anterioridad), es decir, se vaciaron las arcas nacionales, y nuevamente, fuimos saqueados por quienes en principio deberían de haberse convertido en nuestros salvadores, los tlachiqueros a ultranza, de esa forma, se vistieron de gala

En medio del más absoluto caos social, financiero y político presenciado a lo largo y ancho del país, como consecuencia de los eventos señalados, tan sólo controlado, por obra y gracia de acción de las fuerzas centrífugas que durante muchos años apuntalaron al sistema, coronó dicha administración presidencial, que coadyuvó, entre otros desaciertos a desestructurar la política de seguridad nacional, fortaleciendo con ello al crimen organizado, dispuso además, discrecionalmente, de todos los recursos públicos a su alcance, incluidos los correspondientes a la muy polémica partida secreta (artículo 74 constitucional), que según se ha dicho, en algún momento de la historia alcanzó, a registrar cifras equivalentes a los mil millones de dólares.

La crema que coronó el pastel de la administración – para muestra sólo hace falta un botón – se hizo pública durante el curso del almuerzo celebrado el 23 de febrero de 1993, en casa de quien fuera Secretario de Hacienda, y posteriormente, Presidente del Banco Interamericano de Desarrollo (BID) en medio de la cual nuestro primer mandatario reunió a 30 de los más distinguidos empresarios del país, a quienes invitó a donar, cada uno de ellos, en favor del partido en el gobierno (PRI) $75 millones de nuevos pesos, equivalentes a $25 millones de dólares, cantidad que sería utilizada para financiar la campaña presidencial que comenzó a finales del propio año, de forma similar sucedió con donativos diversos entregados a favor de la propia campaña por empresas estatales, como aconteció con Aeroméxico, la cual, según confesó años más tarde su ex Director General, le fueron entregaros al PRI $8 millones de dólares, provenientes de las arcas de la propia empresa aérea de bandera.

Se supo, un poco más adelante, sobre todo a la luz de los hechos determinantes que se dieron como consecuencia de las reformas electorales que previeron que la autoridad competente tenía el deber de conocer origen y nombre de personas físicas y morales que aportaran recursos financieros a los partidos políticos durante el curso de las campañas electorales. Y, aunque todo mundo supo sobre los desembolsos empresariales favorables al partido en el gobierno, nada sucedió; las instancias a las que recurrió la oposición política en busca de claridad, y en su caso, de sanción, fueron incapaces de actuar en consecuencia dentro de la lógica democrática.

De ahí, la importancia de que se estableciera, con claridad, a nivel constitucional, la forma en que los partidos políticos recibirían financiamiento por parte del Estado.

No puedo dejar de enunciar que en este sexenio vieron también sus primeras luces tanto el Instituto Federal Electoral (IFE), como el Registro Nacional de Electores, como entes autónomos, que concluyeron con el proceso de foto credencialización de más de 30 millones de ciudadanos, labor que significó, a partir del momento de su establecimiento (3 de julio de 1992) un indudable paso al frente de cara a la democratización de las elecciones de México.

A los pocos días de haber hecho entrega del poder a su sucesor (período 1994-2000) para variar del mismo partido político, el PRI, se produjo en el país, otra de las peores crisis económica de que se tenga memoria, llegamos prácticamente al fondo de un profundo pozo, en el que descansaba un inmenso vacío, abierto en contra de la estabilidad económica del país. Antes de abordar las consecuencias de dicha crisis, conviene destacar sobre el proceso electoral del 21 de agosto de ese año, que el candidato que se alzó con el triunfo, es decir, el mismo PRI, obtuvo 17,181,651 de votos, equivalentes al **46.69%** del total registrado durante el curso de la contienda, lo que le significó, tanto a dicho partido, como al sistema político de nuestro país que, por vez primera, el abanderado del Ogro filantrópico no superara, tal cual históricamente lo había venido haciendo, la barrera del 50% de sufragios favorables, como sucedió durante todo el curso del invierno autoritario.

Como señalé, despertamos durante el curso de una fresca mañana del mes de diciembre, para encontrarnos frente a una nueva crisis, mundialmente conocida como el "Error de Diciembre" ; o "Efecto Tequila", (considerada además como el peor fracaso en la aplicación de los puntos del Consenso de Washington), atribuida, principalmente, a la falta de reservas internacionales del Gobierno Federal para hacer frente a sus más ingentes compromisos financieros internacionales de pago de deuda, así como a la inminente devaluación de lo que se denominó "nuevo" peso mexicano, unidad monetaria para cuya creación, le fueron eliminados tres ceros a la denominación de su predecesora.

El rescate financiero que recibió nuestro país, entre las ayudas bilaterales (principalmente del gobierno de los Estados Unidos de América) y las de las instituciones financieras internacionales (IFIS), alcanzó, más o menos la cifra de 60 mil millones de dólares, cantidad que hubo de honrar, de la única forma como se honran este tipo de compromisos contractuales: pagando.

A pesar del inmenso tropiezo que significó dicha crisis financiera, en lo político, el periodo correspondiente al sexenio 1994-2000, fue muy significativo, ya que el mismo sirvió de sustento a dos de los eventos, que desde mi particular punto de vista, fueron los más trascendentales de la vida institucional del país. En primer lugar, hizo posible que el presidente se declarará formalmente al margen de las decisiones del propio partido político que le había abierto las puestas de Palacio Nacional, es decir, el PRI, al que, en principio, dejó en la más absoluta libertad de auto gestionarse, extraña función, de la cual nunca había sido partícipe, sobre todo, a la luz de las facultades meta constitucionales del jefe del ejecutivo que desde tiempo inmemorial, siempre había designado a "dedo" al tapado o nuevo ungido por los dioses del Olimpo como nuevo presidente de la república, si el voto ciudadano le favorecía (viejo eufemismo utilizado como una especie de fetiche legitimador para ejercer la alta magistratura que involucraba).

En segundo lugar, realizó dos importantes movimientos, de cuya conjunción, surge en forma victoriosa la alternancia política en las elecciones presidenciales del año 2000.

El primero, sustraer al IFE, de la hegemonía de la Secretaría de Gobernación, entidad cuyo titular fue, tradicionalmente, su cabeza hasta el año de 1997. El segundo, ciudadanizarlo, disponiendo al efecto de un consejo independiente, presidido por un Consejero que demostró con hechos, su vocación democrática, y así se abrió la posibilidad de poder realizar unas elecciones con el "piso parejo" para todos los partidos políticos (seguramente las primeras en México), tal como sucedió, lo que fue materializado durante el curso de las elecciones federales de julio del mismo año, en las que por primera vez en toda su historia, el PRI perdió la mayoría calificada en la Cámara de Diputados (de la que había disfrutado desde su fundación como partido), al obtener tan sólo 239 de los 500 escaños en juego, frente al total de 246 obtenidos entre el PAN (121) y el PRD (125), mas otros quince, repartidos entre el PVEM, (8) y el PT, (7).

Así fue que nos encontramos, de repente en el verano, frente a una nueva realidad existencial, motivada como consecuencia directa del mal manejo político, económico y financiero de las últimas administraciones del PRI, que dejaron huellas indelebles tan sensibles como el caso más significativo con la creación del Fondo Bancario de Protección al Ahorro (Fobaproa) en donde el estado absorbió deudas ante el sistema bancario y garantizó los recursos de los ahorradores, cuyos pasivos acumulados alcanzaron la cifra de $520 mil (mdp), que representaban el 40% del PIB para 1997, dos terceras partes del presupuesto de egresos para 1998, y el doble de la deuda pública interna. Dicho mecanismo fue sustituido el propio año de 1998 por el Instituto para la Protección del Ahorro Bancario (IPAB), cuyos pasivos alcanzaron a septiembre de 1999, un monto de $873 mil (mdp).

El sexenio que impulsó la transición política en México, cumplió sin mayores aspavientos, aunque con los muy reconocidos aciertos enunciados, las funciones que le habían sido encomendadas, incluso, como ya ha sido comentado, puso detrás de las rejas al mal llamado hermano incómodo de su predecesor, quien fue imputado por cargos diversos, entre los que se destacan el de enriquecimiento ilícito, y el haber sido autor intelectual del asesinato del cónyuge de su hermana.

A pesar de haber quedado inscrito en la historia de los presidentes del país como el jefe de estado que ocupó el mayor cargo al que puede aspirar cualquier ciudadano, su mandato fue el de un tránsito sin mayor pena ni gloria. El titular de dicho sexenio tuvo buen cuidado en no incurrir en los mismos excesos que caracterizaron a la mayoría de sus colegas en el cargo, durante todo el período post revolucionario. Muy pocos llegaron a dicho máximo cargo y tuvieron la oportunidad de predicar con el ejemplo, por el contrario, preservaron e incrementaron los malos hábitos clientelares, favoreciendo desde la cúspide del poder político todo tipo de componendas que hicieran viable el modus operandi característico con que fue manejada, por casi 70 años, la cosa pública en México.

La presencia física, aunada al grado de influencia alcanzada a nivel nacional de todo tipo de organizaciones gremiales y sindicales, cooptadas por el estado como mejor vía para su sustento, fue una de las perores herencias aportadas en contra de la institucionalidad democrática del país por la mayoría de gobiernos emanados de la revolución. Dicho legado no sólo contaminó el ambiente político prevaleciente, sino que se constituyó en un mal ejemplo social, tácitamente aceptado y tolerado por una inmensa mayoría de sus gobernados, quienes se vieron reflejados a sí mismos, como beneficiarios directos de todas las ventajas derivadas de su prácticamente inagotable magnanimidad.

Como verdaderas versiones contemporáneas del Rey Midas, los dirigentes sindicales o gremiales ocuparon en los gobiernos del PRI lugares de privilegio, manga ancha para todo y tolerancia absoluta de actos de corrupción, a cambio de lo cual, un sola demanda: apoyo solidario e irrestricto al régimen. Así, pudimos ver pasar a unos y otros, los representantes de las principales actividades productivas gubernamentales, como petroleros, electricistas, educadores, ferrocarrileros, así como a los afiliados a todo tipo de actividades sindicales, representantes de sectores productivos, aglutinados en centrales como la Confederación de Trabajadores de México (CTM), la de Organizaciones Populares (CNOP), y la Confederación Nacional Campesina (CNC), por mencionar algunas de las más conocidas, y por supuestos corruptas.

Con una herencia de dicho calibre, México se preparó acuciosamente para recibir al nuevo siglo, y en su caso, a un nuevo partido en el gobierno, sobre cuyas espaldas reposaron las inmensas expectativas ciudadanas generadas al calor de la esperanza de cambio, sentimiento que, hasta ahora, se mantiene presente y vigente

3

LA ALTERNANCIA

El nuevo siglo político mexicano ingresó al país en forma vertiginosa, superando con éxito, todo tipo de infranqueables barreras, y transitando, en ocasiones por tierras con apariencia de ser absolutamente inhóspitas, hasta posicionarse de forma tal que muchos estuvimos tentados a suponer hasta lo imposible: que había llegado para quedarse definitivamente y para permanecer, entre nosotros, por siempre jamás, propiciando con ello la posibilidad de albergar la esperanza de estar en capacidad de voltear esa página de nuestra historia patria – plagada de vicisitudes - para habilitarnos un porvenir menos incierto, y en el que los gobernados tuviéramos la oportunidad plena para protagonizar el signo de nuestro futuro destino.

Y así como llegó, buscó y encontró el refugio anhelado, también fue apapachado por unos y por otros. Para algunos, su simple presencia fue interpretada en forma similar a la sensación que se percibe al recibir una bocanada de aire fresco. Por el contrario, para otros, significó la posibilidad de lanzarse a la arena política y la obligación de competir en circunstancias distintas a las prevalecientes en el país a lo largo y ancho de todo el período post revolucionario.

Este promisorio avenir llegó de la mano del comienzo de la generación identificada como la de los "Centennials" o generación "Z", correspondiente a los años 1995-2020, en cuyas manos nos encontramos todos.

Fue así, como nuestro sueño se cumplió. De la noche a la mañana, México dio un gigantesco paso hacia el frente, hacia un futuro que si bien es cierto, a primera vista, aparentaba incierto, al mediano y largo plazos, se dibujaba prístino y certero, que además, nos permitió, entre otras ilusiones, soñar con los ojos abiertos y albergar las mejores expectativas con respecto al entierro final y definitivo de ese Ogro Filantrópico, cuya voracidad e incalculable daño causado a todos los mexicanos, será memorable, y en todo caso, objeto de largas y amplias epístolas que expurgarán por entre los abismos de sus entrañas, con vistas a desenmarañar ese nudo Gordiano en el que quedamos atrapados durante el curso de demasiados inviernos.

Con ese pesado menaje a cuestas, cruzamos la línea del tiempo, cargando sobre nuestras espaldas aciertos y desaciertos del viejo régimen, que inconscientemente, todos anhelamos superar, sin embargo, ahí yacían, frente a nosotros, cual cadáveres putrefactos, los mismos actores de siempre, vociferando a favor de conservar sus privilegios, y exhibiendo con lujo de detalle, las infinitas prebendas y canonjías que le habían sido arrebatadas a la sociedad en su conjunto, gracias a su infinita pericia para atrapar entre sus redes de chantaje, extorsión y mutua complacencia, los más caros anhelos democráticos de toda la sociedad en su conjunto.

Con más de dos millones de votos por encima de su principal contrincante político del PRI, el candidato ungido por el PAN, para ejercer como Presidente de la República durante el período 2000-2006, se alzó con un indiscutible triunfo electoral, el domingo 2 de julio, y se constituyó en el primer Jefe de Estado de la alternancia democrática, recibiendo el país, de manos de su antecesor – en un clima de paz, concordia y tranquilidad ciudadana - así como de presencia de las mayores y mejores expectativas, determinadas por el bono democrático con el cual fue investido por todos sus gobernados, para utilizarlo como una especie de bálsamo, para posibilitar una proyección multidimensional, con efectos y consecuencias, tanto dentro del territorio nacional, como más allá de nuestras fronteras geográficas.

Necesitábamos de ese bálsamo con las características especificas de una especie de bocanada de aire fresco que al aspirarlo la mañana del lunes 3 de julio del 2000, muchos llegamos a preguntarnos si vivíamos una realidad o si habíamos construido una entelequia. Que si el paradigma del gobierno mexicano vigente hasta el comienzo del siglo XXI había pasado a mejor vida, y que si, a partir de ese entonces, empezaríamos a escribir las primeras páginas de la nueva novela mexicana, con relatos sobre los moradores de un país con más de 103 millones de habitantes (en ese entonces), la mayoría de ellos, con aspiraciones para cosechar conjuntamente, los cientos de miles de ilusiones sembradas a lo largo del tiempo en la conciencia colectiva, tanto por nuestros más iluminados próceres, como por todos aquellos que siempre creímos en nuestro proyecto de construcción de un país con menos inequidades, y por supuesto, más justo.

Lamentablemente, no sucedió lo que reseña magistralmente en su microrrelato el escritor guatemalteco Augusto (Tito) Monterroso "Cuando despertó, el dinosaurio todavía estaba ahí". El viejo régimen característico del México del siglo XX no fue disuelto como consecuencia del advenimiento de la nueva luz de esperanza abierta gracias a la irrupción al poder de un nuevo perfil de gobernante, un personaje sui generis, de tipo bronco y mal hablado, con imagen de ranchero (muy diferente a la de cualquier otra de sus predecesores), calzando botas de cuero de culebra, y aprovechando toda oportunidad que se le presentara para mofarse del rigor republicano con el que nuestros dirigentes políticos de la época cubría sus muy ostensibles miserias.

El poder político que heredó el abanderado del PAN como titular del Poder Ejecutivo, no fue el mismo que por décadas ejercieron sin límite alguno todos sus predecesores. Los demás presidentes de México, como ya fue advertido, dispusieron además de las funciones intrínsecas determinadas por el mandato incorporado en la Carta Magna, de todo el poder que le fuera conculcado a los demás órganos del Estado, establecidos con el fin de contar con un adecuado equilibrio de pesos y contrapesos, es decir, del balance más adecuado para estar en posibilidad de aspirar la calificación de régimen democrático, bajo los mismos estándares reconocidos universalmente.

Comenzando por el más grande de todos nuestros males, el unanimismo político, el famoso "carro completo" con que fueron adjetivados los procesos electorales del país, en los tres niveles de gobierno (federal, estatal y municipal) y dentro de los cuales, el PRI, dominó durante más de 70 años todos los espacios de interacción existentes entre gobernantes y gobernados. Aceptamos, muy a nuestro pesar, esa extraña interpretación de destino manifiesto.

Unas veces por convicción y la mayoría por temor a perder parte de los valores en que fincábamos nuestra existencia, inculcados, como sucedió en los casos de la posición que ocupamos en el contexto social en el cual nos desempeñamos, así como el privilegio de recibir - sin costo aparente -, los beneficios derivados del ejercicio pleno de derechos fundamentales, como el de disponer de un trabajo digno, acceso a la educación, la salud, la seguridad pública, el bienestar y la justicia, en general.

El partido gobernante, a lo largo del tiempo en que mantuvo su hegemonía, abrió todo tipo de ventanillas, desde las cuales atendió las principales necesidades, urgencias y carencias de una sociedad a la que con extraordinaria pericia, acostumbró a vivir a la sombra de los destellos propios de un sistema político cimentado sobre los escombros de otro que, en su tiempo, les había negado todo. Así enarbolando los efímeros pabellones del bienestar público a ultranza y mediante todo tipo de subterfugios y de actos de prestidigitación, logró obtener uno de sus más caros objetivos, el de su permanencia en el poder a lo largo del tiempo.

Con dicho bagaje a cuestas, y con el reparto más equitativo de los pesos y contrapesos entre los otros dos órganos del Estado

(Legislativo y Judicial), así como el indudable impulso que derivó de la orfandad del PRI a su liderazgo tradicional, ahora representado en el poder real (ficticio) de los gobernadores estatales, y gracias a una coalición política con el partido calificado como el más corrupto a lo largo de su propia existencia, el Verde Ecologista (PVEM), el nuevo jefe de estado intentó, y lamentablemente, no logró, como yo creo que lo merecía, gobernar un país que, a esa alturas del paseo, se desangraba en medio de las putrefactas emanaciones producidas por la acumulación de todo tipo de detritos etéreos emanados de las múltiples organizaciones surgidas al amparo del corporativismo a ultranza, generado desde dentro del propio sistema, como vía más adecuada para coartar todo intento de espontaneidad ciudadana.

Desde mi particular punto de vista, lamentablemente, el gobierno se equivocó de principio a fin y desaprovechó con ello la oportunidad, tanto en lo interno, como en lo externo, de utilizar convenientemente el bono democrático que le fuera extendido por una ciudadanía inquieta y ansiosa por cambiar, de una vez, y para siempre, con el modelo de participación política diseñado en condiciones sociales diametralmente opuestas a las prevalecientes, gracias a la presentación de esa oportunidad histórica.

Como consecuencia de la ausencia de una clara visión de nuestra realidad nacional, se alió, e interactuó en áreas sustantivas para garantizar el buen desempeño del aparato gubernamental, con entidades gremiales con un significativo rechazo social, como sucedió con los sindicatos de los trabajadores de la educación (SNTE) y el de los trabajadores petroleros (STPRM), a cuyos respectivos dirigentes permitió trascender su relación hasta encumbrarlos, más allá de lo estrictamente laboral, extendiéndoles concesiones, algunas de las mismas, calificadas como contra natura, que incluyeron privilegios vergonzantes, y el disfrute de todo tipo de canonjías, que hicieron posible a dichas entidades, así como a otras similares o de la misma calaña, un tránsito placentero del invierno autoritario, hacia la primavera democrática que todos soñamos.

Quiso combatir y fue derrotado en su lucha por tumbar las cabezas de los principales integrantes de los poderes fácticos del estado, la mayoría de los cuales, como todo el mundo lo sabe en México, representan un conjunto de intereses específicos que se entretejen los unos con los otros a favor de la única causa en común que comparten: la expoliación sin límite de los recursos públicos, y la salvaguardia de sus propios intereses particulares. Nada los mueve mejor que sus instintos, impulsados éstos por pesados resortes que movilizan a su conveniencia tras bambalinas. Desde su muy particular punto de vista, dichos espacios se los han ido ganado a pulso, y reclaman como inmutables, todos los derechos adquiridos, y en su defensa, son capaces de hacer entrega de cualquier tipo de recompensa. Están dispuestos, también, a cobrar con sangre cualquier asomo de impugnación que se les atraviese.

En el ámbito de política exterior, sus principales falencias fueron, entre otras, el seguir a pie juntillas diagnósticos elaborados en las cavernas más profundas por su principal asesor en la materia, quien siguiendo sus impulsos irreflexivos causó gran daño en la relación bilateral con nuestro principal socio internacional, el gobierno de los Estados Unidos de América (EUA), que actuando en consonancia con sus intereses nacionales tras los trágicos incidentes terroristas perpetrados contra las torres gemelas del World Trade Center, en la ciudad de Nueva York, y el Pentágono, en Washington, D-C., el 11 de septiembre de 2001, decidió sepultar para siempre, el sueño mexicano de comerse la "Enchilada Completa", es decir, que la administración del cuadragésimo tercer (43) presidente estadounidense cumpliera un compromiso asumido durante su primer contacto oficial con la administración presidencial mexicana de salvaguardar los derechos migratorios de más de diez millones de connacionales que sin documentación migratoria alguna vivían en dicho país.

Algo similar sucedió con la histórica relación bilateral con la República de Cuba, considerada por muchos como privilegiada, sustentada sobre el respeto recíproco de cada uno de los modelos de gobierno vigentes, entre las partes, sobre todo, a raíz del triunfo de la revolución armada en la Isla, en 1959, y la instauración del régimen comunista de los hermanos Fidel y Raúl Castro Ruz.

Llegado el momento, dicho país, a través de su Comandante, no tuvo el menor empacho para exhibir públicamente las veleidades - hasta entonces desconocidas - del primer mandatario de México, sintetizadas en un audio de infausta memoria en el que nuestro presidente, sin mayor enfado, soltó cuatro ingenuas palabras a Fidel Castro Ruz: "... comes y te vas...", indigno epitafio o subterfugio para evitar que el líder comunista pudiera tener contacto directo con el entonces presidente de los EUA, quien por su parte, tenía previsto asistir en calidad de invitado especial del Secretario General de las Naciones Unidas, Kofi Annan, a la Conferencia Internacional sobre Financiación para el Desarrollo, celebrada en Monterrey, N.L., entre los días 18 y 22 de marzo de 2002.

CLEPTOCRACIA

Y aunque no fueron pocos los desaguisados perpetrados públicamente en la arena internacional por el nuevo presidente de México, fueron muchas menos metidas de pata que las protagonizadas, en sus respectivos momentos históricos, por otros primeros mandatarios, la mayoría de ellos educados bajo el modelo de cultura urbana, los cuales se pasearon por el mundo, en visitas oficiales o de trabajo, exhibiendo sus más conspicuas menudencias, algunas muy connotadas, como los casos del sempiterno lío de faldas, es decir, muchos de ellos viajando acompañados por el mundo de sus queridas permanentes, transitorias, de planta, o simplemente, amantes en turno.

Una de las aportaciones más anecdóticas que conviene traer a la palestra con respecto a las iniciativas diplomáticas asumidas por el nuevo paladín mexicano, fue su visita de trabajo a la ciudad de Ulán Bator, en Mongolia, llevada a cabo el 19 de octubre de 2001, en el marco de una gira internacional que incluyó, además, otros países europeos, y que concluiría en la República Popular China. Lo curioso de esta visita, desde mi particular punto de vista, es que, por un lado, fue la primera – e imagino, la última que realice - un jefe de estado mexicano a dichas profundidades del continente asiático (espero no equivocarme) y por otro, el episodio protagonizado en el marco de la visita a China, tanto por nuestro primer mandatario, como por un grupo de sus más cercanos afectos, entre los cuales se destacaron su Canciller (la acompañante de turno del propio alto funcionario) y la presidenta del Consejo Nacional para la Cultura y las Artes (del momento).

Cuentan, quienes tuvieron oportunidad de estar cerca, en el momento de los hechos, que durante la visita al Museo de los Guerreros y Caballos de Terracota, considerado como la octava maravilla del mundo, con una antigüedad aproximada de 2200 años, que tanto nuestro primer mandatario, como los acompañantes arriba indicados, utilizaron los espacios de tan imponente monumento como áreas de para el solaz esparcimiento y diversión, en la que jugaron como niños en el entorno de las piezas construidas para salvaguardar al emperador Qin Shihuan.

Para quien a estas alturas del paseo fungía ya como nuestro primer mandatario, la campaña electoral previa a su acceso al máximo cargo de elección popular, inició con la ventaja de disponer, al menos, de dos largos años de anticipación con respecto a los otros contendientes, ya que comenzó durante el curso de los tiempos en los cuales aun fungía como gobernador de su estado natal, Guanajuato, desde donde percibió con claridad prístina, conjuntamente con otros de sus más entusiastas promotores, una coyuntura política que podría favorecer sus legítimas aspiraciones para protagonizar la carrera hacia una especie de primavera mexicana, cuya piedra angular, en todo caso, se constituiría en arrebatarle al PRI la hegemonías del poder, mantenida a lo largo de más de setenta años.

En el camino hacia la anhelada alternancia política, una de sus propuestas más relevantes, y quizá la que concito mayores simpatías, fue la de promover una reforma integral del Estado mexicano, partiendo del supuesto que el gobierno no podía seguir funcionando bajo los mismos parámetros adoptados como consecuencia de un ejercicio eminentemente patrimonialista que heredaría – si el voto popular le favorecía -, de sus predecesores. El PRI, se constituyó para su contraparte del PAN durante el transcurso de la larga campaña, en una especie de antítesis, o fórmula que diferenciaba los principios filosóficos existentes, como el ser y el deber ser. En todo caso, se consideró como imperioso combatirlo con todas las herramientas a su alcance (por supuesto, dentro del cauce democrático), sin descartar la opción que incluyera la posibilidad de utilizar, además, otro tipo de herramientas, tales como aquellas consideradas como imposibles.

Dentro de esta última categoría, por supuesto, calificó el financiamiento al proyecto a través de recursos cuyo origen podría ser considerado como marginal, aunque no necesariamente violatorio del ordenamiento electoral vigente, a la luz de los sustantivos recursos ingresados a las arcas partidarias como parte de las prerrogativas inherentes contempladas por la ley aplicable en la materia, que beneficia a todos los partidos políticos en época de campaña. Para "los amigos de Fox", como se autodenominó el grupo que acompañó al candidato durante toda su campaña, resultó sencillo pasar el sombrero y engordar el respectivo cochinito con recursos que fueron saliendo del bolsillo de un importante número de sus entusiastas seguidores.

Me imagino, y lo planteo como mera hipótesis de trabajo, que dicho grupo asumió de buena fe, que aportar recursos económicos (sin ningún tipo de control) a una causa que supusiera la posibilidad de que la misma hiciera viable la salvación del país, no implicaría riesgo alguno, por determinarse que la misma era justa, en el contexto de una interpretación individual. Sin embargo, la ley en la materia, como es de todos conocido, no sólo fija criterios específicos y determina topes máximos para las aportaciones económicas que reciben los partidos políticos en circunstancias como la que se narra, a su vez, dispone salvaguardias concretas y sanciones específicas en contra de quienes la contravengan.

Por el lado de la contraparte del PRI, sucedió lo mismo que había venido ocurriendo en su larga historia de más de 70 años de hegemonía: el financiamiento con recursos provenientes de fuentes ajenas a las determinadas con toda claridad por la norma electoral aplicable. Estuvimos en presencia de otro escándalo, al que popularmente se le denominó: "pemexgate" por el que, el PRI fue acusado de recibir más de mil millones de pesos con cargo al presupuesto de la empresa industrial más importante del país, Petróleos Mexicanos.

De acuerdo con los antecedentes del caso, el candidato que enarboló la bandera priista a la presidencia de la república recibió donaciones de recursos provenientes de las arcas de la empresa, dichas aportaciones, no fueron meramente circunstanciales, sino que, se llegó a comprobar que formaban parte de todo un esquema de captación de recursos, montado a la luz del corporativismo a ultranza que sostuvo al PRI en la cúspide del poder político a lo largo de los años.

En ambos casos, se configuraron actos de corrupción, ya que unos y otros, violentaron flagrantemente la ley, y a ninguno le fueron aplicados los necesarios correctivos o sanciones del caso. Se optó por la transa. El que no transa, no avanza, como reza el popular refrán que circula como peste de boca en boca. Todos lo sabemos y pocos desconocen su valor. Circula como moneda de curso legal y sustituye, de alguna manera, la voluntad ciudadana por el cambio. La ilusión que marcó el comienzo de milenio para México, poco a poco, se fue desvaneciendo, de la misma manera como pierde su fuerza el aire que exhalamos una vez que concluye su salida desde nuestros respectivos pulmones.

El régimen fue perdiendo, paulatinamente, el beneficio derivado del bono democrático que le fuera extendido por toda la ciudadanía. Quienes operaron desde las entrañas gubernamentales, bajo la bandera de Acción Nacional y con el apoyo ciudadano, se comportaron tal cual lo hicieron sus predecesores. De la misma forma, rompiendo las doctrinas enarboladas por años de lucha política partidaria, sin nada nuevo que aportar, acopiándose de todo aquello que le fuera llegando a las manos y contribuyera a engrosar sus bien nutridas billeteras. No fue posible concretar esa gran reforma del Estado que nos había sido prometida, por el contrario, prevalecieron usos y costumbres heredadas por sus congéneres, impuestas como una especie de cuota, encaminada para agenciarse los mínimos de gobernabilidad que el país requería en dicha coyuntura por la prevalencia del peor caos institucional de que tengamos memoria.

Al tiempo que el poder dejó de concentrarse en una sola persona, surge un régimen en el que se destacan nuevos actores, y se vislumbran otros protagonistas, algunos de los cuales – de momento – no estuvieron plenamente conscientes del rol que por razones históricas les competía desempeñar dentro de las nuevas prioridades del Estado mexicano.

Dentro de las escazas reformas institucionales que echó a andar el gobierno 2000-2006, por cierto, con algunos registros de éxito, fueron, por un lado, la Ley de Trasparencia y Acceso a la Información Pública, y por otra, la creación de una entidad federal que pasaría a ocupar un lugar preponderante dentro de las prioridades del momento: la Secretaría de Seguridad Pública Federal.

Esta última, de efímera existencia (2000-2013) avocada, en principio, a constituirse en pieza fundamental de la lucha en contra de uno de los flagelos más lacerantes cuyas fauces asolaban con inaudita ferocidad la seguridad ciudadana: el crimen organizado Aparentemente, la nueva administración intentó, a través de un encomiable esfuerzo, buscar cobijo en sus respectivos cuarteles para los cientos de miles de integrantes de las Fuerzas Armadas que habían sido lanzados a las calles por anteriores gobiernos como mejor vía para salvaguardar la paz y tranquilidad de los gobernados, seriamente amenazadas por un enemigo bien conocido e identificado.

El esfuerzo supuso el diseño de nuevas estrategias, así como la creación de fórmulas para coordinar las distintas instancias con facultades específicas en la materia, especialmente, a nivel estatal y municipal, ámbitos permeados – de tiempo inmemorial - por el crimen organizado, tal cual pudo ser comprobado gracias a los niveles de resistencia con que fue acogida dicha iniciativa presidencial.

A pesar de lo efímero de su existencia, la instancia supuso un esfuerzo digno de ser tomado en cuenta, sobre todo, a la luz del ambiente prevaleciente a nivel internacional para nuestro país en el entorno de la protección y salvaguardia de los derechos humanos por integrantes de las Fuerzas Armadas. Con la Secretaría de Seguridad Federal se aseguró la posibilidad de crear una autoridad policíaca con jurisdicción en todo el país y coadyuvante de otras entidades similares, tanto en los estados que integran la federación, como en los respectivos municipios.

De los tres titulares que ejercieron el cargo a partir de su creación, correspondió al segundo, quien estuvo al mando en el período 2004-2005, un triste desenlace en el que perdió la vida en el accidente – cuyas investigaciones, para variar, nunca concluyeron - del helicóptero Bell A-12, matrícula XC-PFI que chocó el 21 de septiembre contra una montaña en las inmediaciones del municipio de San Miguel Mimiapán (Estado de México) cuando el alto funcionario se trasladaba para presidir un acto público en el cumplimiento de un encuentro de su incumbencia, derivado de sus obligaciones oficiales.

Conviene destacar, por otra parte, que durante el curso de este sexenio se produjo un fenómeno sobre el cual, aparentemente, no se conocen razones específicas y concretas que lo justifiquen y que se constituyó en forma de una inmensa sangría de integrantes de las Fuerzas Armadas, los cuales desertaron. Se llegó a especular sobre su número, estimándolo en más de 100 mil elementos, entre los que se destacan, integrantes de cuerpos de elite, como el caso del Grupo Aeromóvil de Fuerzas Especiales (GAFES) entrenados específicamente en Fort Briggs, en los Estados Unidos de América, con el fin de hacer frente a la amenaza suscitada en ocasión del levantamiento armado del EZLN (1 de enero de 1994).

Dentro del razonamiento académico que sostiene algunos especialistas en la materia, se concluye que algunos de los mandos que desertaron se incorporaron a grupos del crimen organizado, especialmente, los Zetas y el Cartel del Golfo, cuyos alcances a nivel nacional – e internacional – crecía exponencialmente.

Otro de los más fuertes dolores de cabeza que sufrió dicha administración, se constituyó en la fuga del penal de Puente Grande, en Jalisco, de Joaquín Archibaldo Guzmán Loera, alias El Chapo, conocido narcotraficante y gatillero, quien purgaba en dicho centro de reclusión, una pena de 20 años y sobre el cual, a esas alturas del paseo, la Suprema Corte de Justicia de la Nación, se había pronunciado favorablemente para atender la solicitud de extradición emitida en su contra, por el gobierno de los Estados Unidos de América.

El anuncio de la construcción de un nuevo aeropuerto internacional para la ciudad de México, realizado el 22 de octubre de 2001, en terrenos ejidales de Texcoco en el Estado de México, causó una de las peores tolvaneras políticas de que se tenga memoria, como consecuencia de la escandalosa protesta realizada por pobladores de San Salvador de Atenco, Tocuilá, Nexqui, Payac, Acuexcomac, San Felipe y Santa Cruz de Abajo, quienes se agruparon en el Frente de Pueblos en Defensa de la Tierra (FPDT) en franca oposición a lo que denominaron un intento de despojo de su tierra por parte de autoridades federales.

El desenlace que incluyó la intervención de autoridades a los tres niveles de gobierno, causando muertos y heridos, así como infinidad de manifestantes aprendidos y encarcelados, supuso el fracaso del proyecto, cuya cancelación fue anunciada el 2 de agosto de 2002, junto con la iniciativa para elaborar como alternativa una ampliación a partir de la infraestructura existente del Aeropuerto Internacional de la ciudad de México.

Una de las debilidades características de dicha presidencia de la república fue la proclividad a beneficiar a su entorno más íntimo, a los personajes más cercanos, a quienes procuró todo tipo de prebendas y canonjías. De forma singular se destaca el caso de la fundación "Vamos México", manejada desde el corazón mismo de las cabañas de Los Pinos, que se constituyó como una especie caballito de batalla del sexenio. Ahí, fueron a parar todo tipo de recursos públicos y privados, aportaciones, donaciones, y hasta llegó a rumorearse que, dentro de los más finos y exclusivos decomisos realizados por la Dirección General de Aduanas, de la Secretaría de Hacienda y Crédito Público, se realizaba una cuidadosa selección que, llegado el momento, era remitida al organismo de asistencia social, el cual disponía discrecionalmente de los cuantiosos decomisos.

Se trabajó, de forma pertinaz durante todo el sexenio, por resaltar la figura de una muy activa primera dama, quien fungió, además, como la más íntima consejera presidencial durante la mayor parte de dicho gobierno, lo cual supuso, para nuestro país, una especie de cisma político sin precedentes, sólo comparable a lo acontecido en naciones de nuestro propio hemisferio como la República de la Argentina, durante el curso del último mandato constitucional de Juan Domingo Perón, quien se hizo acompañar en la fórmula electoral que lo llevó al poder en calidad de Vicepresidenta, a su cónyuge, la señora María Estela Martínez, quien a la muerte del caudillo, asumió la primera magistratura del país, generando con ello el mayor caos en la historia política argentina, hasta que culminó su mandato con un cruento golpe de militar, perpetrado desde los cuarteles de sus propias Fuerzas Armadas.

Algo similar, pero de mayor actualidad, aconteció en el propio país austral, con el caso relativo a la pareja conformada por Néstor y Cristina Kirchner, quienes si tuvieron la posibilidad de culminar con la trama de sus anhelos nepotistas, heredando, por la vía electoral la primera magistratura de Ernesto, a su cónyuge, Cristina, la que gobernó con firmeza durante el curso de dos mandatos consecutivos, en medio de los cuales, quien fuera su benefactor, falleció por causas naturales. Afortunadamente para todos, ni México es similar a la Argentina, ni una idea de tal naturaleza pudo prosperar en nuestro país, como en algún momento alguien llegó a suponer.

Vale la pena aclarar que el comportamiento de unos y otros, es decir, de dichos primeros mandatarios argentinos y sus respectivos homólogos mexicanos de la época, fue el mismo, casi idéntico, por lo que respecta a la favorabilidad con la que aplicaron el viejo principio económico de dejar hacer y dejar pasar todas aquellas triquiñuelas que contribuyeron al abultamiento de sus muy bien nutridas billeteras personales, por supuesto, en detrimento patrimonial de las arcas en donde se custodian los tesoros y los valores nacionales de cada una de las dos repúblicas.

No obstante, y volviendo al personaje que protagoniza la presente reseña, el propio primer mandatario, actuando en contraposición de las cualidades democráticas que le fueran atribuidas, impugnó con gran tenacidad a quien en la coyuntura prevaleciente en México aparentaba ser su principal rival político dentro de las filas del opositor PRD, quien además, dicho sea de paso, fungía como jefe de gobierno en ejercicio del D.F., contra quien libró una batalla sin cuartel, valiéndose de cuanto instrumento jurídico tuvo a su alcance, como sucedió con el intento de inhabilitarlo políticamente por vía de un proceso legislativo para despojarlo del fuero constitucional que le amparaba, y de tal forma, someterlo a juicio político por desobediencia a una sentencia judicial pronunciada en el caso conocido como "El Encino".

Afortunadamente, en abono a la paz y el bienestar general, dicho esfuerzo legalista in extremis no se materializó y el jefe de gobierno tuvo la oportunidad de participar, como candidato de su propio partido, el las siguientes elecciones federales para la presidencia de la república.

Sin embargo, la tozudez característica de nuestro primer mandatario afloró, nuevamente, al tiempo que fue menester manifestar, en forma unilateral, su voluntad por nominar a su sucesor partiendo de las viejas prácticas heredadas de la escuela que conformó el invierno autoritario, es decir, por vía del "dedo" presidencial, maniobra que – afortunadamente – para el país, no prosperó, ya que, para bien de todos, su partido realizó una auscultación interna, - en la que participaron tres postulantes - que derivó en la elección de un candidato distinguido por su rancia militancia política en las filas de Acción Nacional, y que más tarde sería designado como el "hijo desobediente", y sucesor constitucional, tras alzarse con un apretado triunfo, en contra de sus respectivos contrincantes, durante la jornada electoral del julio de 2006.

La elección presidencial para el período 2006-2012 ha sido una de las contiendas más cerradas registradas a lo largo y ancho de nuestra historia republicana. Si bien es cierto fueron inscritas hasta cinco candidaturas de aspirantes a la más alta magistratura de la Nación, la que se alzó con el triunfo, fue la encabezada por el abanderado del PAN, quien obtuvo 15.000.284 votos (35.89% del total) frente a los 14.756,350 (35.33%) de su contendiente más cercano, el representante del PRD, y con tan sólo 9.301,441

(22.26% el más bajo en toda su historia) del candidato del PRI. Por supuesto, y tal como ha quedado asentado en los registros electorales del caso, ninguno de los tres candidatos dispuso del porcentaje histórico con el que triunfaron la mayoría de sus predecesores del PRI (más del 50% de la votación), circunstancia que vino a determinar una tendencia que, con el transcurso del tiempo, se ha transformado en la nueva realidad nacional.

No obstante que el debate postelectoral fue candente al extremo, especialmente por lo actuado en el caso del abanderado del PRD, quien no se sintió satisfecho ante los registros de la mínima diferencia entre quien obtuviera el triunfo numérico, y su más cercano competidor (0.56%), el 5 de septiembre siguiente, el Tribunal Electoral del Poder Judicial de la Federación (TEPJF) declaró como válidas las elecciones federales, y proclamó al candidato de Acción Nacional (PAN) como presidente electo de los Estados Unidos Mexicanos, para el período 2006-2012.

Ante lo irrevocable de tal decisión determinada por la más alta instancia en la materia, el candidato del PRD enfáticamente se negó, por todas las vías a su alcance – tanto las de hecho, como las de derecho –, a aceptar el triunfo del abanderado del PAN, para lo cual, instrumentó un movimiento sustentado bajo la premisa de buscar la deslegitimación del candidato que obtuvo la mayoría numérica de voto ciudadano, a quien acusó, entre otras agravantes, de torpedear por vía de injuriosas mentiras sus legítimas aspiraciones al más alto cargo de elección popular.

Dicho movimiento de inconformidad electoral, incluyó marchas, protestas, actos de desobediencia civil, e incluso, la toma de un importante tramo de la principal arteria capitalina, el Paseo de la Reforma, que estuvo bloqueada por simpatizantes del candidato derrotado, en otro vano intento por llamar la atención sobre la supuesta justeza de sus reclamaciones. La ofensiva incluyó, además, epítetos tales como ilegítimo, espurio, etc.

Conviene puntualizar sobre el clima prevaleciente en dicha coyuntura que la diatriba que caracterizó todo el proceso electoral, fue traída nuevamente a la palestra por el propio candidato del PRD, todo el curso del intenso debate que armó en contra de su contrincante, casi hasta el mismo instante en que, el ya presidente electo, en cumplimiento del mandato constitucional, debía acudir, personalmente, a rendir protesta del cargo (se supone que en medio de un acto republicano) ante el pleno de H. Congreso de la Unión, Órgano que a dicho efecto, se encontraba reunido en solemne ceremonia.

En la fecha y día señalados, por la Constitución, es decir, el 1 de diciembre, en medio de un sainete montado ex profeso en el que los representantes del PRD se habían adueñado por la fuerza de los accesos principales al salón de sesiones (supuestamente para evitar la protesta constitucional al cargo), y en donde, por su parte, la bancada panista se había adueñado por vía de subterfugios del espacio en el que se ubica la Mesa Directiva, siendo aproximadamente las 09:45 horas irrumpieron por la puerta trasera de hemiciclo parlamentario a la Sesión Conjunta del H Congreso de la Unión, tanto el presidente saliente, como el entrante, quien por su parte, a las 0:950 horas protestó formalmente el cargo, y fue investido por el presidente de la sesión con la banda presidencial, y de tal forma, asumió legalmente el cargo.

Todo lo anterior, en medio de la expectativa internacional, la cual tenía sus ojos puestos en México, tanto a través de los innumerables altos representantes (jefes de estado y de gobierno) de países amigos, que conformaban la nómina de invitados especiales, como a través de los distintos medios masivos de comunicación que transmitieron en vivo y en directo, de forma ininterrumpida, el más vergonzoso espectáculo jamás ocurrido en el alto recinto legislativo, protagonizado por una clase política en absoluta decadencia que, dicho sea de paso, en definitiva no supo comportarse ni guardar las debidas formas en momentos de la más alta solemnidad para la institucionalidad republicana del país, como los que se vivieron durante ese día tan lamentable para todos.

Por mi parte, y en calidad de ciudadano del común y corriente, sentí una profunda vergüenza al ver con mis propios ojos un hecho tan lamentable, montado a la par de los mejores espectáculos circenses que jamás nadie había presenciado.

El rechazo a la figura presidencial por parte de los representantes del Poder Legislativo exhibido durante el curso de la que se suponía más solemne ceremonia republicana del país, sirvió de pauta para enmarcar la relación entre unos y otros, ya que, a lo largo de los seis años que duró el mandato del nuevo Jefe de Estado, nunca le fue permitido ingresar al recinto del Congreso con la dignidad propia de su alta investidura, al menos dentro de los términos contemplados por la propia Constitución.

La transición democrática del país, a la luz de esa realidad existencial, ciertamente, marchaba por senderos desesperanzadores, sobre todo, como consecuencia de la incansable batalla de todos contra todos, protagonizada desde los cuatro puntos cardinales del mapa político nacional, la mayoría de las veces, dichas pugnas se presentaban a partir de hechos aparentemente irrelevantes, como el estímulo despertado debido la voracidad de unos medios masivos de comunicación, ansiosos por obtener, de parte y parte, el mayor beneficio posible, producto del escarnio del inmenso botín en que fueron convertidos los recursos económicos provenientes de las prerrogativas que por ley corresponde al Estado mexicano otorgar a cada uno de los partidos políticos con registro vigente.

Uno y otros, tirios y troyanos, reforzaron sus respectivos arsenales, proveyéndoles con todo tipo de improperios y descalificaciones en contra de los adversarios de turno a quienes acusaron de corruptos, y hasta llegaron a calificarlos como "enemigos de México". Apoyados, además, con imágenes y sonidos, grabaciones en video y audio, obtenidas, la mayoría de las veces, desde las obscuras y penumbrosas cavernas del infame anonimato, en un ambiente de "todo se vale", y el que "pega primero, pega dos veces", al viejo estilo del "pica pleitos" que hizo infelices nuestras memorias más ingratas de una alejada infancia escolar, en las que el más fuerte de la clase impuso siempre su voluntad contra cualquier tipo de impedimento que se le plantase enfrente, al estilo de lo que hoy se califica por vía del anglicismo: bullying, pero que en realidad, significa: matoneo.

Por los motivos asentados, resulta evidente y de fácil comprensión el exacerbado sentimiento inspirado entre ganadores y perdedores, por una parte el PAN, y por la otra la Coalición "Por el Bien de Todos", encabezada, como ha sido mencionado por el PRD, y sus aliados, como el Partido del Trabajo (PT) y Convergencia. Fue así, también en el caso del tercero en discordia, integrado por la alianza entre el PRI y el PVEM, éstos últimos, a su vez, protagonistas de campañas, cuyas banderas, giraron también en el entorno a la descalificación a ultranza de los demás competidores.

Otra protagonista relevante de la contienda electoral que vale la pena destacar, fue la dirigente vitalicia del Partido Nueva Alianza (PANAL) entidad que, no obstante contar con candidato propio a la primera magistratura de la Nación, hizo correr el rumor - en el brumoso ambiente post electoral del momento -, en el sentido de que, gracias a sus buenos oficios partidarios, y al apoyo irrestricto recibido por parte de las huestes del Sindicato Nacional de los Trabajadores de la Educación (SNTE) que con fiereza comandaba, fue posible inclinar la balanza de votos a favor del candidato del PAN, precisamente en los momentos en que la autoridad electoral realizaba el conteo final de sufragios, que presentaba el balance del registro de un empate técnico entre las cabezas de los dos principales contendientes.

Según afirman quienes aparentan mayor sabiduría en esta materia, que la "profesora", como coloquialmente se le conoce en el ambiente gremial en el que se mueve, se cobró, de tal forma, una vieja deuda adquirida con el instituto político que la aupó desde prácticamente el comienzo de su fulgurante carrera, hasta su defenestración, misma que fue motivada por las indudables pugnas internas derivadas de la lucha por alcanzar los más altos cargos de representación partidaria.

Aunque en lo personal me inclino a suponer que la fuerza real de que disponía la dirigente vitalicia del SNTE se sustentó en los ilimitados recursos financieros a su alcance, es decir, a partir de los entre 180 y 200 millones de pesos (mdp) que mensualmente le fueron entregados por el gobierno federal durante el transcurso de todo su mandato, como parte de la recaudación (descuentos automáticos) por cuotas sindicales que le aportaban al gremio un numerario de más de un millón de afiliados a nivel nacional.

Eso y las canonjías que con el mayor desparpajo enunciaba haber obtenido la propia dirigente sindical quien pregonaba a los cuatro vientos dichos tales como: "...me dio el ISSSTE..."; o "..."me dio la Lotería Nacional..."; o "...me dio la subsecretaría de la SEP.." (referidas a los más conocidos obsequios recibidos por parte del presidente de la república) y otras locuras por el estilo (como su derecho de picaporte al despacho presidencial), muy características de un personaje originario de las cloacas más nauseabundas del sindicalismo sobre el que, lamentablemente, sentó sus reales la institucionalidad democrática de la República.

Por lo que respecta a la suerte del candidato triunfador, quien no cejó en la defensa de su victoria, disponiendo al efecto del pertinaz esfuerzo de un selecto equipo de abogados egresados en su mayoría del alma mater presidencial, la Escuela Libre de Derecho (ELD), cobró popularidad la expresión (supuestamente muy michoacana) utilizada durante el curso de una entrevista periodística de "..haiga sido como haiga sido..." acuñada en forma perenne para el anecdotario político nacional, sobre el cual se sabe, es incapaz de perdonar un desliz verbal de tales características, como el que le fuera adjudicado al nuevo inquilino del Palacio Nacional.

Una vez asumida a plenitud la primera magistratura de la nación, el nuevo presidente puso en marcha una de las acciones –considerada como de las más relevante de toda su administración –: la estrategia para confrontar al crimen organizado, cuyas secuelas más relevantes comenzaron a sentirse a partir del resquebrajamiento del viejo modelo político inventado durante el curso del invierno autoritario en el que fue envuelto nuestro país, hasta las postrimerías del siglo con que cerró el milenio.

Para implementarla, no le cupo la menor duda en conformar alianzas tanto dentro de nuestras respectivas fronteras, como fuera de los límites territoriales de las mismas, apoyándose a dicho fin, principalmente, en un brazo disuasorio con capacidades a nivel federal, tanto a través de corporaciones civiles, (Policía Federal) como al involucramiento pleno de las Fuerzas Armadas, correspondiendo, a éstas últimas la sujeción debida al mandato de quien se instauró como su Jefe Supremo.

Cabe advertir que las propias Fuerzas Armadas, desde la fecha en que les fuera ordenado salir de sus respectivos cuarteles con el fin de involucrarse en la persecución de los capos del narcotráfico y el combate al tráfico de enervantes, entre otras acciones destacadas (2006) a la fecha de escribir las presentes líneas, han dejado transcurrir, al menos, 10 largos años, durante el curso de los cuales, según se desprende de las declaraciones de sus más altos mandos (el propio Secretario de la Defensa Nacional), los han vivido con inmensa incertidumbre como consecuencia de la falta de un marco jurídico específico, claro y preciso en el que queden plasmadas todas las ordenanzas a cumplir en cada caso. Dicho marco como que les cayó del cielo y fue aprobado como Ley de Seguridad Interior (LSI) el mes de diciembre de 2017.

Por lo que respecta al apoyo internacional, el Presidente acudió, principalmente al gobierno de los Estados Unidos de América (EUA) país con el cual se integraron acuerdos específicos de cooperación en los que se contemplaban acciones conjuntas en materia de seguridad nacional e inteligencia, servicios que le fueran proporcionados por especialistas en cada una de las materias que configuraron el complejo mosaico derivado de la acción del crimen organizado que a esas alturas del paseo amenazaba con apoderarse prácticamente de todo el país, labor que, con el curso del tiempo, prácticamente ha venido consolidando, principalmente, como resultado de la conjunción de tres elementos principales: corrupción, impunidad y violencia exacerbada.

De acuerdo con la información pública recabada sobre dicha materia, las cifras disponibles con respecto a las víctimas humanas generadas como consecuencia de la guerra entre carteles del narcotráfico durante el arranque de la administración 2006-2012 fueron fundamentales, para avanzar un paquete de ayuda contemplado en la "Iniciativa Mérida" derivada del acuerdo con el gobierno estadounidense, mediante la cual, tanto México, como los países vecinos de Centroamérica, obtuvieron una asignación de hasta 1,600 mdd, de los cuales, durante el curso del primer año, fueron entregados a nuestro país 400 mdd en equipos y entrenamiento, y más tarde, fue elevado, gracias a la donación de 17 helicópteros Bell 412 (8) para la Fuerza Aérea y (5) para la Policía Federal; más otros 8 helicópteros de transporte UH 60 Black Hawk; así como 4 aviones Casa Persuader para la Armada Nacional.

Con independencia de los resultados obtenidos, derivados de tan ambicioso proyecto de cooperación bilateral, a la hora de realizar un balance equilibrado de los hechos, conviene destacar que dicha administración panista hizo posible algo que había estado prácticamente vedado desde tiempo inmemorial en el marco de la relación bilateral con los Estados Unidos de América: el involucramiento directo en nuestro país de entidades tales como el Consejo Nacional de Seguridad, la Agencia Central de Inteligencia (CIA), el Buró Federal de Investigaciones (FBI) y la Agencia para el Control de Estupefacientes (DEA), las cuales, conjuntamente con el Departamento de Estado, el de Justicia, y el Pentágono, interactuaron libremente con sus respectivas contrapartes nacionales determinadas dentro del contexto de la propia Iniciativa Mérida.

Conviene destacar sobre dicho particular, y a la luz de los aspectos específicos que involucran el tema principal de esta obra, por la que se pretende traer al primer plano la corrupción sistémica que amenaza la estabilidad política económica y social de México, por sus nocivos efectos, que inciden en todo el tejido social que lo conforma, que dicho esquema de cooperación fue percibido, inicialmente, de forma muy positiva, porque se pensó que el mismo podría contribuir favorablemente a la labor del gobierno federal por intentar deshilvanar el Nudo Gordiano del galimatías en el que se habían convertido diversas administraciones públicas, tanto a nivel de los gobiernos estatales, como de sus pares municipales, que presentaban para ese momento claros síntomas de haber sido permeados por el crimen organizado.

Con una mirada objetiva sobre esta materia, el gobierno nos llevó, prácticamente de la mano hasta toparnos con ese país del cual advertimos como inmensamente complejo, altamente inflamable y en extremo peligroso, el "México bronco" que tantos temores, dolores y sinsabores nos causara y que, como consecuencia de sus negativos efectos algún día llegamos a suponer que jamás se volvería a presentar, sin embargo, regresó, causando, con su advenimiento, profundas heridas en el corazón mismo de la Patria, de ese ente abstracto que invocamos como fuente de inspiración tanto a la hora de las grandes alegrías, como en forma recurrente, durante el curso de nuestras peores tragedias.

En el período comprendido por el mandato constitucional de este gobierno, nuestro país se encontraba prácticamente invadido por los negativos efectos del impacto de la interacción del crimen organizado. La vigorosa mano con que fuera sustentado y centralizado el poder político en México a lo largo y ancho de más de 70 años, del invierno autoritario, fue desapareciendo paulatinamente con la misma facilidad con la que se escapa el agua desde la palma de la mano.

Para reemplazarlo (El Rey ha muerto, viva El Rey), fue creciendo, paulatinamente, el grado de influencia de una nueva especie de cacicazgo regional, a cuya cabeza surgieron cual hidras hambrientas y poderosas, personajes de estirpe depredadora, ávidos del poder y de riqueza, muchos de ellos sin escrúpulos, y sin mayor ley que la propia, quienes al tiempo que se empoderaron, se fueron apropiando de cuanto recurso público llegó a sus manos. La característica principal que favoreció la voracidad con la que dichos caciques regionales se desempeñaron, fue la ausencia real de verdaderos órganos de control, capaces de salvaguardar al país del saqueo de que ha sido víctima.

El apetecido botín, integrado por pingües ganancias en los más diversos sectores, dio lugar a todo tipo de negocios y componendas, los lícitos, pero también los que no lo fueron tanto. La ausencia de un control real y ordenado, tanto a nivel federal como a los otros dos niveles del poder público, sirvieron como alicientes para que personajes singulares del bajo mundo del crimen organizado, sabandijas y víboras tepocatas, se fueran adueñando del aparato del estado, apropiándose de las áreas más sensibles del mismo, especialmente, en renglones como el de seguridad pública, impartición de justicia, y el manejo de todo tipo de recursos financieros, cooptadas ex profeso y para su solaz disfrute y beneficio, generando por ello inmensos vacíos de poder en medio de los cuales se apoltronaron y sentaron sus reales.

Por todo lo anterior, no deja de sorprender que de repente en el verano, el país se vio invadido por agrupaciones criminales con tinte variopinto, como fueron los casos de los carteles de traficantes de estupefacientes, dentro de los cuales, como los más notables, se destacan: Sinaloa, Juárez, Tijuana, el Golfo, los Zetas, Jalisco Nueva Generación, Los Cuinis, y un muy amplio etcétera, de organizaciones, las cuales, por el simple correr de los años, se fueron subdividiendo en función de la consecución de los propios intereses que cada una buscaba salvaguardar. Dentro de dicho esquema se comprende la irrupción a la luz pública de tales grupos que fueran fortalecidos como consecuencia directa del vacío de poder generado al calor de la irrupción de la "primavera mexicana".

Al finalizar el mes de diciembre de 2006, el gobernante envió un primer contingente de integrantes de las Fuerzas Armadas (6,550) a su estado natal, Michoacán, de inmediato, se procedió en idénticos términos con el Estado de Baja California (Tijuana). Para comienzos de 2007, los operativos se extendieron al Triángulo del Norte, integrado por los Estados de Chihuahua, Sinaloa y Durango, el mes de febrero siguiente, se realizaron operativos de envío de fuerza pública federal a los Estados de Nuevo León y Tamaulipas, y según se desprende de los datos públicos de que se dispone, durante los primeros 18 meses de la administración 2006-2012, la erogación realizada por el gobierno federal en su guerra contra el narcotráfico se elevó a un monto cercano a los 7,000 mdd., y fue así, como la maquinita siguió sumando, día a día, a lo largo de los seis años del mandato presidencial.

El México bronco que despertó tras un prolongado período en el que se mantuvo invernando, amparado por el calor que le fuera ofrecido por el régimen postrevolucionario, irrumpió con inusitada fiereza provocando irreparables pérdidas humanas y materiales. En un primer balance del registro de los hechos más trascendentales derivados de dicha estrategia presidencial, se destacan los crímenes cometidos en contra de dos de los más cercanos colaboradores presidenciales, ambos titulares de la Secretaría de Gobernación, quienes fallecieron en trágicas y nunca aclaradas circunstancias, víctimas de accidentes aéreos, a bordo de sendos aparatos pertenecientes al propio gobierno federal.

En el primer caso, y tras culminar una gira de trabajo por el Estado de San Luis Potosí, el día 4 de noviembre de 2008, cayó en las inmediaciones del cruce entre la avenida Paseo de la Reforma y el Anillo Periférico, el Lear Jet 45, matrícula XC-VMC (propiedad de la propia Secretaría de Gobernación), y que cumplía funciones de transporte al titular de la dependencia del gobierno federal. Además del titular de la dependencia federal, fallecieron todos los tripulantes de la aeronave, así como transeúntes que a una hora pico, circulaban por el área afectada por el siniestro.

El otro titular de la propia dependencia que falleció de forma trágica, resultó víctima de la caída de un helicóptero Súper Puma de la Fuerza Aérea Mexicana (FAM), matrícula TPH-06, accidentado cerca de la población de Santa Catarina Ayotzingo, en Chalco, Estado de México, con un balance de todos los tripulantes muertos.

El aterrador balance continuó su curso, si para ello consideramos que la tragedia se extendió por igual a otros niveles de gobierno, referidos tanto al estatal, como al municipal. Por lo que respecta al primero, el 28 de junio de 2010, el abanderado del PRI-PVEM-PANAL al gobierno de Tamaulipas, fue asesinado a mansalva sobre la carretera Soto La Marina, del propio Estado, falleciendo casi al instante en el curso del acto. Por lo que respecta a los segundos, los casos más alarmantes indican que durante dicho sexenio, México fue considerado como un país en extremo peligroso para los Alcaldes, ya que hasta el 13 de agosto de 2012, el saldo fue de 31 ediles asesinados, así como una docena más de ex alcaldes abatidos, todos ellos por cuenta del crimen organizado.

La barbarie incluyó, también a los representantes de los medios masivos de comunicación, de entre los cuales se destacan el asesinato de 74 periodistas, además, de 13 reportes registrados como desaparecidos, y tal cual se desprende del informe elaborado por Amnistía Internacional, al menos, 40 medios de comunicación fueron objeto de ataques armados, atribuidos a consecuencia directa de la línea editorial que cada uno defendía.

Por lo que respecta a las bajas registradas por la parte gubernamental, y conforme a los datos reportados por el Sistema Institucional de Información Estadística (SIIE) de la PGR, entre diciembre de 2006 y noviembre de 2011, perdieron la vida en el cumplimiento de su deber 2,076 policías federales; 276 integrantes de las Fuerzas Armadas, que incluyen personal de la SEDENA y de la Armada de México, y un número impreciso de bajas a nivel de policías estatales y municipales.

Tan grave fue la situación registrada a lo largo y ancho del país que, en algunos estados de la República, como sucedió en Michoacán (gobernado por el PRD), el gobierno federal giró, el 26 de mayo de 2009, órdenes de aprehensión a través de la Procuraduría General de la República (PGR), en contra de 11 presidentes municipales, 16 altos cargos estatales, y un juez local, a quienes se les abrieron investigaciones por presuntos actos contrarios a la ley, y por vínculos con representantes del crimen organizado, los cuales sentaron sus reales en las inmediaciones de la demarcación territorial del Estado.

Dicha acción del gobierno federal fue conocida popularmente como "michoacanazo", los presidentes municipales señalados en la averiguación que valido la operación judicial, representaban tanto al PRD, como al PRI, y sólo uno de ellos, había sido postulado por el partido gubernamental, el PAN. Al final de cuentas, el procesamiento iniciado por las autoridades federales, no implicó el sustento de responsabilidades para ninguno de los indiciados, por lo que, llegado el momento, la mayoría regresaron a su residencia permanente en los linderos del propio estado.

Conviene aclarar, sobre dicho particular, que no nos sorprende el fracaso en la apertura y seguimiento de las investigaciones respectivas realizadas por la PGR, entidad a la que corresponde avanzar todo tipo de averiguaciones relacionadas con la perpetración de delitos de carácter penal, a nivel federal, ya que dicha entidad dispone de uno de los niveles de fracaso más altos en lo concerniente a la eficacia para la consecución de las funciones que por ley le corresponde ejercer.

Con dichas aclaraciones del caso, el Estado de Michoacán continuaba despidiendo un olor fétido, producto de la interacción del crimen organizado, cuyas secuelas trascendieron los límites sexenales, exacerbándose a alturas impredecibles a partir del 2012, año del advenimiento de la nueva administración federal, con las consecuencias de cuyo impacto más adelante serán comentadas, al analizar el detalle del contexto en el que las mismas se fueron presentando.

Algunas de las señales iniciales que brindaron las primeras pistas analizadas por las autoridades federales en el contexto de la averiguación abierta para determinar el impacto de las diversas acciones del crimen organizado vinculado, entre otros delitos, al tráfico de mariguana y de estupefacientes, se destacan hechos como el decomiso realizado (2006) por la PGR, en el Puerto de Lázaro Cárdenas, del propio Estado de Michoacán, en donde fueron descubiertas 19.5 toneladas de precursores químicos – provenientes de China –, utilizados para la elaboración de metanfetaminas.

Se pudo confirmar, sobre la marcha, que dichos precursores efectivamente eran utilizados, por especialistas como materia prima para la elaboración de drogas de diseño o sicoestimulantes de un alto valor comercial, una vez que fueran puestas a disposición de los consumidores en el mercado mundial.

La pista del decomiso hizo posible determinar, además, que nuestro país era utilizado, como puente para la introducción al continente americano de este tipo de precursores, los cuales registraban al crimen organizado una rica fuente de ingresos, tal cual pudo comprobar poco tiempo después, en ocasión del allanamiento del 15 de marzo de 2007, por el que fue descubierta dentro de una vivienda particular, ubicada en pleno corazón de las Lomas de Chapultepec, en la capital del país, la más grande fortuna de que se tenga memoria, perteneciente al empresario chino/mexicano Zhenli Ye Gon (quien se hizo doblemente célebre, gracias a su frase "copelas o cuello"), a quien le fueron decomisados en dicha incursión de las autoridades federales, $ 205 millones de dólares (mdd) en efectivo; $17,306,250 millones de pesos (mdp) en billetes de curso legal; 201,460 euros; un cuantioso lote de joyas con un alto valor comercial, 1 laboratorio debidamente equipado, así como dos fincas con un valor comercial de más o menos 20 mdp.

Además del negocio del tráfico de estupefacientes, mariguana y metanfetaminas, el crimen organizado, aprovechando su gran capacidad disuasoria, el tangible vacío de poder en zonas geográficas del país muy bien determinadas, y el ambiente de impunidad prevaleciente - pese a los esfuerzos del aparato gubernamental por neutralizarlo -, expandió sus áreas de operación, que incluyeron los casos de extorsión, secuestro, cobros de impuestos, y otro giro muy especial, en el que hasta ese momento no había incursionado: el robo de combustible de los ductos de la estatal PEMEX, cuyos registros en la materia se ubicaron en aproximadamente diez mil barriles diarios, tanto de gasolina como de diesel, lo que derivó en pérdidas directas a la empresa gubernamental por el orden de $64 mil (mdp).

Según las investigaciones realizadas con toda oportunidad, los principales responsables del incremento exponencial de "tomas clandestinas", fueron integrantes del Cartel del Golfo y los Zetas. La paraestatal PEMEX determinó que a partir del año 2000 sus registros establecieron un incremento del 1,548% las susodichas tomas clandestinas, esparcidas por el territorio nacional, afectando, especialmente, los estados de Puebla, Guanajuato, Tamaulipas y Veracruz. Las mismas fuentes energéticas oficiales confirmaron que hasta el año 2013, las pérdidas totales causadas en su detrimento patrimonial, alcanzaron $1,150 mdd, equivalentes a la comercialización de 7.5 millones de barriles de petróleo.

Ante dicha evidencia no nos queda mas que reconocer como un hecho de gran relevancia, que el 30% de los ingresos que recauda el gobierno federal por concepto de impuestos, proviene de las deducciones directas correspondientes que se realizan a la mayor empresa energética del país: PEMEX.

De conformidad con los datos más actualizados a esta fecha (mediados de 2017), sólo en lo correspondiente al año previo (2016), tan sólo en el Estado de Puebla, se detectaron 1,800 tomas clandestinas, a través de las cuales los "huachicoleros" (nuevo personaje distintivo del crimen organizado) roban combustible y lo venden a terceros. De forma similar, el fenómeno se extendió a otros Estados de la República, como Guanajuato, en donde se han detectado, al menos 1,300 tomas clandestinas ubicadas en lo que se ha denominado "El Triángulo Rojo" que comprende municipios ubicados en el corredor que conforman Puebla/Guanajuato/Hidalgo.

La actual gravedad del fenómeno parte del supuesto de la explotación ilegal de las ventajas que representa el poliducto Minatitlán-México, con una extensión de 592 kilómetros de largo, de los cuales, al menos 154 pasan por los municipios de: Quecholac, Acatzingo, Tepeaca, Acajete, Tecamachalco y Palmar de Bravo, en el Estado de Puebla. Además, y de conformidad con la información disponible de parte de las autoridades federales involucradas en la persecución del ilícito, han sido detectadas, al menos 4,441 tomas clandestinas, en las que operan grupos bien identificados, tales como: Nueva Sangre Zeta, bajo el liderazgo de Roberto de los Santos de Jesús, alias "El Bukanas", auxiliado por su compinche, "El Toñín".

A su vez, y de acuerdo con la información disponible proveniente de la Secretaría de Hacienda y Crédito Público (SHCP), la acción de los "huachicoleros" causa un detrimento patrimonial al Estado mexicano del orden de entre 15 y 20 mil (mdp) anuales.

Otro de los renglones cuya huella imperecedera marcó en forma negativa el destino de la administración panista que ahora nos ocupa, tiene que ver con los casos de homicidios dolosos, con un saldo de 104,089, y al menos, 22,000, por lo que respecta a los casos de desaparecidos, debidamente documentados por la Comisión Nacional de los Derechos Humanos (CNDH), cantidad que, lamentablemente, se ha ido incrementando con el curso de los siguientes años al cierre de dicho sexenio, además de la violación sistemática de derechos humanos cometidos en contra de gobernados por parte de los cuerpos de seguridad gubernamental, entre los que se destacan la tortura, violaciones sexuales ajusticiamientos extrajudiciales, y un amplio etcétera.

Dentro del cúmulo de hechos sensibles de cara a la opinión pública nacional e internacional que marcaron este sexenio, los casos de obras emblemáticas, como fueron las pautadas, por un lado, para conmemorar el bicentenario de la proclamación de la Independencia Nacional, previstos para septiembre de 2010, y por otro, para albergar una nueva sede para el Senado, cuyas instalaciones en el antiguo Palacio de Xicoténcatl, dejaron de ser funcionales a partir de la reforma política que amplió el número de sus integrantes (124).

En uno y otro casos, se registraron escandalosos dispendios de recursos públicos jamás aclarados. En el de la conmemoración del bicentenario, y tras un largo proceso que incluyó convocatoria, concurso y adjudicación del proyecto para levantar lo que originalmente sería un "Arco del Bicentenario", con una disposición presupuestal de $200 mdp, se concretó en un proyecto al que finalmente se le denominó como "Estela de Luz" popularmente conocida como "paleta Mimí", que no fue inaugurado, tal cual se había previsto (septiembre de 2010), sino hasta enero de 2012, con un coste final de $1,575 mdp, es decir, más o menos 700% adicionales sobre la reserva presupuestal originalmente pautada.

El otro elefante blanco que conviene referir, fue el edificio de la nueva sede del Senado, ubicado en el corazón del emblemático Paseo de la Reforma, el costo inicial proyectado para dicha obra fue de $1,954 mdp (2007). Una vez concluida su construcción, aproximadamente, en agosto de 2011 en que comenzaron los trabajos de mudanza, el costo preliminar a esa fecha, se había elevado hasta $4,188 mdp, es decir, más de 200% al originalmente proyectado.

Contrario a lo que sucedió con su antecesor, quien notoriamente descuidó la relación con el partido que lo había llevado al poder, el presidente de México para el sexenio 2006-2012, ejerció un riguroso control sobre las huestes integrantes del mismo, imponiendo en su dirigencia política durante todo el curso de su mandato, a algunos de sus más incondicionales seguidores, sobre quienes ejerció siempre su más enérgica autoridad ejecutiva. A la hora de avanzar en el proceso de selección del candidato a sucederlo durante el curso de las elecciones federales del 1 de julio de 2012, incurrió en los mismos excesos que fueran el signo característico de su predecesor, es decir, intentó, y afortunadamente, no pudo imponer a su delfín, quien fue derrotado en la contienda interna por la primera candidata mujer que buscara con el apoyo del PAN, ganar la silla presidencial.

La administración sexenal 2006-2012 reportó, en la lista de pendientes por resolver, dos que han sido reiterativos en la historia más reciente del país: el combate a la corrupción y los amplios márgenes de acción en que se desenvuelve la impunidad.

Por lo que respecta al primero, para nadie resulta sorprendente que quienes roban, es decir, los modernos tlachiqueros, lo mismo se visten de pantalón de manta y sombrero, que engalanados en impecables atuendos de cuello blanco. Unos y otros, han aprovechado todo tipo de oportunidades para embolsarse lo que consideran producto de la "justicia revolucionaria" a la que tienen derecho, de esa, de la que todos deberíamos participar si nos atenemos al viejo adagio que considera que el reparto equitativo de la riqueza debe entenderse como un derecho fundamental, y que se deben aprovechar para satisfacerlo los inagotables recursos que genera un país tan rico y productivo como lo es el nuestro.

Sobre los delincuentes de cuello blanco más reconocidos durante el curso de la presente administración, sobre quienes nunca se realizó denuncia alguna (no olvidemos que en México disponemos de un sistema que garantiza el 98.5% de impunidad) blandiendo sus respectivos títulos de abogados – la mayoría de ellos poseedores de ambiciones desmedidas – y en el ejercicio pleno bajo la cobertura de funciones públicas, litigaron en contra del estado, de esa misma entidad pública de la que recibían sus generosos alimentos y salarios, y al que, muchas veces, además de expoliarlo doblegaron con sus ingeniosas chapuzas, similares a las esgrimidas para ganar todo tipo de pleitos judiciales, amparados bajo las mullidas alfombras de costosísimas oficinas, ubicadas indefectiblemente en lugares exclusivos a lo largo y ancho de la geografía nacional.

En el balance de las acciones en materia de política exterior, consideradas como las más destacadas, resulta interesante recordar que dentro del anecdotario más relevante publicado por la Secretaria de Estado del gobierno de los Estados Unidos de América (nuestro principal socio político), resalta como ríspida – por decir lo menos – la reunión sostenida, en la capital del país, con el presidente de México en medio de la cual, éste le solicitó el "retiro" definitivo del embajador estadounidense acreditado para ese momento histórico en la relación bilateral, el diplomático Carlos Pascual, quien fue relevado, casi de inmediato.

Otro aspecto relacionado con la acción diplomática del sexenio, cuyo origen tiene como fuente de inspiración el ambiente prevaleciente en la "comentocracia" local parte del supuesto de la instrucción que le fuera impartida a su recién designada canciller por el entonces presidente, en el sentido "de no hacer olas" en al dependencia a su cargo (duró los seis años), mismas que cumplió a raja tabla.

4

GOBERNADORES Y ALCALDES

La transición política que se mantiene latente en México, tal cual ha sido enunciado a lo largo de la presente obra, ha incidido en la generación de nuevos polos de poder, desplazándose, desde la omnipresencia del Ejecutivo, ejercida con firmeza hasta finales del siglo pasado, hacia otros ejes significativos, denominados popularmente como cacicazgos regionales, entre los que han ido surgiendo a lo largo y ancho de la división política de la nación, que cuenta con 32 entidades federativas (Estados) y 2,440 gobiernos locales, o municipios, a los que deben sumarse, las 16 Delegaciones políticas en las que – de momento – se subdivide a la ciudad de México y que en breve, de acuerdo con la nueva Constitución, adoptarán un sistema de carácter municipal, similar al de sus otros pares, que es, además la capital de la República, y sede de los poderes de la Unión, y sobre la cual, se han realizado oportunos comentarios a dicho efecto, en capítulos precedentes.

A reserva de ampliar la información que circula en el entorno de la ciudad de México o CDMX, como la ha querido bautizar su actual jefe de gobierno, conviene recordar que la misma acaba de adoptar (5 de febrero de 2017) una Constitución, por lo cual, todo nos hace suponer que regirá políticamente a los capitalinos. En ese contexto, conviene subrayar que dentro de las propuestas que se han venido manejando durante el curso de los debates entre el variopinto perfil de los 100 asambleístas, figura una, mediante la cual la estructura de sus 16 delegaciones que conforman la entidad, serán transformadas – tal como fue asentado en el párrafo anterior, cuyo número, de momento aún se desconoce, y que sería fijado en función de los intereses clientelares de los partidos políticos que han hecho de la otrora proclamada por el Barón de Humboldt, como la Ciudad de los Palacios, un botín de guerra, susceptible de repartir, aunque no de compartir con sus semejantes, es decir, con los gobernados

Nos quedan, entonces, como objeto del presente análisis las circunstancias prevalecientes en el entorno de otros 31 Estados, los cuales disponen, en principio, de un régimen constitucional dentro del cual, tal como lo hemos venido afirmando, habría de suponer que disfrutan de los beneficios del federalismo que consagra la Constitución de 1917. Y, aunque en la práctica dicho federalismo no se concretó como régimen político de nuestro país, al menos, desde la perspectiva que sirvió de inspiración a los constituyentes de Querétaro, a la larga, los Estados que conforman nuestra división política se han ido empoderando paulatinamente, sobre todo, a partir de la concreción de la primera alternancia del poder a dicho nivel, verificada en ocasión de las elecciones a gobernador de Baja California para el período 1989-1995, mediante las que, al tiempo de romper con el viejo mito (de que el PRI era invencible), el PAN se alzó con un triunfo indiscutible, coronando con éxito los esfuerzos desplegados a lo largo de los muchos años de lucha política por una tenaz militancia -considerada por algunos - como cuasi heroica, gracias a los alcances logrados a nivel nacional.

A partir de dicha coyuntura, nos tocó vivir en un México en el que, aparentemente, se fue presentando un mayor involucramiento ciudadano en la conformación de sus instituciones públicas, lo que, prácticamente nos enrumbó – al menos así lo llegamos a suponer - hacia una especie de compulsión democrática, de la que intuimos contribuiría positivamente, al desmantelamiento del obsoleto sistema político postrevolucionario que nos gobernó por espacio de más de 70 años.

Lamentablemente y, muy a pesar de la voluntad política de las grandes mayorías nacionales, no fue así. Con el advenimiento de los popularmente llamados nuevos cacicazgos regionales, surgidos espontáneamente, y entrelazados con su símil a nivel local, fuimos conducidos cual corderos al matadero, hacia un sendero en medio del cual, yacía inerme el mismo modelo antidemocrático característico del sistema vigente a nivel federal. Portando aún los signos distintivos de los vicios característicos de su predecesor, incluidos los mismos lugares comunes, desprovistos de cortapisas o mecanismos que hagan viable neutralizar la potencia de su impacto, así con inaudita precisión, fuimos golpeados por el advenimiento de un ente sui generis, pomposamente enunciado como Conferencia Nacional de Gobernadores (CONAGO) cuyo antecedente más inmediato, parte de la reunión de gobernantes regionales, celebrada en Mazatlán Sinaloa, el 10 de agosto de 2001.

La CONAGO agrupó formalmente a los jefes de gobierno estatal de los tres partidos mayoritarios PRI, PAN y PRD, y a partir de su constitución formal en Cancún, Quintara Roo, el 13 de julio de 2002, trabajaron con empeño para alcanzar como propósito fundamental, llenar los espacios vacíos que, en todo caso, habían abierto dos ex presidentes de la república (el correspondiente al período 1994-2000, y su sucesor), para desmarcarse de las decisiones más importantes que adoptaran sus respectivos partidos políticos.

Ante la evidencia de dicha perogrullada, que por cierto, nadie se la creyó, fue creciendo como reguero de pólvora en el hipotálamo de los mandatarios regionales, la idea de constituirse en una especie de mandarines imperiales (sin responsabilidad real frente a cualquier tipo de pesos y contrapesos de carácter formal), diferentes a todos sus homólogos políticos, poseedores, además, de su verdad irrebatible al interior de sus respectivos feudos (rebaños), mismos que les fueron asignados por obra y gracia de sus dudosos merecimientos personales, o por virtud de una militancia política cómplice con el delito, bajo la premisa de que, dicho bien, les sería entregado en calidad de encomienda o prenda temporal, susceptible a la explotación, con el fin de obtener el mayor beneficio posible, a cambio de la realización del mínimo esfuerzo de su parte.

El modelo cuya explotación ha resultado tan exitosa, cuenta ya, en el contexto de sus primeros años de implementación, con resultados tangibles, tal cual consta con la herencia directa de que fue objeto, gracias al ascenso al poder del primer presidente de la transición democrática del país (2000-2006) quien utilizando la plataforma política que le fuera otorgada a partir del ejercicio del cargo como gobernador de su estado natal (Guanajuato), accedió a la más alta magistratura política del país.

De igual forma, en el caso del actual inquilino de Palacio Nacional (período 2012-2018), quien antes de asumir su alta responsabilidad política, fue electo al cargo de gobernador de su estado natal (Estado de México).

La extraordinaria influencia que este modelo tuvo – y seguirá teniendo - a los fines de oxigenar el sistema político vigente en su camino hacia la anhelada consolidación democrática, se puede ilustrar, también, a través del ejemplo cuyo punto de partida se ubica a partir de los resultados de las más recientes elecciones celebradas, en julio de 2016, con los cuales se demuestra que los partidos políticos más significativos en el mapa electoral de México, han ido incrementando su presencia a nivel estatal, misma que se confirma si visualizamos el nuevo mapa electoral de la nación sobre el cual, paulatinamente, han ido desapareciendo las banderitas tricolores utilizadas en los emblemas del partido hegemónico (PRI), siendo sustituidas por las de formaciones diferentes entre sí, a lo que por muchos años nos significó el unanimismo prevaleciente.

A estas alturas del paseo, el indudable pluralismo que caracteriza al país, queda demostrado si se toma en cuenta que el PRI gobierna tan sólo 15 de 32 Estados de la República, lo que representa, un 46% de la fuerza electoral de nuestra Nación (antes, la cifras fueron siempre del 100%), con 53,622,425 habitantes a nivel nacional; el PAN, por su parte, gobierna en 10 Estados; el PRD, en 5, el PVEM, 1 (Chiapas); y como independiente, es decir, sin partido político formal que lo sustente 1, en el Estado de Nuevo León.

Este pluralismo que el día de hoy nos contempla, y que nos cayó como del cielo, se corresponde con el deseo prevaleciente de los gobernados, quienes le hemos apostado fuerte al cambio político, a través del popular juego del acierto y el error, aventura que nos ha conducido por una senda en la que, debo reconocer con humildad, cometimos innumerables equivocaciones, aunque por el contrario, y para nuestro mayor regocijo, hemos logrado también, aciertos significativos, que nos han abierto la posibilidad de vislumbrar - sobre nuestro futuro inmediato - un camino lleno de positivas expectativas.

En este sentido, y a reserva de abordar un poco más adelante, el detalle sobre la problemática inherente al juego democrático abierto también a favor de los gobiernos locales o municipales, por representar éstos últimos algunos indudables reveses democráticos, por lo pronto, y tal cual fue ya asentado, me concentraré en el análisis del debate suscitado a nivel nacional como consecuencia de los resultados electorales de julio de 2016, - en donde fueron elegidos 12 Gobernadores - con referencia especial a los casos de entidades emblemáticas, como fueron los Estados de Tamaulipas, Veracruz, y Quintana

Roo, que tuvieron, durante el curso de todo el período posrevolucionario, exclusivamente gobiernos emanados de las filas del PRI (los dos primeros por espacio de más de ochenta años).

Por lo cual, resultó sorprendente para la militancia del PRI el balance obtenido tanto en Tamaulipas, en donde el PAN se alzó en solitario con el triunfó, como para los de Veracruz y Quintana Roo en donde la alianza PAN/PRD, hizo posible poner fin a la hegemonía disfrutada por tanto tiempo al PRI.

Con tales resultados a cuestas, que contribuyeron, además, para enriquecer el capital político de cada uno de los dos partidos opositores, dio comienzo una especie de feroz cacería, cuyas principales víctimas resultamos ser todos los gobernados, quienes recibimos, como bofetada directa de parte y parte, los vestigios que sirvieron como testigos oculares sobre la voracidad con la que unos y otros, despojaron a sus respectivas entidades federativas de los recursos humanos y materiales más indispensables para el buen funcionamiento del aparato del Estado que, por un período de seis años, se había puesto bajo su custodia, tal y como manda la Ley.

En el lapso de tiempo que ha transcurrido entre la celebración de elecciones para gobernadores y la fecha en la que los candidatos triunfadores deberían asumir sus funciones constitucionales, hemos sido testigos de un masivo debate mediático en medio de cual, se intenta traer a la luz pública cuál de los gobernadores salientes ha sido el autor de un mayor número de violaciones al ordenamiento jurídico que, supuestamente, y llegado el momento, protestaron cumplir y hacer cumplir, a la hora en que accedieron al ejercicio de sus altas responsabilidades oficiales.

De los tres Estados enunciados, los dos que, en principio, han suscitado mayor escarnio público, son Veracruz y Quintana Roo, en ambos, se registraron los triunfos de candidatos opositores, del PAN y del PRD en alianza, razón por la cual, el viejo principio de "yo te tapo (tus fechorías), y tu me cubres también (las mías)" que ha sido premisa de nuestro sistema político, no se ha podido materializar esta vez, en vista del antagonismo prevaleciente entre las partes, es decir, el gobierno saliente y el entrante, que representan dos plataformas ideológicas diametralmente opuestas a la le da sustento al PRI, o partido hegemónico y ahora, gubernamental.

En todo caso, al momento de escribir estas líneas, ha caído ya, de los tres gobiernos objeto del presente análisis, la primera cabeza, que es el caso del gobernador de Veracruz (2010-2016) quien de forma precipitada y motivado por el acoso de los medios masivos de comunicación (y seguramente, también de sus jefes) solicitó licencia del cargo (octubre de 2016) para atender los asuntos relacionados con su defensa jurídica, según fuera anunciado en su oportunidad por el mismo interesado, aunque en la práctica, se estima que el ex alto cargo gubernamental se había escapado de la acción de la justicia, aprovechando para ello la contumacia de las autoridades involucradas en su respectiva captura, dejando detrás de sí, un adeudo superior del orden de los 87 mil mdp, en el que se incluyen recursos destinados para cubrir el gasto corriente de la mayoría de los municipios que conforman el estado (3,200 mdp), deuda bancaria y valores bursátiles, además de falta de pago a proveedores, prestadores de servicios y contratistas.

Dicho personaje, tras su huida al extranjero, fue capturado

por autoridades de Interpol en el Departamento de Sololá, en Guatemala.

Su antecesor en el cargo (2004-2010) quien desempeñó funciones consulares en Barcelona, España, fue también señalado – aunque actualmente sus diversas causas judiciales duermen el sueño de los justos- por haber contribuido a que el Estado de Veracruz presente importantes fracturas económicas como consecuencia directa de los malos manejos financieros ocurridos durante su administración.

Otro Estado que se encuentra prácticamente en capilla, es el de Quintara Roo, cuyo gobernador correspondiente al período 2010-2016 enfrenta acusaciones similares a las de su homólogo veracruzano, y a quien la Auditoría Superior de la Federación (ASF) le ha demandado enérgicamente justificar la razón (es) por la (s) cual (s) dejó acumular una deuda pública calculada en un monto aproximado de 30 mil mdp., durante el transcurso de su mandato constitucional. Causó, además un grave daño patrimonial al Estado, por concepto de la venta de más de 10 mil hectáreas de terrenos propiedad de la entidad federativa a precios inferiores a los valores de mercado, beneficiando con ello a familiares directos, amigos y compadres.

Dichas extensiones territoriales fueron ubicadas a lo largo y ancho del Estado, y sobre todo, en Cozumel, en donde fueron enajenadas más del 50% de las reservas territoriales de la isla, según fuera confirmado por el nuevo primer mandatario estatal.

Nos queda, con respecto a dicho tlachiquero, el consuelo de que su causa fue objeto de Circular Roja de la Interpol, entidad que procedió con su captura el mes de junio de 2017, en el aeropuerto de Tocúmen, de la ciudad de Panamá, momentos antes de que el interesado concretara su huida hacia suelos europeos a bordo de un vuelo a la ciudad de Paris. El respectivo, el proceso de extradición a México, se encuentra en etapa final.

En Chihuahua, el PAN, a su vez, le arrebató al PRI el gobierno del Estado (es la segunda ocasión que se presenta una situación similar para dicha entidad federativa) por lo cual, el gobernador saliente, quien culminó su sexenio a finales del mes de noviembre, ha comenzado a recibir todo tipo de cuestionamientos en el entorno de las muy serias irregularidades con las que ha manejado los recursos del estado puestos a su disposición. Lo menos que ha sucedido es que incrementó un 284% de la deuda del Estado, la cual alcanza los 55 mil mdp. previéndose en todo caso, además, un desfalco del orden de los 7 mil mdp.

Conviene señalar que, tanto en los respectivos casos presentados en los estados de Veracruz, Quintana Roo, y Chihuahua, los gobernadores salientes fueron sustituidos, en su oportunidad, por los candidatos elegidos por partidos diferentes al cual ellos representaban, lo que motivó intentos – avalados por la complicidad de sus legislaturas locales -, de blindarse por vía de la creación de subterfugios jurídicos determinados a crear instancias locales acordes con la norma federal para el establecimiento del Sistema Nacional Anticorrupción (SNA). A pesar de los amplios esfuerzos desplegados en los tres casos citados, las medidas fueron anuladas por decisión de la Suprema Corte de Justicia de la Nación (SCJN), motivada a instancias de recursos promovidos por el gobierno federal (Secretaría de Gobernación).

El debate, en todo caso, se centra ahora en la posibilidad que conforme vayan asumiendo las responsabilidades inherentes al desempeño de sus altos cargos los gobernadores electos, puedan verificar el estatus en que encontraron las arcas de cada una de sus entidades federativas, así como determinar sobre la posibilidad de abrir expedientes, y en su caso, denunciar a quienes les precedieron en el ejercicio y que como resultado del mismo, hayan actuado en contrario a lo que la ley dispone.

De tal forma, no podemos menos que sorprendernos por lo bochornosos escándalos de corrupción perpetrados a dicho nivel de gobierno, por cuyos efectos la ciudadanía se sobrecoge y contempla con incredulidad desde lontananza hasta dónde se puede llegar en un ambiente político en el que prevalecen, tanto la impunidad, como la corrupción, unidas de la mano, y por supuesto, en contra de los altos intereses de la Nación.

Falta por conocer, en detalle, fondo y forma de otros casos emblemáticos, como el del gobernador del Estado de Sonora (2009-2014), quien por su parte, también ha sido señalado por la Procuraduría General de la República (PGR) por los delitos de defraudación fiscal, operaciones con recursos de procedencia ilícita, y delincuencia organizada, entre otros. Causó, además, según los detalles de la investigación un daño patrimonial al Estado del orden de 32 mil mdp. (que representan el 97.4% de las participaciones a entidades federativas y municipales y a todas las aportaciones federales correspondientes a 2016 para el Estado), y se le encontraron cuentas personales no declaradas en el extranjero (Países Bajos), del orden de 8.8 mdd.

En su turno, también, alineado en fila india, se encuentra el gobernador saliente de Oaxaca (2010-2016) quien está siendo investigado por el desvío de recursos públicos y enriquecimiento ilícito, tanto del propio mandatario como de sus familiares más cercanos, así como de algunos de sus colaboradores de gobierno. De acuerdo con la información disponible, hasta este momento, se asegura que triplicó la deuda pública del Estado, e incurrió en graves omisiones a la hora del ejercicio presupuestal de sectores claves para la economía regional, como salud, educación, infraestructura y vivienda.

Otros ex gobernadores que se encuentran a la espera para someterse al juicio de la historia son, respectivamente, Oaxaca (1998-2004), cuyo hijo fue elegido para ejercer el mismo alto cargo el pasado mes de julio; Tabasco (2007-2012); Baja California Sur (2005-2011); Chiapas (2000-2006); Aguascalientes (2004-2010):

Coahuila (2005-2011), dos del Estado de Nuevo León (2003-2009) y (2009-2015), dos del Estado de Michoacán (2008-2012) y (2012-2014), y el del Estado de Guerrero (2011-2014), quien solicitó, de forma apresurada licencia a su Congreso local, por mencionar los casos que han producido mayores escándalos mediáticos.

Además, de lo anterior, conviene recordar en este momento, el muy emblemático caso del gobernador priista de Quintana Roo (1993-1999) quien culminó su función pública en medio del escarnio causado por sus vínculos a favor del crimen organizado (narcotráfico) delito por el que purgó condena en prisión federal, en nuestro país, y una vez que fuera excarcelado, fue extraditado a los Estados Unidos de América, lugar en donde purgó condena, por varios delitos del orden federal, entre ellos, el de lavado de dinero (100 mdd) producto del narcotráfico, entre otros, y enfrentó, un nuevo proceso de extradición (esta vez a México) a donde fue, nuevamente, ingresado a una prisión federal.

El órgano de control en esta materia, la Auditoría Superior de la Federación (ASF) que depende directamente de la Cámara de Diputados, ha reportado que, entre los años de 2000-2017, presentó ante la Procuraduría General de la República, 799 denuncias por desvío de recursos públicos por el orden de $46,274 mdp., derivados de las auditorias celebradas, de conformidad al siguiente resumen:

* Veracruz, período 2010-2016, por $ 18,000 mdp;

* Michoacán, período 2008-2012, por $ 4,000 mdp;

* Veracruz, período 2004-2010, por $ 3,192.9 md

* Michoacán, período 2012-2014, por $ 2,959.5   mdp;

* Tabasco, período 2007-2012, por $ 1,608.9 mdp;

* Chiapas, período 2006-2012, por $ 1,213.30 mdp;

* Guerrero, período 2005-2011, por $ 950.1 mdp;

* Jalisco, período 2007-2013, por $ 897.7 mdp;

* Estado de México, período 2005-2011, por $ 641 mdp; y

* Sonora, período, 2009-2015, por $ 636 mdp.

A esta larga lista de joyas políticas encontradas bajo el firmamento nacional, algunas en estado de lánguido reposo - gracias al estimulo con que les ha premiado el sistema al cual (suponen) entregaron sus mejores años de vida - se les seguirán sumando muchos otros candidatos, tantos, cuantos estén en posibilidad de huir de la acción de una justicia, aprovechando para ello la vigencia de un clima de impunidad que afecta, negativamente, sólo a aquellos, como a usted y a mi, que carecemos de un buen abogado (con excelentes contactos), o de los insumos suficientes (recursos económicos) como para estar en posibilidad de corromper, aún más, a quienes en nombre del estado mexicano, se supone que se dedican a impartir justicia en el entorno de un ambiente en el que la equidad no se distingue como la más cara premisa de su trabajo.

El sistema de cacicazgos regionales del que ahora nos ocupamos, heredó de su homólogo a nivel federal, los peores vicios y costumbres que sustentaron al aparato del estado mexicano desde la culminación del conflicto revolucionario, y al comienzo de la vigencia de la Constitución Política, proclamada en 1917.

Ahora, corresponde a los nuevos elegidos por la fortuna, es decir, a los virreyes o mandarines imperiales (tlachiqueros), el turno para aprovechar su propia coyuntura y abusar, a mansalva, del poder político que, temporalmente, se les ha encomendado, permitiéndoles de tal forma, rodearse de una corte de unánimes, ciegos, sordos y mudos, la mayoría de las veces, integrantes de una casta de poderes estatales ficticios, a su vez fácticos, como serían los casos de las tiras cómicas que, además de divertirles y divertirnos, les viabiliza interactuar como auténticos fariseos, traicionando con ello la voluntad popular que en algún momento se les hizo llegar por vía del voto ciudadano, en beneficio de los pingües intereses clientelares, ocultos siempre, y acechantes en todo momento.

CLEPTOCRACIA

La vocación de servicio que nos fuera inculcada a lo largo del tiempo a muchas generaciones de mexicanos, sobre todo, a todos aquellos quienes a estas alturas de nuestra coyuntura política, aún desempeñan con entrega y honestidad sus funciones en el ejercicio de un cargo público, prácticamente, ha desaparecido del panorama. Se esfumó como por arte de magia durante el transcurso de una obscura noche de pesadilla, en medio de cuya penumbra fueron transformados sus admirables pétalos color de rosa (equivalentes a los valores, nuestros valores nacionales) en hojas ampulosas, rugosas y llenas de espinas, que provocan, ante las más leves sensaciones táctiles, nuestro más enérgico rechazo.

Para llegar hasta donde hemos llegado, ha sido menester que los gobernadores estatales dispongan de una plataforma propia, una especie de soporte que les facilite implementar todo tipo de jugadas destinadas al mejor aprovechamiento de la oportunidad sexenal (o de toda su vida) para hacerse de la fortuna que, por otras vías más convenientes o adecuadas (lícitas), jamás habría podido obtener. La complicidad, ha sido siempre madre de muchos hijos ilegítimos, y en este caso, es decir, el de los gobernantes, se estatuye como requisito fundamental, o como una especie de amalgama perfecta, en la que emboca la mancuerda conformada por: impunidad y corrupción que, además, pasa a través de infinidad de manos, tantas, cuantos intereses se encuentren en juego.

Ha sido, es y seguirá siendo, una de las más dúctiles herramientas, a los fines ulteriores de nuestro sistema de gobierno, coloquialmente conocidas con el famoso "hoy por ti, mañana por mí" que representa el pasaporte por excelencia para traspasar el umbral que separa la incertidumbre de un estadio en el que nada pasa, y nada se mueve, si no es por la voluntad del señor Presidente.

A estos caciques estatales, no sólo les ha auxiliado la suerte o el haber nacido bajo la cobertura de un signo del zodiaco predeterminado, para disponer de luz verde hacia la acometida de todo tipo de transas o pillerías. El propio sistema, es decir, nuestro sistema de gobernanza, dispone de la horma perfecta, casi, como si hubiera sido confeccionada sobre medida, gracias a la ausencia de los pesos y contrapesos institucionales que originalmente planteaba nuestra Carta Magna, o de la necesaria fiscalización sobre el destino de los recursos públicos que, en todo caso, se desprende, como una de las funciones sustantivas que correspondería ejercer a las legislaturas locales, y en su caso, a los Tribunales Superiores de Justicia, ministerios públicos estatales, contraloría y/o auditorias en cada una de las entidades federativas.

En este nivel de gobierno prima el mismo principio que valida al del poder federal que se ostenta en las manos de un solo hombre (el Presidente). A los Estados, por su parte, les corresponde, gracias a esa herencia maldita que con todo empeño conservamos el privilegio de contar con un único afortunado sexenal - el señor Gobernador - quien se rodea, en la mayoría de los casos de sus más serviles colaboradores, tanto dentro de su círculo íntimo de poder, como en los otros dos órganos más relevantes del Estado: el Congreso y el Tribunal Superior de Justicia, los cuales, a su vez, en la mayoría de los casos interactúan absolutamente doblegados o constreñidos a su designio.

Por esa regla del juego, la que no está escrita (el varias veces citado marco jurídico conceptual heterogéneo), hacen lo que se les da la gana, y en la mayoría de los casos, solo incurren en algún tipo de responsabilidad cuando surge una interrogante proveniente del extranjero, como sucedió en el caso del gobernador del Estado de Quintana Roo (1993-1999) que ya ha sido comentado, y tal cual ha sido planteado en los casos de otros dos gobernadores del Estado de Tamaulipas, los correspondientes a los sexenios 1999-2004 y 2005-2010, ambos señalados por la Agencia Federal de Lucha contra las Drogas (DEA) del gobierno de los Estados Unidos de América, como directamente implicados en procesos por lavado de recursos financieros provenientes del crimen organizado.

En el caso del primero (1999-2005) fue detenido, recientemente, en Italia, país al que se había dirigido con el fin de escabullirse de la acción de la justicia internacional. La investigación en su contra enfrenta actualmente la petición de extradición tanto por parte del gobierno de México, como del de los Estados Unidos de América.

Otro de los elementos que ha propiciado el vandalismo estatal a ultranza del que ahora somos testigos, tiene que ver con el ambiente de oscurantismo con el que el gobierno federal remite a sus homólogos estatales ingentes recursos financieros, originalmente destinados (etiquetados) para cubrir gastos específicos, como serían los correspondientes a educación, programas sociales, combate a la delincuencia y seguridad pública, por mencionar algunos rubros.

Dichos recursos, que en principio deberían ser erogados y comprobados por los recibos y facturas correspondientes, los mismos que determina la propia ley, en la práctica, no ameritan, formalmente, comprobación alguna, ya que suelen ser manejados a través de todo tipo de subterfugios jurídicos que hacen viable que prime la opacidad, misma que facilita que sean desviados hacia otros destinos, generalmente, al desarrollo de proyectos inexistentes, obras públicas otorgadas a favor de empresas fantasmas, campañas políticas a favor de una persona determinada o partido político afecto a sus intereses, o directamente a las cuentas del gobernador en turno, a las de sus familiares, y muchas veces a las de amigos y prestanombres.

Al no existir ningún tipo de conciencia sobre dicho particular, y una vez que supuestamente son ejercidas las susodichas partidas, las cuentas públicas son remitidas a los respectivos congresos estatales, órganos de resonancia que sin chistar, en forma unánime, aprueba y aplaude el gasto erogado por cuenta del gobernador en turno, a quien por cierto, siempre le reclaman el justo "moche" como recompensa por el ejercicio de su agudo sentido de servicio público.

Los múltiples escándalos que hoy enlodan a clase política gobernante podrían llegar a evitarse, si para ello, hubiera un consenso a nivel nacional a favor del respeto al ordenamiento jurídico vigente, mismo que es pisoteado a mansalva, tanto por quienes ejercen las funciones propias del estado, como por todos aquellos quienes nos identificamos como gobernados, que muchas veces consideramos que la mejor fórmula para una sobrevivencia en medio del solaz esparcimiento, es a través de nuestro silencio (cómplice), ejercicio con el que involuntariamente validamos los perjuicios que le causa a la patria el sistema de corrupción e impunidad prevalecientes.

Como muestra fehaciente del desorden en medio del cual operan los mandatarios estatales, conviene referir a las observaciones anunciadas por el titular de la Auditoría Superior de la Federación (ASF), en ocasión de haber culminado con la revisión de la cuenta pública correspondiente al año de 2015. El órgano de control federal detectó irregularidades y opacidad en el ejercicio de 165 mil millones de pesos (mdp) dentro de las cuales, 65 mil mdp., corresponden a los Estados que integran la Federación.

Para hacer aún más dramática la situación prevaleciente en el desorden con el cual se manejan las cuentas públicas a nivel estatal, la propia ASF ha calculado que, para mediados de 2017, el perjuicio en contra de la Nación causado por 22 de los gobernadores más conocidos que se alzaron con el poder bajo la bandera del PRI, alcanzó la suma de 259 mil mdp.

En el último eslabón de la cadena que incluye los tres niveles de gobierno consagrados por nuestra Constitución, es decir, el municipal o local, se encuentra la escala en donde disponemos de un mosaico con mayor heterogeneidad en materia de representación política, lo anterior, como causa directa de las reformas determinadas al artículo 115 de la Constitución (1983), que hicieron posible, que las administraciones públicas a dicho nivel político recibieran, además de los beneficios económico/políticos inherentes a su institucionalización, la posibilidad de conformarse a través de la aplicación de los principios de mayoría relativa y de representación proporcional, y aunque dicha fórmula sólo fue aplicada entre 1977-1983, en los municipios que dispusieran con una población mayor a los 100 mil habitantes, en la prácticamente, actualmente, favorece a los 2,440 que integran la federación.

Por lo anterior, no debería de sorprendernos que, justamente, a dicho nivel de gobierno se presentaron los casos más tempranos de alternancia política. El primero, en el año de 1947, en que resultó electo por cuenta del PAN el Presidente Municipal de Quiroga, en el Estado de Michoacán. Conviene subrayar sobre dicho particular, que para ese entonces, el principal partido de oposición política en México contaba tan sólo con 8 años de existencia (fue fundado en septiembre de 1939) en medio de las amplias expectativas ciudadanas con respecto a la influencia política que determinaría la paulatina apertura democrática del régimen de partido dominante, heredado de la revolución de 1910.

Lamentablemente para todos, la realidad fue muy distinta a lo que se esperaba. El partido en el gobierno se constituyó siempre como un hueso duro de roer, lo que causó una especie de frenó temporal al impulso hacia la modernidad democrática del país, misma que comenzó a producirse como consecuencia directa del advenimiento de las diversas crisis económicas que soportó México durante la década de los ochenta. Conviene subrayar, por constituirse como especie de hito, el triunfo de la izquierda política en las elecciones a la presidencia municipal celebradas en Juchitán, Oaxaca en 1981.

A finales de dicha década, es decir, para 1989, tan solo 39 de los 2,387 municipios (existentes en ese entonces) del país eran gobernados por una fuerza política distinta al PRI, lo que representaba tan sólo el 1.84% del total. Dicho promedio sufrió un duro contraste si lo comparamos con las cifras registradas para el año 2000 (año de la alternancia presidencial) en el cual el propio PRI solo gobernaba el 44.1% de los municipios de México. En su ensayo "gobiernos municipales y alternancia política en ciudades mexicanas", Mario Bassole Ricárdez y Socorro Arzaluz Solano, sostienen que hasta el año de 1996, de los 2412 municipios existentes, 1,546 estaban gobernados por el PRI, 224, por el PAN, 177 por el PRD, y 43 por otros partidos políticos. En 10, había consejos municipales y 412 en Oaxaca eran gobernados bajo régimen de usos y costumbres.

Por lo que respecta a los registros consultados, para el año 2010, el PRI gobernaba 1,510, de los 2,440 municipios existentes, de los cuales, en la cuenta del PAN, gobernaban 447, y por que respecta al PRD, 320. Otras formaciones políticas minoritarias o regionales gobernaban en 136 municipios y 418 se encontraban bajo el régimen de usos y costumbres.

Tal cual ha venido sucediendo con otras de las mayores concentraciones urbanas del país, como es el caso de la Ciudad de México (CDMX) que recientemente dejó de ser caso sui generis dentro del panorama político nacional al transformarse en el estado número 32 de los que integran la Federación, muchos de los principales municipios que componen la geografía patria, han venido resintiendo, con distintos niveles de gravedad, los efectos de los principales males que nos aquejan a todos por igual: violencia exacerbada, corrupción e impunidad, junto con la ausencia de un pleno estado de derecho que a todas luces, desde cualquier tipo de perspectiva, ha sido ampliamente superado.

Por lo cual, no debería de extrañarnos que sea justamente en este tercer nivel de gobierno en donde se presenten los casos más emblemáticos que afectan por igual a todo el país, además, de que, en el ámbito municipal tenemos las cifras más escalofriantes de violencia en contra de sus respectivas autoridades, es decir, conforme a los datos disponibles en esta materia, durante el período comprendido entre 2006-2016 (decena trágica), han sido ejecutados con violencia, al menos 78 ediles (41 en funciones, 5 electos, y 31 habían ya cumplido con su encargo) pertenecientes a todas las formaciones políticas, la mayoría de los cuales, han sido dentro de un ambiente de la más amplia impunidad, tal cual aseveran tanto Autoridades Locales de México A.C., (AALMAC) - que aglutina a la mayoría de ediles de partidos políticos de izquierda -, como la Asociación Nacional de Ayuntamientos y Alcaldes (ANAC).

Además, de conformidad con las mismas dos entidades, durante un período similar, más de mil funcionarios municipales han sido objeto de atentados, perpetrados en su mayoría por parte del crimen organizado, cuyas principales cabecillas se han apoderado de plazas otrora emblemáticas, y hoy poseedoras de triste reputación tanto a nivel nacional como fuera de nuestras fronteras, como serían los casos de Acapulco (con el índice más alto de violencia municipal dentro de las entidades con más de 100 mil habitantes), entre las que se encuentran, al menos 229 poblaciones. Dicho record – nada honroso, le fue arrebatado a la ciudad capital del Estado de Morelos, Cuernavaca, que lideró en algún momento, el fatal registro.

Además y, de conformidad con los datos respectivos enunciados por el Sistema de Seguridad Pública Federal, dentro de los 20 municipios que registraron mayores índices de violencia, se destacan, al menos, cuatro del Estado de Guerrero, otros cuatro en Morelos; tres en el Estado de México; dos en Baja California; y uno en Sinaloa y Zacatecas, respectivamente.

Los Estados que han reportado mayor índice de peligrosidad para la actuación de autoridades municipales, son: Guerrero y Morelos (como ya quedó asentado), Michoacán, Tamaulipas, Veracruz, Jalisco, Coahuila, Nuevo León, San Luis Potosí, Oaxaca, Tabasco, Chiapas, Guanajuato, Sinaloa y Zacatecas.

Considerando el nivel de riesgo a que enfrentan la mayoría de cargos municipales, no es de extrañar que, en muchos casos, quienes pretenden someterse al juicio de las urnas, independientemente del tipo de organización política a que aspiren para avalar su candidatura, concreten pactos o alianzas con entidades de dudosa procedencia, las cuales no sólo los estimulan a participar, sino que en muchos casos, les garantizan un triunfo indiscutible en la contienda electoral, siempre y cuando, empeñen su palabra para favorecer sin distingo, los intereses de quienes aportan recursos humanos y económicos para allegarse el poder temporal al frente de la organización municipal específica.

Es por ello que, consecuencia directa del contubernio entre las partes, el crimen organizado ha sentado sus reales en un número indeterminado de entidades municipales en las que prima la ley del más fuerte y poderoso, quien se impone por encima de la justicia, la razón, y en todo caso, la hipotética legalidad que, en principio, debería prevalecer a todos los niveles de gobierno. La ausencia real o material de autoridad competente, ha sido a lo largo del tiempo, una de las causales principales de que México enfrente en la actualidad una crisis sistémica dentro de sus principales instituciones del Estado.

Y, es así como una cosa lleva a la otra, es decir, el

advenimiento de la apertura democrática que se ha venido registrando, paulatinamente, en nuestro sistema político, con énfasis especial a nivel municipal, no nos llegó exento de la carga negativa que le implicaron los vicios ancestrales que caracterizaron al régimen post revolucionario, especialmente, por lo que respecta al uso indebido y arbitrario de los bienes públicos puestos en las manos de sus representantes populares, supuestamente, investidos de la legalidad que conlleva el haber obtenido el encargo por vía de una elección popular.

La ausencia de pesos y contrapesos, y en su caso, de órganos de control que cumplan – como debería de mandarlo la ley - con la estricta vigilancia y supervisión en el manejo de los recursos públicos, puestos en manos de nuestros gobernantes, vienen a ser una especie de "Talón de Aquiles" de todo el sistema político mexicano, que dispone de innumerables ordenamientos que, lamentablemente, ni ordenan, ni mandan que se cumpla con tal o cuál criterio a la hora de disponer de los abundantes recursos públicos que, año con año, son dilapidados a mansalva por una clase política irresponsable que visualiza al país como una gran bolsa de recursos financieros susceptibles de una indebida apropiación, utilizándolos para cubrir, en la mayoría de los casos, todo tipo de caprichos personales.

Ese, justamente, es el gran riesgo que enfrenta a nuestra clase política, ávida de "meter el diente" en el presupuesto que le corresponde ejercer. En la actualidad, y en la mayoría de los casos, los nuevos tlachiqueros carecen de las reservas morales o éticas cultivadas antaño y que paulatinamente se impusieron a la hora de hacer frente a la responsabilidad del ejercicio de un cargo público. Las motivaciones de unos y otros, con independencia del partido político o movimiento que les sirve de trampolín para alcanzar sus objetivos, pasa por el interés de obtener, a mansalva, los recursos públicos que con toda generosidad les son allegados (repartidos) desde los distintos niveles superiores de gobierno, con el fin de que sean administrados para el beneficio directo del interés general.

Dan por descontado, como su principal fuente de inspiración pública, un proyecto o programa definido, eso es lo de menos. La prioridad, en todo caso, pasa por el tamaño de las arcas municipales y, sobre todo, sobre la posibilidad de abrevar lo suficiente de sus mieles, ya sea, apropiándoselas directamente, o por vía de todo tipo de subterfugios. Como sucede en la guerra, todo se vale, y para muestra, una realidad política insoslayable: el encargo es y será por siempre de carácter transitorio, y que, además, contrario a lo que sucede a otros niveles de gobierno (estatal y federal) el "hueso" obtenido, sólo les dura tres años exactos, ni un día menos, pero tampoco, ni un día más.

Llegan a ocupar la silla municipal acompañados – además de todas sus fortalezas y debilidades – por familiares, amigos, parientes de toda clase, cachanchanes, achichintles y una extensa fauna, con la que prácticamente incursionan en la inmensa mayoría de espacios burocráticos disponibles para el reparto en el entorno de dicha parcela de poder. Eso sí, en dos lugares específicos insertan a los más allegados, a los mejor dispuestos a transigir con su voluntad y a servir de cómplices para la realización de todo tipo de triquiñuelas: la tesorería municipal y la secretaría de seguridad pública.

Ambos cargos considerados como viejos males, pero ampliamente conocidos. En la primera, suelen designar – si es que ello les es dable – a su carnal de mayor afecto, que puede ser, a su vez, la pareja con la que convive, es decir, a su compañera (o) de vida, esposa (o), segundo frente, o aquella persona que esté dispuesta a conceder sin chistar todo aquello que el señor presidente municipal le solicite. En la segunda, es decir, en la de seguridad pública, que suele ser la de mayor cotización económica por virtud del manejo discrecional de recursos humanos y financieros, al mejor o peor hombre de su más cercano entorno, muchas veces le es impuesto por agentes de fuera del sistema. Está de moda, y no es un secreto, que la influencia más directa sobre dicho particular provenga, en la mayoría de los casos, de quien o quienes financiaron la parte más vistosa de la campaña electoral, generalmente, individuos o entidades vinculadas con crimen organizado.

No debería de extrañarnos que, justamente, por vía de la implementación de dicho modelo, hoy por hoy, se registra a nivel de las administraciones municipales la mayor incidencia en la comisión de todo tipo de violaciones del ordenamiento jurídico prevaleciente a nivel nacional, y que, por esa virtud, el propio estado mexicano ha sido incapaz de revertir la tendencia, así como sus nocivos efectos.

Del total general de municipios existentes en el país, al menos 1,800 de los mismos, disponen de cuerpos policiales autónomos. Este dato fue confirmado durante el transcurso de la presentación del V Informe que rindió el presidente de la República, el mes de septiembre de 2017.

Vivimos una realidad existencial por la cual nos encontramos, de momento, muy lejos para advertir sobre sus reales y negativas consecuencias tanto para el corto, como para el mediano y largo plazos. Si no buscamos y encontramos el justo remedio, cuya aplicación, incluso, podría resultar traumática para la sociedad mexicana en su conjunto, nos ubicaríamos al borde de un abismo, en cuyo fondo subyace una era de caos generalizado, al que, por otra parte, estoy seguro, nadie quiere llegar.

¿Qué hacer en tales circunstancias? Es la pregunta obligada, y la misma nos retrotrae al principio del presente trabajo, en donde abordamos el caso de la otrora admirada ciudad de México, hoy Estado número 32, con un acrónimo vergonzante, que se asemeja más al de una aerolínea (CDMX) – y cuyo bautizo se lo debemos a su actual Jefe de Gobierno -., que de la ciudad capital de una de las principales economías del mundo, es decir, del país de nuestra adoración más apasionada (al menos así lo siento yo) hoy convertido en algo muy parecido al relato infantil incluido en el cuento de "Las mil y una noches", mejor conocido como la Cueva de Alí Babá y los 40 ladrones, dentro de la cual, en principio, moramos todos, al tiempo que, aparentaría, también, ninguno.

Algunos, de nuestros conciudadanos – los más privilegiados – surcan por su espacio vital a bordo en cómodos helicópteros (oficiales y privados), otros bajo el encierro de esquemas de seguridad personal que abarcan vehículos blindados, custodiados por escoltas militares o civiles, federales o estatales, quienes circulan impunemente por sus vías principales, blandiendo todo tipo de parla frenaría, misma que, lo menos que concita, es la intimidación, así como un sentimiento colectivo de que vivimos en medio de la violencia extrema.

Por lo que respecta a los demás, como ya ha quedado asentado, a los del común y corriente, como usted y yo apreciado lector, nos toca desplazarnos por esta inmensa selva de privilegios e impunidades en forma sigilosa, a bordo de nuestros vehículos particulares, o en transporte público, o tal vez utilizando una moto, o su respectiva bicicleta, siempre bajo el criterio de ostentar el más bajo perfil posible a los fines de no llamar la atención de los amigos de lo ajeno, de esos que rondan por los cuatro puntos cardinales de la mega metrópoli, acechando en todo momento a sus víctimas potenciales, las cuales, en términos generales, corremos cada instante de nuestra existencia, el riesgo de al menos llegar a perder nuestra más valiosa posesión: la vida, o incluso, si nos va bien, durante el curso del evento (incidente), ponemos en peligro nuestra integridad personal, y sin lugar a dudas, al menos la patrimonial.

Más o menos, atendiendo criterios similares, muy parecidos, o de forma casi idéntica a lo que acontece en otras ciudades con un conjunto poblacional equivalente al de la de la gran metrópoli mexicana, se ha venido registrando como una especie de verdadera plaga, el empoderamiento de clanes o tribus, cuyas organizaciones políticas han cumplido con adueñarse de la mayoría de los espacios de interacción ciudadana – como sucedió en el caso concreto de la CDMX, con un PRD embravecido, voraz y ambicioso, y más recientemente, en el caso de su homólogo de izquierda, MORENA -, partido propiedad del sempiterno enemigo del sistema, y de forma similar, a lo que viene aconteciendo en la mayoría de municipios del país, llegando incluso a caracterizar hasta el más pequeño (territorialmente hablando), como es el caso de San Lorenzo de Axocomanitla, en el Estado de Tlaxcala, que sólo dispone

– conforme a la información disponible del INEGI –, de una extensión de 4.34 kilómetros cuadrados, con una población estimada (2012) en 6,000 habitantes.

Así opera, y se sostiene nuestro sistema político, en medio del continuo ejercicio de la dualidad que opera entre cuates y cuotas, que aparentaría ser, a nuestro mejor saber y entender, el significado más reconocido para quienes ahora nos gobiernan, es decir, esa añorada democracia a la que todos, en algún momento de nuestra existencia, habíamos aspirado con anhelo y esperanza, y que, lamentablemente para todos, se ha venido desdibujando a partir de la multiplicación exponencial de los vicios ancestrales que nos estigmatizaron durante años, y que coadyuvaron para ubicarnos muy cerca del precipicio del que, para nuestra mayor fortuna, fuimos rescatados, y que, llegado el momento, hasta llegamos a suponer que lo habíamos superado con cierto nivel de éxito, durante el transcurso del advenimiento de la alternancia política y la vigencia del pluralismo democrático, ostensiblemente asentado, como ya quedó establecido, en este nivel de gobierno.

Lamentablemente, no fue así. La crisis sistémica de nuestro modelo político, si bien es cierto, por momentos nos pareció que había revertido, o que, al menos había sido superada, en la práctica, se mantuvo ahí, presente y latente, poderosa e imbatible, como siempre lo había sido, con infinidad de adeptos dispuestos incluso a llegar al sacrificio, o a la inmolación, si con ello contribuían a su causa. El viejo régimen, ese que nos tocó vivir a todos los mexicanos de mi generación y a nuestros padres, y sin ir más lejos, para algunos, quizá hasta a sus respectivos abuelos, nunca se fue, siguió vivito y coleando (como reza el refrán popular) y de una nada aparente en la que se creyó abandonado, resucitó de entre los muertos – como una especie de nueva Ave Fénix -, volviendo a ocupar casi los mismos espacios de que disfrutó y abusó, durante el curso de un ignominioso pasado, por el cual, a estas alturas del paseo, hubiéramos preferido que siguiera descansando en la paz que garantizan los sepulcros.

Pero tal como suele suceder en esta vida, la realidad, supera con creces cualquier posible expectativa de ficción, y ante eso, nos vemos en la obligación de transitar por el mismo sinuoso camino que sólo nos conduce hacia la simulación, lo que, en otras palabras, significa volver al viejo modelo, aquél que suponíamos habíamos enviado al desván del olvido, al del marco jurídico conceptual heterogéneo, el cual pone a nuestro alcance posibilidades infinitas de actuar con la más amplia discrecionalidad en el cumplimiento de unas normas que se supone deberían de haber sido de carácter obligatorio, y que, en la práctica, por excepción son obedecidas, por quienes cumplen con funciones de gobernarnos. Es decir, el principio de la obligatoriedad sólo se aplica para los gobernados.

Del total de los 2,440 municipios que componen la geografía nacional, además de los 16 que integran la nueva división política de la Ciudad de México, hoy CDMX, la mayoría dispone de su corporación municipal, en principio, autónoma, de la que participan todos los integrantes del cabildo, o representantes que, en la mayoría de los casos, en número, se asignan conforme a los diversos porcentajes de votación obtenida durante la elección determinada por cada una de las agrupaciones o partidos involucrados en una contienda específica.

La otra variante para integrar una corporación municipal

se presenta en la práctica del principio de "usos y costumbres" que concede la ley a todas las entidades locales que disponen de población indígena. De acuerdo con el ensayo – ya citado - elaborado por Mario Bassole Ricárdez y Socorro Arzaluz Solano: "Gobiernos municipales y alternancia política en ciudades mexicanas", actualmente existen 412 municipios en el Estado de Oaxaca, que operan bajo este principio.

Contrario a lo que en la práctica sucedió en los otros dos niveles de gobierno, es decir, el Federal y el Estatal, a cuyos principales exponentes nunca les fue negado el acceso a los recursos financieros disponibles en la amplia chequera del presupuesto nacional, con miras a avalar todo tipo de sinvergüenzadas, en el caso de los gobiernos municipales, los recursos financieros fueron casi siempre exiguos, bordando, muchas veces, en el límite de la subsistencia, hasta que, la "revolución les hizo justicia", es decir, "el milagrito" que se concretó con la reforma al artículo 115 de la Constitución (1982), misma que, en la práctica, implicó la invitación para sentarse a la misma mesa de sus contrapartes, y por ello, disfrutar a placer del inagotable botín en el que han sido transformados los recursos públicos.

Para ser sincero, tanto la federación, como los gobiernos de los estados, tampoco les dieron, llegado el momento, "manos libres" a los inexpertos y nóveles tlachiqueros, durante algún tiempo, se registró un estricto control de las remesas gubernamentales, sobre todo, de aquéllas que eran objeto de estricta comprobación, y en su caso, de sometimiento a los términos del mandato de ley, tanto para su ejercicio, como para la aplicación específica de los recursos en tal o cuál proyecto determinado, como por ejemplo, los trabajos de infraestructura municipal, la implementación del suministro de servicios públicos (agua, luz, aseo, etc.) o la facilitación para la prestación de todo tipo de programas sociales, como serían los casos de salud, educación o vivienda.

La verdadera fiesta comenzó conforme se impulsó la descentralizando del suministro de recursos públicos, sobre todo, la mayoría de los provenientes de la federación, entidad esta que, en principio, consideró que la forma más práctica de hacer llegar – de la forma más equitativa posible - a un porcentaje mayor de la población del país que presentaba mayores asimetrías, parte de los grandes flujos de capital que ingresaron a las arcas nacionales como consecuencias de la famosa "abundancia petrolera", era justamente por vía de asignaciones discrecionales, generadas, en la mayoría de los casos, con eminentes tintes político/electorales para beneficio de todo tipo de cargos públicos afectos a tal o cual administración pública, especialmente, a la del partido en el gobierno.

Pero como no fue posible excluir del reparto del botín a las administraciones en manos de la oposición, sobre todo, por el número creciente de entidades municipales que "cayeron" en manos de partidos distintos al dominante, el gobierno federal optó, a su vez, por hacer llegar ingentes recursos por vía de transferencias que, en la mayoría de los casos no iban "etiquetadas", es decir, con un destino específico, sino que, intencionalmente (para bien o para mal) podían gastarse de la forma y bajo el juicio de quien, en su caso, fuera el destinatario final de los recursos, que a este nivel, indudablemente correspondía al presidente municipal.

Todo lo anterior, en lugar de propiciar un ordenado y efectivo manejo de los recursos públicos puestos en manos de las autoridades correspondientes, creo un pandemónium incontrolable, consecuencia directa de la ausencia de pesos y contrapesos, o de los respectivos órganos de control. Por no existir ni los unos, ni los otros, resultó fácil auto asignarse recursos y presupuestos que, en la mayoría de los casos, ni cumplieron con la función de utilidad pública para lo cual, en principio, habían sido generados, terminando, finalmente, en las cuentas bancarias personales de quienes, en principio, se suponía estaban obligados a erogarlos en proyectos específicos de utilidad pública.

Poco a poco, se fueron generando nuevos nichos de un promisorio mercado cautivo, en el cual, por el simple hecho de poner la firma en un contrato indeterminado, la autoridad competente recibe como contraprestación un porcentaje, equivalente, a un valor acordado con antelación, y suficiente, para mantener unidas a las dos partes, lo que, en todo caso, se traduce, en la práctica, en un ingreso personal adicional al que se recibe como emolumentos por mandato de ley, y que por lo tanto, queda, automáticamente, libre de polvo y paja, lo que, en el peor de los casos, contribuye eficazmente para acumular promisoria riqueza obtenida al amparo del ejercicio de un cargo público y de las innumerables lagunas que ofrece la ley aplicable en la materia, lo que automáticamente lo transforma en un bien conseguido, aparentemente, en buena y debida forma.

Conforme el estado mexicano produce mayor riqueza, gracias a que, prácticamente cuenta con ilimitados recursos humanos y naturales, nuestros gobernantes, aprovechándose para ello de las innumerables lagunas con que operan las leyes aplicables en la materia a lo largo y ancho de todo el país, se han sabido agenciar fórmulas y métodos que en la práctica resultan difíciles de rastrear, para allegarse – cada vez en mayor cantidad y calidad – recursos ingentes provenientes de los crecientes presupuestos que les son encomendados con el fin exclusivo de administrar la cosa pública en el contexto de cada una de sus respectivas circunscripciones territoriales.

De ahí se entiende que, conforme se ha venido especializando el manejo de la cosa pública a nivel de los gobiernos municipales, las necesidades y prioridades en dicha materia, han sufrido una especie de rotación que parte, desde la conveniencia por defender la supervivencia misma del ente municipal, hasta la de implementar diversos tipos de especialidades que se originan a partir del suministro de la infraestructura vital, la provisión de los servicios públicos esenciales, el otorgamiento de los beneficios a que tienen derecho sus respectivos pobladores, la generación de empleo, y más recientemente, el establecimiento de una plataforma de intercomunicación con el resto del país.

Una vez que, en principio, se ha cumplido con la implementación de políticas públicas encaminadas al establecimiento de una plataforma mínima de bienes y servicios para beneficio colectivo, corresponde al estado, por vía de sus gobernantes en turno, propiciar los mayores y mejores niveles de bienestar a favor de sus gobernados. Sin embargo, sería utópico suponer que, salvo el (los) caso (s) de alguna entidad municipal privilegiada, que no necesariamente encontraremos en nuestro territorio nacional, las necesidades para atender las más urgentes demandas de la población, presentan como característica distintiva que, conforme se les acumula el tiempo para integrarles una vía de solución, el grado de complejidad para llevarlas a buen puerto, se eleva de forma exponencial, convirtiéndose, indefectiblemente, en una crisis sistémica, de difícil solución.

En dicha categoría, se encuentran la mayoría de entes municipales a lo largo y ancho de toda la geografía nacional. Lo mismo encontramos regiones completas, en donde el crimen organizado – narcotráfico, extorsión, secuestro, etc., - (tal cual fuera mencionado con anterioridad) dispone de amplia presencia en el corazón mismo de la administración municipal, que en otras entidades, distintas entre las que se cuentan, tanto municipios urbanos, como rurales, correspondiendo a estos últimos, el indeseado privilegio de presentar un mayor porcentaje de influencia de grupos de presión anti sistémicos, que sus respectivos homólogos, gobernados, mayoritariamente, por una burocracia de cuello blanco, que cumple a "raja tabla" con la máxima que sentencia de la siguiente manera: nada más asumen el poder, y proceden de inmediato con ambiciosas asignaciones salariales que, en la mayoría de los casos superan el tope (informal) determinado por el salario que devenga dentro de la administración pública el presidente de la república, mismo que, en principio busca establecerse como parámetro o límite a las muy naturales ambiciones humanas por aspirar a la posibilidad de obtener los mayores ingresos posibles, a cambio de la realización de esfuerzos mínimos en el desempeño de cualquier cargo gubernamental.

Aunque el problema principal, no necesariamente, queda determinado por dichos parámetros, la compleja situación política por la que atraviesa el país a partir del inicio del pluralismo político que el día de hoy distingue a los gobiernos municipales, torna a convertirse en extremadamente compleja, no sólo por la carga que pesa sobre sus hombros por lo que respecta a los espacios que han sido abiertos en favor del crimen organizado en su conjunto, en detrimento de los muchos vacíos de poder que hoy por hoy aquejan a regiones completas de nuestra geografía nacional, avasalladas por bandas cuyos nombres y apellidos son bien conocidos, y que, viven una actualidad caracterizada por el agravamiento de una guerra soterrada en contra del estado mexicano y de sus legítimos representantes.

A pesar del indudable impacto que dicho conflicto ha venido arrastrando durante el transcurso del tiempo, las diversas opciones políticas que se conjugan a lo largo y ancho del país, no han podido ponerse de acuerdo en lo central, es decir, la mejor manera de hacer frente de forma institucional – es decir, con toda la fuerza legítima del estado -, a los dos más ingentes problemas que, junto con la violencia exacerbada, hoy nos aquejan: la corrupción y la impunidad. Una y otra, se soslayan avasallantes frente a todos nosotros, mostrándonos en forma amenazante sus filosos colmillos, y escudándose en insuperables subterfugios y galimatías de validez legaloide que, en principio, anulan cualquier intento por poner coto a los obstáculos más deleznables que nos correspondería neutralizar.

Ante la parálisis de carácter jurídico y la falta de un verdadero liderazgo político a nivel nacional, como principales impedimentos para integrar una verdadera estrategia del estado que, entre otras posibilidades, sirva de pivote para apuntalar el modus operandi a seguir, fue menester involucrar a otros actores públicos cuya misión constitucional fue determinada para la salvaguardia del territorio nacional, y rechazar cualquier tipo de injerencia en nuestros asuntos internos, proveniente del extranjero.

Fue así, casi incidentalmente, como se involucró a nuestras fuerzas armadas para integrarse de pleno derecho a una lucha eminentemente asimétrica, y que a todas luces, aparenta no tener fin, si para ello contrastamos los resultados obtenidos hasta esta fecha, los cuales reflejan un alto y negativo impacto, ante los gobernados, circunstancia que podría ser atribuida, en principio, a la ausencia de eficiencia en el desempeño de las ordenes impartidas por su Comandante en Jefe, quien en todo caso, a mi juicio, erró al implementar una política pública a todas luces inconveniente por constituirse en la principal transgresora de la libertad personal, y de los derechos humanos inherentes a todos sus gobernados.

Si bien es cierto, las susodichas fuerzas armadas, durante el transcurso del largo camino andado a través del México postrevolucionario, fueron involucradas en la contención de amenazas serias a la seguridad interior del país, valga recordar que dentro de sus acciones recientes, más conocidas, se destacan los diversos enfrentamientos acaecidos en las décadas de los sesentas y setentas, en contra de movimientos subversivos, supuestamente, motivados desde el extranjero por ideologías vinculadas con el comunismo internacional, tanto el proveniente de la URSS, como de China, y en ocasiones, de otros países de la órbita de ambas potencial mundiales, lo anterior, quedaría inscrito en el contexto de los efectos de una Guerra Fría que, a estas alturas del paseo, habría dejado de representar un peligro potencial para México.

Otro de los eventos que marcaron para siempre a nuestras Gloriosas (con mayúsculas) fuerzas armadas, se desarrolló durante el transcurso del movimiento estudiantil de 1968, y de su más funesta actuación, la noche del 2 de octubre, en Tlatelolco, lugar en donde a la vista de todo el mundo, la ciudad de México se tiñó con la sangre de muchos de sus más inquietos representantes juveniles, quienes se exaltaban anhelantes a favor de disponer de un país distinto al que fuera herencia ideológica del modelo aportado por el movimiento revolucionario de 1910, que aparecía, a esas alturas de nuestra historia contemporánea, envejecido, desgastado y obsoleto.

Con dichos antecedentes a cuestas, por un razonable período de tiempo, la prudencia fue el sentimiento prevaleciente manejado por los gobiernos subsecuentes quienes tuvieron especial cuidado en no sacar a la calle a contingentes militares para la realización de labores encomendadas a otro tipo de agentes al servicio del estado, especialmente, los de carácter civil como los casos de policías preventivos y agentes del orden público, referidos, cada uno de ellos, dentro de los tres niveles de gobierno.

No obstante lo anterior, correspondió a las propias fuerzas armadas cumplir en el marco de altos niveles de heroicidad y a ordenes de sus respectivos mandos superiores, en casos muy específicos, determinados especialmente, en circunstancias apremiantes o emergencias nacionales, como fueron las muchas catástrofes naturales acaecidas periódicamente en todo el territorio nacional, así como procurar, y brindar, todo el auxilio posible a la población civil vulnerable e indemne que resultase damnificada.

A su vez, aunque ahora de forma circunstancial, y exclusivamente en apoyo a cuerpos de seguridad pública gubernamentales, se emplean en coadyuvar en labores de lucha contra el crimen organizado, concretamente, con acciones dirigidas en contra de los principales carteles de la droga, cuya presencia en nuestro país comenzó a florecer a partir de la década de los años ochenta, época en la que, paulatinamente, y de forma sistemática fueron abatidos los principales cabecillas de los carteles de la droga que pululaban por los cuatro puntos cardinales en la República de Colombia.

Es, justamente, ahí, en el lugar en el que tendríamos que asumir como una especie de conclusión de un capítulo más, de conocida historia, en medio de la cual ubicamos el sitio y el lugar en los que fue hilvanada la estrategia implementada al más alto nivel del poder político del país (sexenio 2006-2012), y que propició el inicio de una "guerra soterrada", y sin cuartel, en contra de los principales cabecillas del crimen organizado que, a esas alturas del paseo, prácticamente, habían sentado sus reales, con presencia física en las principales plazas urbanas y rurales, a lo largo y ancho de todo el país.

Considerada por algunos como una iniciativa valiente y necesaria a los mejores intereses nacionales, adoptada, además por causas ampliamente justificadas, de fuerza mayor, y denostada, a ultranza, por otros muchos detractores (nacionales y extranjeros), sobre todo en razón y justificación de sus indudables costos políticos e institucionales, acaecidos en contra del prestigio de nuestras fuerzas armadas, que juraron guardar y hacer guardar el orden constitucional, el balance sigue siendo variopinto, es decir, que no satisfizo ni a unos ni a otros, y que por el contrario, repercutió negativamente en la imagen de México proyectada a nivel internacional, misma que ha sido deteriorada en extremo, principalmente, en función de las víctimas inocentes reportadas bajo el eufemismo de: daños colaterales, derivados de situaciones ciertamente embarazosas en medio de las cuales se involucraron elementos de tropa adiestrados, primordialmente, para acciones armadas y ofensivas dirigidas hacia objetivos bien determinados, en contra los cuales, hicieron uso de sus poderosas armas de guerra.

Y, aunque el balance en torno a los resultados obtenidos como consecuencia de haber sido implementada dicha estrategia, es negativo, por los más de cien mil muertos y de 30 a 40 mil desaparecidos, sus efectos – a diez años de distancia – justifican la exacerbación de ánimos detectados entre los principales contendientes o actores, quienes contrario a lo que la lógica nos enseña, en lugar de ir perdiendo en forma paulatina sus espacios de interacción, han visto fortalecidas sus posiciones, especialmente, en lo que tiene que ver con el grado de influencia alcanzado a nivel de los representantes de los gobiernos municipales, cerca de los cuales han florecido sus principales bastiones de poder e influencia.

No se necesita ser un genio como para estar en posibilidad de visualizar – partiendo de las circunstancias descritas - cuál podría ser la causa principal de la ocurrencia de fenómeno de tal naturaleza, sobre todo, si para ello se tiene en cuenta que el gobierno federal, en su afán por avanzar en una guerra sin cuartel (eminentemente de carácter político), no tuvo el menor empacho para untar las manos y las carteras de los nuevos tlachiqueros, o principales responsables de los gobiernos municipales, a los que generosamente hizo partícipes de la entrega de recursos económicos, que en circunstancias distintas, jamás podrían haberse allegado, al menos, de forma legal.

Si acaso nos tomáramos la molestia de averiguar el destino final del inmenso flujo de capital generado desde las arcas federales a sus homólogas municipales, caeríamos en cuenta que, salvo virtuosas excepciones, en su gran mayoría, los fondos quedaron bien resguardados, tanto en cuentas personales, o corporativas de infinidad de sociedades anónimas aperturadas al efecto, con el fin exclusivo de engrosar los patrimonios personales de los injustamente beneficiados finales de, algo así, como una especie de orgía, en que la rapiña propiciada desde el centro del poder político de nuestra vapuleada república, fue la convidada principal.

Luego nos quejamos de que, de repente en el verano, comienzan a caer como pichones en temporada de caza, los dignatarios municipales de orígenes disímbolos, pertenecientes tanto a partidos políticos de izquierda, como de derecha o del centro, de alcance nacional, estatal o municipal, sin distinción de clases. Ahí, en la entraña misma de la patria, gracias a la corrupción que los transforma a todos para aparentar ser iguales, como si hubieran sido sacados del mismo molde, idénticos, con escala perfecta, provistos de puntiagudas garras, lo suficientemente duras como para horadar en las profundas raíces de esa, nuestra bebida más ancestral, el pulque, que brota gracias a la pericia con la que los tlachiqueros operan su instrumento singular: el acocote.

5

EL CONGRESO

El siguiente eslabón en la cadena del poder público en México se encuentra representado por su brazo Legislativo que, en principio, aspiraría a integrarse como una de las tres columnas vertebrales fundamentales de la estructura del sistema de pesos y contrapesos, ideado por el constituyente en 1917, bajo la sombra del movimiento armado que hizo viable la génesis del sistema político que hoy nos contempla. Un Legislativo, dicho sea de paso, que comprende dos Cámaras, (Congreso) la Baja, es decir la de diputados, que representan directamente a la ciudadanía, y la Alta, o de Senadores, en donde tienen cabida representantes de cada una de las treinta y dos entidades federativas con las que, el día de hoy, se conforma nuestra República.

El Poder Legislativo es, a estas alturas del paseo, el órgano del Estado mexicano desde donde se perciben los mayores índices de pluralismo político y avance democrático. Lo anterior, a pesar de que, contrario a lo que serían sus expectativas reales, o el ideal para casos similares de una entidad del estado de tan alto nivel político, sigue operando como una especie de caja de resonancia del sistema presidencial dominante, con el que se ha venido manejando la cosa pública de nuestro país, desde el inicio de la vigencia de la actual constitución política.

Aún así, y a pesar de todos los pesares, el Congreso se supone como un foro abierto a todas las ideologías, es el centro del debate de los temas de mayor relevancia, tanto en materia de política interna, como por lo que respecta a la política exterior, y ha servido, además, como el espacio ideal para la proyección de nuestros más altos dignatarios nacionales, tanto en el caso titular del poder ejecutivo - funcionario al que correspondía tradicionalmente abrir las sesiones ordinarias por vía de una comparecencia anual -, como la de otros destacados dirigentes partidarios de las distintas formaciones con representación en la que, es considerada (sin eufemismos) como la más alta tribuna política del Estado mexicano.

Y, si de adjetivos se trata, en México nos dibujamos solos a la hora de singularizar hasta las cosas más insignificantes, con términos grandilocuentes, especialmente por lo que respecta a la semántica para diferenciar a las altas instancias que integran nuestro estado de derecho, es decir, las partes que lo componen, así como aquéllas que lo comprometen, por razón lógica de la secuencia de un orden preestablecido, como en principio, debería de ser el de la congruencia y la vigencia constitucional.

Resulta pues, de tal manera, que siempre hemos optado por la ruta de formalizar hasta lo que resulta más trivial o nimio, razón por la que, no debería de sorprendernos que al instante mismo de escuchar los primeros acordes del himno nacional, se nos llenan los ojos con lágrimas o se nos enchina el cuero, sobre todo, en medio de esa gran cantidad de eventos de carácter republicano con los que el propio sistema acostumbra convocar al pueblo, en un acto que aparentaría el de la entrega del Maná, propicio para favorecer el silencio prevaleciente frente a las graves y onerosas omisiones cometidas en nombre, y en favor del Estado, así como a las múltiples sin razones con las que, cada mañana, nos amanece más temprano que lo acontecido con el referente inmediato, es decir, con el del día anterior.

Durante el curso del primer siglo de vigencia de la nueva Constitución, que justamente se conmemora en el año de 2017, hemos sido utilizados como una especie de mudos testigos del comportamiento de un Poder Legislativo complaciente y dadivoso hacia sus semejantes, - entendiendo, por lo anterior, hacia los otros dos poderes que integran la Unión -, a los que, en la medida de sus posibilidades finitas, ha obsequiado en forma servil, transmutando, desde la palestra de un origen vigoroso, avocado a representar a una sociedad civil en plena transformación, a una especie de órgano del estado con alcances imperceptibles, agazapado, de forma permanente, en una envoltura veleidosa y coscolina, detrás de la cual, se perfila su verdadero rostro, el que mejor lo representa, el del poder de la simulación.

Actuando tal y cual si se tratara de la celebración de un campeonato nacional de cualquier especialidad deportiva, el Poder Legislativo en México, podría figurar en la terna ideal para alzarse con el premio mayor en dicha especialidad, obteniendo, con toda seguridad, la mayoría de preseas en disputa, además, de los pingues beneficios adicionales (de todo tipo) con los que, cada uno de sus representantes, llenarían sus cuentas bancarias.

Aunque, a decir verdad, conviene destacar que durante su tránsito por la vida republicana, debe considerarse que, tal cual sucede en toda realidad existencial (y los poderes públicos eso son), siempre se dispone de honrosas excepciones como lo fue, en este caso específico, el de la primera bancada elegida – la XXVII Legislatura al H. Congreso de la Unión - para el período 1917-1918 (únicamente por dos años) concluidos los trabajos del Congreso Constituyente, a la que correspondió, entre otras altas responsabilidades, el privilegio de aprobar las primeras leyes reglamentarios de nuestra Carta Magna, celebrar, además, la ceremonia de toma de protesta del primer presidente constitucional – para un período de dos años - electo durante el proceso celebrado el 11 de marzo, y nada más y nada menos, que el nombramiento de los ministros que integraron la Suprema Corte de Justicia de la Nación.

Los 232 integrantes de dicha legislatura, según consta en actas, celebraron entre los meses de abril y diciembre del propio año de 1917, más de 250 sesiones, es decir, acudieron a cumplir con sus labores todos los días, durante nueve meses, aprobando, para finales de ese año, al menos 59 piezas legislativas, valoradas por su alta calidad desde el punto de vista jurídico/político.

En contraste con lo anterior, y en pleno auge del proceso de consolidación democrática al que todos aspiramos, disponemos, actualmente, de un Congreso densamente poblado (con 628 integrantes) que sesiona únicamente, durante dos períodos anuales, el primero, que arranca el 1 de septiembre, y concluye el 15 de diciembre; y el segundo, que comienza el 15 de marzo, y se extiende, hasta el 30 de abril.

A estas alturas del paseo, al menos desde mi particular punto de vista, sería muy difícil aventurar cualquier tipo de hipótesis que nos llevara a concluir si se produjeron brotes de corrupción dentro de esa primera legislatura del México post revolucionario, y que, para el caso afirmativo, el nivel alcanzado por la misma, sobre todo, a la luz de las intensas candilejas con las que siempre fueron alumbradas las sedes de ambas cámaras legislativas durante el curso de los que, suponemos, intensos debates protagonizados por los mal llamados "padres de la patria", a quienes debemos atribuir, como virtudes intrínsecas, el verdadero protagonismo de nuestra historia más reciente, no tanto en función del valor individual de sus cualidades personales (sin lugar a dudas, muchas de ellas, con seguridad, encomiables) sino que, en función del balance total de la obra que nos fuera legada en forma de un patrimonio político común, determinante para el bienestar general de todos los gobernados, a la luz de los efectos de los avatares inherentes a la cronología histórica de esos difíciles momentos que les tocó vivir, en el corazón de un país recién convulsionado.

Lo cierto es que, el tiempo transcurrido entre la evolución de un incipiente legislativo post revolucionario, y el momento actual, es decir, el que nos ha tocado vivir a todos nosotros, se nutre con valiosas enseñanzas - una de las más relevantes – queda determinada por la práctica de ese arte que se ha convertido en punta de lanza e inspiración parlamentaria de nuestro país: el poder de la simulación, cuyos merecimientos más sobresalientes han sido apercibidos, tanto por propios, como por extraños, en una especie de simbiosis virtual del mismo nivel al que, por razón de sus méritos académicos le es concedido a la mayoría de egresados de un programa de estudios de doctorado, con una fórmula magistral de suma cum laude, aunque en dicho sentido cabe aclarar, que en el caso que se comenta, la calificación no se hace en función de sus altísimos merecimientos (rendimientos), sino que, en función de todo lo contrario.

Otra de las características singulares que se distinguen entre uno y otro periodos históricos de la vida parlamentaria del México post revolucionario, tiene que ver con la vigencia de otra de sus funciones institucionales de mayor trascendencia política para todo el país. Mientras que, durante el curso de más de setenta años, fue habitual que a la ceremonia de apertura de cada uno de los períodos legislativos acudieron, de forma puntual, los titulares a cargo del Poder Ejecutivo, aprovechando la ocasión – tal cual lo mandata la Constitución - para rendir ante el pleno del Congreso sus respectivos informes de gobierno, lo anterior, siempre dentro del marco de un ambiente de armoniosa convivencia entre poderes que, lamentablemente, fue perdiéndose, paulatinamente, a partir de la LVII Legislatura (1997-2000), llegando incluso, al extremo de suprimirse, durante el curso de los albores de la alternancia política alcanzada, durante las elecciones presidenciales del año 2000.

El dominio del contraste político que hoy prevalece en el entorno de la relación entre ambos Poderes del Estado, sepultó lo que en algún momento llegó a ser calificado– por la opinión pública - como "El día del Presidente", el cual, desgraciadamente para todos, derivó en una encarnizada pugna entre ambas instancias soberanas, llegando a estadios tan críticos, como el presenciado durante el curso de la prevista ceremonia de Congreso General, pautada para celebrar el acto de protesta del Presidente Constitucional para el período 2006-2012, en el ahora, ya muy lejano, 1 de septiembre del propio año.

Por lo que respecta a la génesis del espíritu dentro del cual se fueron forjando los nuevos tlachiqueros de nuestro entorno político nacional, vienen ahora a mi memoria, como un cálido recuerdo, de las amenas charlas sostenidas con los abuelos, durante el curso de la intimidad que disfrutamos en familia, como parte del colofón del proceso de degustación de nuestros sagrados alimentos, de las cuales se desprendió una de las verdades más certeras de nuestro sistema político, y que afirmaba que, durante la existencia física de los viejos caudillos revolucionarios, forjadores de la patria de la que hoy todos disfrutamos, el estado mexicano premiaba el sacrificio de su voluntad política con aquel famoso "cañonazo de 50 mil pesos", que representaba, para su época, una cuantiosa fortuna, calculada por su peso en oro, imposible, en aquel entonces, de rechazar.

Por vía de dicho reparto, el Estado mexicano premió y, en muchos casos, castigó (doblegó) a todos aquellos que, por un lado, validaron con su apoyo la adopción de los consensos indispensables y necesarios para gobernar en función de los intereses de la clase dominante, y por otra, a quienes tenazmente se opusieron a sus designios hegemónicos. Para estos últimos, así como para sus más cercanos seguidores, por consigna, fueron marginados, y en todo caso, obligados a aceptar que les fuera suprimido el acceso a cualquier tipo de beneficio derivado de los avances institucionales forjados a la sombra de la Revolución.

En la actualidad, quienes ahora disfrutan del privilegio de formar parte de alguna de las dos cámaras que conforman el Congreso de la Unión, han ido descubriendo, la mejor forma de allegarse beneficios personales por vía del acceso a los intrincados vericuetos que se constituyen dentro de las galerías que determinan el poder público, y muchas veces, también, inspirados por el influjo de esa picardía innata que nos caracteriza, tal cual sucede con lo que, en los entornos del argot parlamentario se conoce con el sobre nombre del "moche", el cual representa un indebido ingreso adicional, que favorece, a su vez, los altos índices de corrupción que hoy por hoy les son característicos.

Ante tal evidencia, estamos en posibilidad de afirmar que muchas cosas han sucedido en la vida de nuestra patria inflamada como consecuencia de la corrupción prevaleciente, desde el instante mismo en el que por vía del voto ciudadano calificado (conviene recordar a dichos efectos que para esa época las mujeres no disfrutaban del derecho al voto) se eligiera a esa primera legislatura post revolucionaria, la XXVII, hasta la llegada al poder de su homóloga, la LXIII, que gobierna en la actualidad, misma que, con gran esfuerzo, intenta dar cumplimiento con el mandato constitucional, en el contexto en un ambiente absolutamente distinto al prevaleciente durante el periodo de su predecesora.

Lo anterior, por virtud de que, entre otros ingredientes aleatorios a las funciones propias del Congreso, se dibuja en nuestro panorama político, una tenaz injerencia en la cosa pública de parte de una ciudadanía organizada, que además, es más responsable, vigilante, participativa y educada en el ejercicio real y efectivo de control (contención) de sus instituciones políticas, que lo que les tocó vivir, en circunstancias similares, a sus predecesoras.

Disponemos, para ello, de algunas herramientas de utilidad práctica, generadas al amparo del advenimiento de lo que para algunos ha llegado a ser considerado como el inicio de nuestra primavera democrática, entre otras, la variopinta independencia de los medios masivos de comunicación (sobre todo, en los casos de la prensa escrita, radio y televisión) que fueran cooptadas a ultranza por el Estado mexicano a lo largo de más de setenta años, y de modernos instrumentos jurídicos de control (pendientes de implementar), como serían los casos, entre otros, de la ley de transparencia, y la de acceso a la información pública, ambas fuentes de derecho positivo, adoptadas gracias a la alternancia presidencial, a partir del año 2000.

Con estos instrumentos jurídicos, y con otros que en el futuro les complementen, en manos de los gobernados, además, gracias a la proliferación de las múltiples plataformas electrónicas que hoy dominan el ciberespacio como consecuencia de la globalización y la universalidad alcanzada por las redes sociales, que han suscitado, de forma espontánea, una más positiva interacción entre ambos bandos, resultado de lo cual, estamos en condiciones de afirmar que nos acercamos al fin del período de opacidad prevaleciente en el manejo de la cosa pública, determinado por el régimen de partido hegemónico, cuyos indudables merecimientos no podemos dejar de ensalzar, sobre todo, a la luz de la vigencia del clima de estabilidad política institucional, difícil de equiparar, vis a vis la coyuntura política latinoamericana del pasado siglo XX.

Como prueba fehaciente de lo que antecede, citamos, como mero ejemplo, una obra, de entre las más recientes escritas en esta materia: "El Jefe de la Banda" en la que el conocido abogado y analista político, José Elías Romero Apis, refiere que, desde el año de 1917, se han celebrado en nuestro país, con los fines de integrar a los miembros de las dos cámaras que constituyen el Congreso, 20 elecciones para senadores, y 38 para diputados federales (página 420), en el marco de las cuales, siempre se han cumplido los términos contemplados por nuestra Carta Magna, tanto por lo que se refiere a la elección misma (tiempo), como en la apertura y el cierre de los respectivos períodos legislativos (lugar).

El régimen de la revolución comenzó su mandato con el pie derecho, avocándose a integrar sus cuadros políticos con un criterio variopinto, es decir, primó la heterogeneidad por encima del genuino compromiso ciudadano con las causas contempladas en el contexto de una constitución que, desde sus inicios, proyectó una amplia vocación de carácter social, suscitada, con toda seguridad, como consecuencia lógica de experiencias previas de carácter histórico, que de una u otra manera, funcionaron con la calidad de detonantes en contra del status quo prevaleciente, y objeto primigenio de la lucha armada.

A los diferentes caudillos regionales o locales, y sobre todo, a los más importantes, los de carácter nacional, el régimen los fue cooptando, paulatinamente, hasta incorporarlos de pleno derecho al sistema urdido al calor del México post revolucionario.

De ahí surge ese sentimiento de solidaridad – que muchas veces nos resulta inexplicable - con el que la "familia revolucionaria" tiende su imaginario manto protector en favor de sus afectos, y sirve, además, de punto de partida desde el cual se fueron forjando sus propios adalides políticos, a los cuales, llegado el momento, encumbró, en el tiempo y el lugar precisos, a sabiendas de que su "reino" siempre sería de carácter temporal, y que, en calidad de contrapartida, les sería obsequiado, como justo estipendio a su lealtad, el silencio cómplice por parte de todos los órganos de control del Estado, al que sirvió, en principio, con inusitada diligencia, y ante el cual, jamás sería llamado a rendir cuentas, tanto por parte de sus acciones, como por lo que respecta a las omisiones que le fueran atribuidas durante el curso del ejercicio del cargo público.

Esa fue, justamente, una de las reglas no escritas más características del sistema político mexicano, para cuya puntual aplicación el gobierno siempre dispuso de un amplio margen de discrecionalidad, sobre el cual, a estas alturas del paseo, sería muy difícil poner en tela de juicio sobre su eficacia, o a su utilidad práctica, por resultar modelos imposibles de emular, sobre todo, visto desde la perspectiva de la presente coyuntura mexicana, caracterizada por la voracidad creciente demostrada por sus dirigentes políticos, a la hora del reparto del pastel.

Todo lo que aconteció durante dicho periodo histórico, estuvo siempre determinado por la atenta mirada de un Poder

Ejecutivo, en el ejercicio de un liderazgo político incuestionable con respecto al Congreso, órgano del estado que fue integrando legislaturas provenientes tanto de cuadros frescos, como por algunos con militantes más añejos del conjunto de seguidores provenientes de los tres sectores principales en los que el partido de la Revolución - una vez que la misma fuera institucionalizada -, dividió a todos sus gobernados: popular, obrero y campesino.

Cada uno de dichos sectores, llegado el momento adecuado al efecto (electoral), entregaban las listas con el número de integrantes correspondientes a las cuotas que previamente les habían sido asignadas, con el fin de que las mismas fueran "palomeadas", en una primera instancia, por el jefe nato del partido (es decir, el presidente), en persona, a su vez, si ello lo ameritaba, por alguna de las altas jerarquías partidarias, y en su defecto, por los respectivos alter egos de la revolución.

De forma tal que, tanto en lo particular, como en su conjunto, conocían a la perfección, y de antemano, el número de militantes que serían ungidos por el omnímodo poder presidencial para figurar como candidatos para ocupar una de las curules en disputa dentro de las listas del partido en el poder, indistintamente, para cualquiera de las dos Cámaras que integran el Congreso de la Unión. Bajo tal criterio clientelar, en términos generales, eran seleccionados, taxativamente, los mal llamados "padres de la patria" quienes interactuaron, a nombre del pueblo soberano, durante el curso del invierno post revolucionario que, a estas alturas del paseo, y para mayor gozo de los gobernados, estaría a punto de llegar a su fin.

Y, como todo parece suponer, correspondía – por derecho primigenio - al jefe nato, determinar a cuál de las dos Cámaras del

Congreso, se debía de adscribir una candidatura determinada, con el fin exclusivo de mantener satisfecha y contenta a toda su grey para materializar ese derecho, primó la alternancia, es decir, mientras que para una elección determinada del partido (el jefe) decidía favorecer, coyunturalmente, a un sector específico con un número mayor de curules, en la subsecuente, dicho criterio podía variar y favorecer, indistintamente, a cualquiera de los otros dos sectores, por virtud de que la función más importante para todos los jugadores políticos del momento, era la de mantener la unidad partidaria en el entorno de la figura de su jefe supremo.

De tal forma, el jefe nato cumplió con su vocación de mantener contentos y satisfechos a la gran mayoría de sus adeptos y seguidores, a quienes, por su parte, no sólo dotó con los beneficios derivados de su gracia y benevolencia, sino que, les enriqueció con las delicias del manjar exquisito que en forma de Maná, fue sustituyendo – algunos afirman que con creces – a su popular predecesor: el cañonazo de 50 mil pesos, que paulatinamente, y conforme se fue devaluando nuestra unidad monetaria, pasó a formar parte del lugar en común a donde va todo aquello que pierde su vigencia: al cajón del olvido.

A pesar de la obsequiosa voluntad que primó durante todo el interregno post revolucionario, la gracia y potestad del jefe nato, a su vez, enfrentó límites. Es decir, no siempre fue suficiente su generosidad para saciar la sed de justicia social emanada de las purulentas gargantas de sus ambiciosos seguidores, todos ellos integrantes de cada uno de los tres sectores en los que fueron divididos los gobernados. Para saciar, parcialmente, dicha apetencia, tal como corresponde a su generosidad, no sólo dispuso de las vacantes legislativas que se fueron generando bajo la sombra del caudillo. Siempre estuvieron al alcance de su mano, otro tipo de prebendas y canonjías, dispuestas, en todo momento, para favorecer la voracidad de los más afectos seguidores de todas las huestes partidarias.

Una de las grandes virtudes de la revolución mexicana, es que siempre encontró la mejor forma de premiar a sus afectos, con todo tipo de prebendas y dádivas, como ha quedado ya debidamente asentado. Lo deplorable de dicha conducta, en todo caso, tiene que ver que el innecesario sacrificio de gran parte de los valores intrínsecos que caracterizan a una sociedad determinada (como la nuestra) de otras distintas o diferentes (las de los demás) que tienden a rechazar, por principio, este tipo de prácticas, porque las mismas contribuyen directamente a la enajenación, y la posterior pérdida de vigencia de los principios éticos que rigen la convivencia entre todos sus gobernados.

Todo lo contrario a lo anterior, sucedió al entorno de los principales detractores del régimen, a quienes neutralizó por espacio de más de setenta años, por vía de la aplicación de la muy infamante y bien conocida sentencia de "carro completo", que manipuló, a ultranza, en beneficio de todos sus afanes concretos determinados por su insaciable ambición de poder, y por la convicción de que, una vez que fuera alcanzado, como sucedió en su momento, en principio, jamás debería de darse el lujo de perderlo.

A pesar de que dentro del contexto de dicha aspiración, quedara circunscrita la posibilidad de conculcar los derechos fundamentales de todos los mexicanos, es decir, aplicar in extremis su interpretación más conocida universalmente, como es el caso de la sentencia maquiavélica: el fin justifica los medios.

Para nuestra fortuna, y en todo caso, la de nuestros hijos, y los hijos de nuestros hijos, el contexto político en el que actualmente nos desenvolvemos, es diametralmente opuesto al que primó a lo largo de las siete décadas de hegemonía de un solo partido político en el gobierno.

Trátese de quien se trate, y muy a pesar de todos los pesares, estamos mejor ahora que como estuvimos en el pasado, por ejemplo, durante los casos específicos de las décadas correspondientes a los años sesenta y setenta, que me tocaron vivir en primera persona, y con las que, de forma simultánea, creció una generación entera de mexicanos, quienes compartimos, además las vicisitudes propias del laberinto urbano en que se había transformado - a esas alturas del paseo -, la ciudad más poblada de todo el país, que es, y que, ojalá siga siendo (a pesar del PRD y de las tribus que lo conforman), capital federal de la República.

Si estuviésemos en posibilidad de plasmar en blanco y negro algunas de las razones o causas principales que, desde mi particular punto de vista, empujaron a la sociedad mexicana en su conjunto a relegar, casi a los extremos de franca indiferencia a uno de los tres más importantes órganos del estado, como es el caso del Poder Legislativo, tendríamos que hurgar la entraña misma del sistema político prevaleciente, escenario desde el cual, con toda seguridad, ubicaríamos - cual lacerantes espinas cercenando todo lo que se cruza en su camino - los restos inertes de un proyecto que, en algún momento de nuestra historia patria, llegó a considerarse que podría cristalizar una nueva realidad existencial para todos sus gobernados.

Lamentablemente, lo que vemos ahora, en calidad de realidad subyacente, es una especie de monstruo de mil cabezas, uno más, como todos aquellos que inspiraron los relatos contenidos en la cosmografía de nuestros ancestros, que además, resultan casi imposible de vencer, porque se mantienen perennes en un tiempo y en un espacio determinados, que hasta el día de hoy, prevalece sobre todos nosotros, cual maldición insoslayable.

En este contexto, poco a poco, y conforme avanza la aspiración hacia una consolidación democrática, los principales interlocutores políticos del pueblo, es decir, los partidos políticos con presencia a nivel nacional, han ido perdiendo la fuente de inspiración (enfoque) en la que sustentaron su vocación ideológica de la que, durante el curso de su trayectoria de ascenso al poder, abrevaron sus respectivas huestes, como fórmula única para allegarse, el mendrugo de pan que les corresponde, en el reparto de las mieles del poder, otrora expoliadas a ultranza, por el partido hegemónico que representó al México del siglo XX.

Por supuesto, este proceso de involución de los partidos políticos en México no surgió como una especie generación espontánea, ni como causa directa de la simple causalidad, en todo caso, fue resultado y efecto directo de la acción humana, de forma similar a cualquier otro comportamiento determinado para incidir en el ámbito de la interrelación de los individuos en el contexto del grupo social al que pertenecen. Lo que se intentaría ilustrar, en las circunstancias prevalecientes, y desde el punto de vista filosófico, es determinarlo como un acto de expresión de la voluntad, es decir: un acontecimiento político con consecuencias de carácter jurídico.

Y, porque precisamente políticos somos todos, o tal como reconoce el viejo refrán: "...de músico, poeta y loco, todos tenemos un poco..." así es como funciona nuestra analogía, la cual, con las debidas salvaguardias del caso, nos ofrece la posibilidad de ubicar, a partir de nuestro enfoque empírico, lo que para un ciudadano del común y corriente - como es el caso de usted, amable lector, y de quien esto escribe - representa en la actual coyuntura política la imagen que proyectan los partidos de alcance nacional, incluidos, tanto los de viejo cuño, como los surgidos al calor de esa fiebre democrática con la que fuimos contagiados desde comienzos del presente milenio.

Tanto en el caso de los unos, como en el de los otros, si partimos del orden establecido por la lista de preferencias ciudadanas, o en todo caso, de los últimos resultados correspondientes de las encuestas de opinión más actualizadas, o a las que surjan a posteriori a la misma hora en la que el presente materia llegue a sus manos, tengo la convicción de que el resultado será exactamente el mismo y, en todo caso, sería concluyente en el sentido de que ninguno de los actuales partidos de alcance nacional que conforman el panorama político del país, cualesquiera que sea la fuente ideológica de su inspiración, nos representan, ni como entidad social con fines comunes predeterminados, y mucho menos, podrían ser considerados como modelos de participación ciudadana.

Unos y otros, se mueven, inercialmente, motivados por las fuerzas exógenas de las que prácticamente "maman" - de forma similar a como lo vinieron haciendo a lo largo del tiempo -, la abundante riqueza económica y burocrática que obtienen de su participación en el escandaloso festín electoral en el que nuestros gobernantes convirtieron a México, por obra y gracia de su afán por poseerlo todo, algo así como una especie de paroxismo, del cual, a estas alturas del paseo, no se le vislumbra su fin.

Es así, como viene sucediendo de forma subsecuente. Unas veces, cada tres años (cuando corresponde a diputados federales), otras, cada seis, (para el caso de senadores), dependiendo del tipo de proceso electoral en el que cada uno de los participantes sean nominados por sus respectivas organizaciones políticas para figurar en sus listas a un cargo de representación popular. Nadie asume, por otra parte, que unos y otros, en esencia, representen a un colectivo de ciudadanos específico, para el caso de los primeros, o a una entidad federal, por lo que corresponde a los segundos.

Todos coincidimos, sin embargo, en que, tanto los unos, como los otros, es decir, a quienes se vean favorecidos por el voto popular (trillado chascarrillo manejado desde las cúpulas partidarias, con el fin de hacernos creer a todos sobre el grado de certeza con el cual son manejados los procesos electorales en México) que asumirán, en tiempo y forma, sus respectivas curules, mismas que les garantizarán por el tiempo que corresponda a cada uno, la posibilidad de vivir – desde todos los puntos de vista posibles – a expensas de los gobernados, y que además, tendrán la posibilidad de usufructuar, el privilegio de ostentar, junto con el fuero constitucional, fama y prestigio, así como una enorme riqueza derivada de la acumulación de sus prerrogativas constitucionales, salarios, bonos, seguro médico, vales de alimentos, celulares, oficinas, vehículos híbridos (para favorecer el aire limpio en la capital de la República), y todo tipo de canonjías derivadas de su pertenencia a cada una de las innumerables (e inútiles) comisiones de las tantas que se integran en cada una de las dos Cámaras legislativas.

Por supuesto, todo lo anterior, y tal cual ha sido mencionado, a expensas, y con cargo a la cuenta de todos los contribuyentes, para quienes, a la hora de la hora, es decir, al momento de realizar un balance final sobre el resultado de sus respectivas gestiones legislativas, el saldo a reportar será siempre el de un enorme déficit en contra de quienes sufrimos, en carne propia, la pesada carga que representa la manutención de la pléyade de onanistas que conforman, actualmente, uno de los tres pilares fundamentales de la estructura política del estado mexicano.

Si referimos al comentario formulado al comienzo del presente capítulo en el cual enunciamos que dentro de los principales signos distintivos del Legislativo se destacaban, tanto el pluralismo político, como el del indudable avance democrático también es cierto, y conviene reconocer, que no necesariamente dicha condición garantiza o salvaguarda las funciones inherentes a dicho alto órgano del estado, reconocidas en la propia constitución, que se traducen, además, por significarlo como un poder soberano, sujeto al escrutinio público, y de forma muy especial, por lo que le corresponde de parte de sus respectivos electores.

En dicho sentido, la realidad política prevaleciente permea un acendrado divorcio entre los propósitos y los fines determinados para este poder del estado de parte del propio constituyente en 1917, por virtud del que, a estas alturas del paseo, el mismo se ha transformado en una especie de apéndice vergonzante, proclive al mayoriteo gubernamental al que ha venido siendo expuesto, tanto por parte del titular del Poder Ejecutivo, como por el lado de sus respectivas formaciones políticas, mismas que, en su conjunto, lo han convertido en una especie de coto privado de caza, dentro del cual interactúan, casi siempre, de espaldas a sus gobernados.

La transformación más significativa de la que ha sido objeto este poder del estado, a lo largo del período post revolucionario, parte del supuesto de la toma de decisiones – algunas de mayor trascendencia que otras -, con base al principio de unanimidad, determinado desde la cúspide del poder político, y la subsecuente negativa a mantenerlo, que habría de aflorar como consecuencia del fin de la dominancia del mayoriteo prevaleciente de un solo partido político a nivel parlamentario. Dicho supuesto, logró concretarse durante el curso de las elecciones federales de 1997, en el marco de las cuales, el PRI, dejó de representar el papel protagónico que lo caracterizó, por más de 70 años, en la vida política del país.

Con dicha ruptura de los equilibrios parlamentarios tradicionales, las reglas del juego político en México cambiaron. No estamos muy seguros si dicho cambio operó en abono a los mejores intereses de la nación, es decir, para el bien de todos, o en el caso determinado, pudo haber sucedido todo lo contrario. La verdad, parte del supuesto en el que se manifiestan circunstancias diferentes, por las cuales, podríamos concluir que nos ha correspondido, a todos por igual, fungir en calidad de mudos testigos de las interminables diatribas protagonizadas desde la más alta tribuna de la nación, por quienes, en todo caso, pretenden ser reconocidos como nuestros verdaderos representantes populares, y quienes, a la hora de la verdad, son todo, menos que los representantes de una sociedad que actualmente vive en franco proceso de evolución hacia la consecución de sus fines en común.

Si estuviéramos en posibilidad de vislumbrar lo promisorio que, en todo caso, resultó el resultado electoral de mediados del año de 1997, a la distancia, y el tiempo transcurridos desde dicho acontecimiento, a poco más de veinte años de producirse el mismo, estamos ahora, en capacidad de opinar, con enorme preocupación, que en el entorno del devenir histórico del país, se ciñe como amenaza insoslayable, una involución, determinada ésta, por la imposición a ultranza del viejo modelo que tan buenos resultados produjo a los principales operadores del poder político en el México postrevolucionario.

Para demostrar dicha hipótesis, consideremos que si partimos del mayoriteo a ultranza del que fuimos testigos a lo largo de esa azarosa historia, a esta fecha, aparentemente, hemos dado, un salto cualitativo hacia la integración de una nueva estrategia política a nivel de las dos Cámaras que integran el Congreso: la dualidad. Que opera mediante un sistema que se determina en función de la aplicación del criterio de cuates y cuotas, es decir, nos encontramos ante una nueva realidad existencial cuyo verdadero quid gira en el entorno del viejo juego del "toma" y "daca", del que se desprende que, si tú ahora me apoyas, a la vuelta de la esquina, a su vez, podrás disponer de toda mi confianza para favorecer, u obsequiar, tus más caros anhelos (intereses).

Con la implementación de esta estrategia, ubicamos a nuestros padres de la patria, justo de frente a una especie de nuevo corporativismo, heredero del otro (del viejo), de aquél que tantas frustraciones nos causara y de cuya memoria, lo mejor que podríamos hacer, es vigilar con paciencia, el paso de su respectivo sarcófago por enfrente de la puerta de nuestra morada, y entonar, jubilosos y al unísono el conocido responso: "descansa en paz", invocado, tantas veces por nosotros, sobre todo, durante las peores épocas de vigencia de la incertidumbre política.

Podríamos, además, en el ánimo por hacerlos copartícipes de las amplias expectativas ciudadanas en función del cumplimiento de sus obligaciones constitucionales, entonar todo tipo de himnos o de alabanzas, determinados para incidir en el curso de la orientación de la rosa de los vientos parlamentaria, cuya función principal, en todo caso, sería la de servir para la adecuada conformación del orden del día que se somete a la consideración de cada uno de los mal llamados padres de la patria.

Lo anterior, con vistas a que, por cuenta de su acción cotidiana, pudiéramos justificar los jugosos salarios (y prestaciones) con los que, mes a mes, el estado mexicano les premia, en función de ser considerados como ciudadanos extraordinarios, en todo caso, diferentes al resto de sus congéneres: los sufridos gobernados.

Del modos vivendi o, nueva especie de patente de corzo, adoptada en atención a las necesidades subsecuentes del cambio político prevaleciente, que fuera ideado por estos nuevos adalides de nuestra insipiente democracia, tomamos algunas lecciones que nos alientan a perseguir con denuedo nuestro objetivo principal, que es el de alcanzar los mayores y mejores estadios de representación política que seamos capaces de obtener. De esta forma, nos daríamos por bien servidos, y en su caso, podríamos disponer de un cuerpo colegiado de excelencia, cuya única función es la de cumplir y hacer cumplir, con el mandato constitucional para el cual fueron elegidos.

Nada más, pero tampoco, nada menos, es fundamental para todos nosotros el hacer viable dicho objetivo, tanto, cuanto como se complementan el aire con el agua, ambos, elementos insustituibles y vitales que cumplen con su función primaria, que es la de regular el equilibrio del sistema que garantiza nuestra supervivencia como especie humana dentro del planeta en el que habitamos.

Lamentablemente para todos, nuestro Congreso ha sido prácticamente "capturado" por las múltiples fuerzas políticas que lo integran, que lo usan y abusan en función de sus mayores y mejores intereses, que han obrado, además, con absoluta opacidad, prácticamente, de espaldas a un generalizado sentimiento popular, que hace suyas, y recoge con generosidad, las diversas demandas de la mayoría de los gobernados, los cuales, pugnamos por una real y efectiva democratización de la cosa pública en todo el país.

El cambio político anhelado a este nivel de gobierno, ha sufrido un compás de espera, que a todos nos desespera, y que a su vez, cumple con la doble función de alentar un justificado sentimiento de frustración, en razón de no haber alcanzado - dentro de los márgenes del tiempo previstos por todos – los estadios de excelencia democrática registrados por otras naciones con nuestro mismo peso político específico dentro del contexto de naciones que vivieron circunstancias similares a las nuestras, y en donde se produjeron con inusitada premura, cambios políticos fundamentales en el orden y la jerarquía de sus respectivos poderes públicos.

No nos ha sido posible, entre otras razones, por la visión con la que la clase política autóctona vislumbra la realidad intrínseca que se vive en nuestro país, acostumbrados, además, a la verdad emotiva, o posverdad, es decir, a que algo que aparenta ser verdad (democratización del órgano legislativo), resulta ser más importante que la propia verdad (el estancamiento o suspensión del proceso). Disponemos, además, entre otras circunstancias agravantes, como ha sido señalado con anterioridad, de un sistema de gobierno diseñado para que todo cambie, y que al mismo tiempo, todo siga igual, el famoso gatopardismo, cómplice del que tanto nos ufanamos a diestra y siniestra.

De igual manera citamos aquí, por considerarla de utilidad práctica, la frase atribuida a Albert Einstein que reza: ""Nada destruye más el respeto por un gobierno y por las leyes, que la aprobación de leyes que no se pueden poner en ejecución", es decir, que existen, pero que en la práctica no se aplican.

La cosa política, es decir, el status quo prevaleciente, siempre funcionó bien a los ojos del viejo sistema, ergo ¿para qué motivar a estas alturas del paseo un giro de ciento ochenta grados?, si como resultado del mismo, el único efecto que podría llegar a producir es el del desplazamiento de sus principales actores, quienes serían sustituidos, en todo caso, por otros, especialmente, los que siempre figuraron en calidad de comparsa (la mayoría ciudadana), los que, por razones obvias, no alcanzaron a estas alturas de la vida, el famoso cañonazo de 50 mil pesos, o al menos, la posibilidad de obtener una llave de acceso a alguna de las innumerables canonjías derivadas de la fórmula: "administrar la abundancia" con la que un generoso sistema de gobierno ha premiado la obsolescencia prevaleciente de su clase dirigente.

No obstante disponer de todo tipo de galas y ornamentos con los cuales han sido investidos – modernas, funcionales y onerosas instalaciones físicas – para la consecución de sus fines ulteriores, y de contar con cuantioso numerario que año con año se auto adjudican con cargo al presupuesto de egresos de la federación, muy poco ha cambiado el fondo y la forma con las se han venido desempeñando, ancestralmente, ambas Cámaras que integran el Congreso de la Unión, lugar en donde se mantienen vigentes los mismos tiempos inerciales de antaño, con sus ritmos pausados de trabajo, sujetos, además, al inmovilismo de una elite que férreamente le controla, algunas veces, desde dentro (del sistema), otras (las más) desde afuera (mano negra), por vía de la interposición de un muy imaginativo menú de subterfugios jurídicos con los cuales prima la tesis que hemos venido manejando con respecto del marco jurídico conceptual heterogéneo (que confunde gimnasia con magnesia) vis a vis, la del derecho positivo vigente en dicha materia, determinado para cada uno de los órganos que integran el Estado mexicano.

Lo anterior, desde mi particular punto de vista, es consecuencia directa del hábito en el que han incurrido, tanto los unos, como los otros, de favorecer - por encima de sus responsabilidades constitucionales - el actuar bajo el ritual de los usos y costumbres parlamentarias, que tantos atrasos le han acarreado al país, sobre todo, si se les analiza desde las perspectivas cualitativa y cuantitativa, de su impacto en la incipiente democracia que se vislumbra desde lontananza como una promisoria expectativa y accesible de alcanzar.

A decir verdad, de momento, no estamos en posibilidad de imputar a la pasividad prevaleciente entre nuestros representantes parlamentarios, la causa del verdadero malestar ciudadano, en el ámbito de cada una de sus respectivas responsabilidades laborales. En todo caso, a los objetivos de concretar dicho fin, es imperioso motivar una reflexión que nos conduzca hacia la verdad (cualesquiera que sea su sino) en torno a la, o las fórmula(s) que hicieron posible mantener incólume a un sistema político como el nuestro, calificado como sui generis, a los fines de no incurrir, otra vez, en los mismos errores cometidos antaño.

Otro de los elementos que motivan nuestra reflexión en el contexto del presente ejercicio, tiene que ver con la serie de incontables vicios en los que incurren los partidos políticos con representación parlamentaria, a la hora de delinear sus estrategias para determinar la idoneidad de los aspirantes a cargos de elección popular, llámense éstos, diputados, o senadores, sin distingo alguno, lo cual acarrea conforme lo intuimos, que se mantengan vigentes las viejas fórmulas "clientelares" y "cupulares" utilizadas en los años de mayor raigambre del "partido aplanadora" - en los términos señalados con anterioridad en este mismo capítulo -, de lo que se deduce que mediante el simple "palomeo" de la lista en donde aparece inscrito el nombre del hipotético aspirante, éste queda, automáticamente ungido, y listo para buscar, por vía de voto popular o representación proporcional, su propio espacio en cualquiera de las dos Cámara que integran nuestro Congreso.

La ausencia de criterios específicos de idoneidad y de obligatorio cumplimiento, inexistentes en el ámbito de nuestro derecho positivo, fundamentados en los valores intrínsecos en los cuales se sustentan las más exitosas sociedades contemporáneas, consignados bajo el supuesto de la observancia de ciertas reglas (mínimas) como condición sine qua non para la participación política, – una especie de carta de presentación - que debe servir a cualquiera que aspire a acceder a un cargo del servicio público, especialmente, en los casos específicos, como lo es el presente, en los cuales los candidatos deben de ser sometidos a un proceso de elección universal y democrática, en circunstancias que, en principio, deberían de ser: igualdad, equidad, transparencia y certeza jurídica, aplicables, por supuesto, para el beneficio de todos.

En el caso de México, aparentemente, nos hemos auto excluido de la aplicación de dicha regla de oro, validada para la selección de los candidatos a un cargo de elección popular, generalmente, propuestos por los partidos políticos con representación parlamentaria.

La razón, resulta muy obvia: una mañana, al despertarnos, apareció frente a nuestros ojos, un nuevo y singular modelo político, sustentado en la democracia de los órganos de representación del Estado, al que rechazamos sin ambages, sin considerar para ello, que el mismo se nos ofrecía, como una especie de halo de luz y esperanza, al final del largo y profundo túnel por el hemos transitado desde el advenimiento postrevolucionario, hasta nuestros días, mismo que, para hacer más ostensible nuestra tragedia, no hemos sido capaces de superar.

La costumbre establecida como resultado directo del movimiento revolucionario del siglo pasado, se mantiene ahí, y no ha perdido su vigencia. A estas alturas del paseo, y como una especie de reflejo inercial del sistema que aún nos rige, continúa cumpliéndose a pie juntillas con una práctica, por mérito de la cual, las altas dirigencias de los principales partidos – tanto los de carácter histórico, como los otros, los surgidos al amparo de la transición – seleccionan (en lo obscurito), generalmente, por vía de un procedimiento antidemocrático, a quienes dentro de sus respectivos institutos políticos o grupos de patrocinadores, les representarán ante alguno de los dos cuerpos colegiados que integran el Congreso.

Aprovechan también, dicha oportunidad, para integrar bancadas específicas y bien determinadas, para representar los mismos intereses clientelares o cupulares de quienes al tiempo que financian - con recursos de origen generalmente desconocido o de imposible rastreo -, sus campañas políticas, les sirven como "coladeras" o "tapaderas" para avanzar una meticulosa, profunda, y bien dirigida estrategia de penetración del crimen organizado, en la entraña misma del sistema político que ahora nos gobierna.

Por tal motivo, no debería extrañarnos que dentro de los 628 integrantes del Poder Legislativo federal (además de sus correspondientes suplentes) del total que conforman nuestro Congreso, ubicamos a una variopinta amalgama de personajes, muchos de los cuales, nos resultan tan sospechosos, como lo son sus nombres, mismos que figuran, preponderantemente, en las listas más conocidas en las que se incluyen los más impresentables social y políticamente en todo el país.

Eso si, todos bajo la sólida cobertura que les representa el anonimato determinado gracias a la disciplina impuesta por sus respectivas bancadas partidarias, las cuales, además, se configuran como una especie de garante o manto protector, que les cubre, entre otras cosas, y gracias a los beneficios inherentes que les concede el fuero constitucional, de una cauda de privilegios que les eleva por las alturas, es decir, muy por encima de los derechos similares que, en su conjunto, disfruta el resto de sus congéneres - los ciudadanos de a pie -, como son los casos de usted, amable lector, y de quien esto escribe.

Al no existir, como ha sido enunciado con anterioridad, algún tipo de norma jurídica que sirva para determinar las reglas del juego que regulen el comportamiento a seguir por los distintos integrantes de nuestro Congreso, resulta, prácticamente estéril, a los fines del presente trabajo, pronosticar sobre una fórmula que habilite, en lo posible, acotar el arbitrario modus operandi prevaleciente, que impera en el manejo de la cosa pública dentro de la agenda particular de cada uno de nuestros respectivos padres de la patria, quienes, ostensiblemente, predican con su mal ejemplo, el nuevo estilo de vida que les ha tocado disfrutar y que, aparentemente, muy a nuestro pesar, llegó para quedarse.

Es decir, dicho modus operandi, encontró tierra fértil en nuestro suelo, e hizo patria, familia y descendencia, de forma similar, a como ha venido sucediendo en otros casos parecidos, alentados, entre otras razones, por la vigencia del viejo truco de los usos y las costumbres prevalecientes, que se convierten, como es bien sabido, en fuentes formales del derecho positivo, cuyo desarrollo a través del tiempo, y de forma natural, hace posible que se le incorpore al ordenamiento jurídico vigente, por lo que, todo nos hace suponer, que sirve para investirlo de validez universal, y de obligatorio cumplimiento.

Sin embargo, y en abono a nuestras mejores intenciones, tenemos que reconocer que no todo es del color del cristal con el que lo pintan, como quedaría comprobado si hacemos referencia al principio jurídico que enuncia que todo aquello que no está regulado por la ley, está permitido, por virtud de que, el mismo, es aplicable en stricto sensu únicamente a los actos jurídicos realizados por y entre particulares, por lo cual, de forma automática, queda descartada su aplicación a los casos correspondientes a las acciones determinadas por servidores públicos, en función del ejercicio de sus respectivas competencias jurídicas, como sucede en el caso que ahora nos ocupa.

A los servidores públicos vinculados, por vía electoral al Poder Legislativo, (diputados y senadores) jamás les ha sido extendida una patente de corzo, destinada a habilitarlos para interactuar libremente, y conforme a sus mejores intereses particulares, tal cual hemos visto que ha sucedido a lo largo de los años, en casos específicos, notorios y sobresalientes, ilustrativos del abusivo ejercicio de prácticas profesionales viciosas, determinadas, en todo caso, a producir graves e irremediables lesiones patrimoniales e institucionales en contra del Estado mexicano. De ese mismo Estado, al cual, por mandato de ley, están obligados a proteger y a servir.

La ausencia de algún tipo de mecanismo regulador y eficiente, como sería el caso, por ejemplo, de una ley de incompatibilidades para funcionarios públicos, generada ex profeso que, al mismo tiempo, se encargue de corregir algunas de las más significativas distorsiones, en las cuales incurren frecuentemente y de forma muy específica los adscritos al Poder Legislativo, ha dado la pauta para fortalecer todo tipo de iniciativas promovidas por grupos de interés de ciudadanos, dispuestos a involucrarse, directamente, en el combate de casos relevante para la vida institucional del país, como serían los altos niveles de corrupción, y los crecientes índices de impunidad (98.5%) prevalecientes entre toda nuestra clase política.

Un buen ejemplo de dicho ejercicio, lo es, entre otros ordenamientos jurídicos, la Ley 3 de 3, aprobada con algunas modificaciones por el Congreso, y que resulta una muestra fehaciente de cristalización del esfuerzo ciudadano, en función de que la misma está encaminada a establecer de forma puntual y con carácter obligatorio, que todos los servidores públicos del país, independientemente del nivel de gobierno al que pertenezcan (federal, estatal o municipal) o si sus cargos han sido o no originados por el voto popular, deberán suscribir, antes de asumir sus respectivas obligaciones constitucionales, las siguientes tres declaraciones: de impuestos (1), sobre situación patrimonial (2), y conflicto de intereses (3).

Sin embargo, y tal cual se trasluce del párrafo anterior, al cumplirse con el trámite establecido por su paso entre una y otra de las dos cámaras que integran el Congreso, lo que en principio se constituyó como una legítima aspiración ciudadana en beneficio directo del combate a la corrupción y a la impunidad prevalecientes, fue transformado ipso facto, por los efectos negativos del exacerbado gatopardismo (interminable colección de acciones gubernamentales orientadas a pretender cambiar sin querer que haya cambio) que ha distinguido a ultranza la acción de este poder del Estado mexicano, empeñado, siempre, en concretar una extensa, y muchas veces confusa maraña legislativa, avocada, en realidad, a lograr la nada infinita.

La Ley 3 de 3 que ahora se aplica, aparentemente, sin distingo de persona, sufrió, eso sí, dos modificaciones tenaces. La primera, que su cumplimiento no es de carácter obligatorio, como en realidad debería de haber sido; y la segunda, que cualquiera de las tres declaraciones puede ser considerada, como materia reservada, en función de los intereses de quien la realiza. Dicha premisa ha sido plenamente justificada gracias al pronunciamiento en su favor emitido por la Suprema Corte de Justicia de la Nación (Tribunal Constitucional) en su sentencia del mes de junio de 2017.

Lo anterior, en todo caso, se puede traducir como una especie de subterfugio esgrimido de parte y parte, bajo pretexto de que, si fuera el caso de que se privilegiara el criterio que favorece la tesis de hacerlas públicas, se podría llegar a suponer que todos los declarantes se encontrarían frente a un hipotético riesgo en contra de su integridad física o patrimonial, como consecuencia del clima de violencia exacerbada que se registra a lo largo y ancho del territorio nacional.

En conclusión, los mal llamados padres de la patria, salieron con el mismo domingo siete al que nos tienen acostumbrados, como consecuencia de la aplicación de su bien conocida estrategia: que se haga la ley, pero que ésta (en lo posible) jamás se cumpla.

La gran oportunidad de consagrarse como uno de los órganos más plurales y democráticos del nuevo Estado mexicano, de cara al proceso de construcción de una súper estructura republicana a la que todos aspiramos, aparentemente, la hemos dejado pasar, sin tan siquiera habernos inmutado por las negativas consecuencias de que seremos objeto. Así de sopetón, y a la vista de todos, ha pasado, velozmente, frente a nuestros ojos, la anhelada modernidad con su carga de legítimo aliento y esperanza en pos de un mejor devenir político para el beneficio de todos.

Durante los últimos veinte años de nuestra vida institucional, a partir de la elección federal intermedia del año de 1997, ha correspondido al Poder Legislativo, constituirse como uno de los pilares fundamentales del cambio político registrado en nuestro país.

Dicho hito, sólo comparable, desde mi particular punto de vista, con otro, el de la creación del Instituto Federal Electoral IFE (11 de octubre de 1990/4 de abril de 2014) que gracias a haber sido originalmente puesto en manos de ciudadanos comunes y corrientes, hizo posible, además, concretar el viejo y anhelado propósito de alcanzar, en lo político, una transición pacífica, que fue materializada con los resultados de la elección presidencial del año 2000, que posibilitaron que un representante de partido político de oposición - PAN- desplazara al PRI de la titularidad del Poder Ejecutivo.

A pesar de la magnífica oportunidad que se presentara ante el panorama político del país, y no obstante subsistir profundas desigualdades de carácter histórico, lamentablemente, desdeñamos, por vía de nuestros representantes populares, la posibilidad única (histórica) de avanzar en la consecución de algunos cambios fundamentales, imprescindibles, en la vía para el desarrollo eficaz de nuestras instituciones políticas, las cuales, a estas alturas del paseo, exultaban la obsolescencia propia derivada del irremediable paso del tiempo.

Correspondió, en todo caso, al Poder Legislativo, recoger la estafeta de un nuevo país que despertó, de repente en el verano, tras haber hibernado el sueño de los justos, para enfrentar la inminencia de una nueva realidad sin precedentes, de la que dependía la oportunidad única de cumplir y hacer cumplir, ahora sí, a raja tabla, con las atribuciones que le fueran encomendadas por el constituyente de 1917, sobre todo, en lo que tiene que ver con una de sus funciones más significativas, y con toda seguridad, la de mayor relevancia para todos: servir de balance y de eficaz contrapeso institucional a un desbocado régimen presidencialista, característico de la mayor parte de nuestra vida institucional a lo largo del siglo pasado y por supuesto, lo que va del presente.

Lo cual, a la luz de nuestras presentes circunstancias debería significar algo de lo más normal, especialmente, en el caso de una entidad de servicio público, como lo es el Poder Legislativo, que siempre estará sujeto a una especie de juego de avatares cuyas consecuencias motivan sentimientos contrapuestos que varían entre la simpatía, o la antipatía, con valores predeterminados, gracias a la expresión gráfica inserta por el levantamiento de todo tipo de encuestas de opinión especializadas - tan de moda en México -, mismas que muchas veces, no reflejan con la claridad prístina que a todos nos gustaría, el estado de ánimo ciudadano en un momento determinado de nuestra historia patria, como lo es el caso presente.

Sin embargo, y según se ha podido escuchar (especialmente en declaraciones realizadas formalmente por el actual primer mandatario) sobre la prevalencia en el contexto político que nos rodea, de una sensación de "mal humor ciudadano", es decir, estamos, ahora sí, en capacidad de asumir que nuestros principales representantes políticos, a todos los niveles - en el ámbito de cada una de sus responsabilidades -, reconocen haber sido señalados como autores directos del expolio inmisericorde del que vienen siendo objeto el rico patrimonio nacional visualizado como una especie de Maná, del cual, sin considerar para ello el menor recato, abrevan de su rica y aromática aguamiel, de la misma forma como lo han venido haciendo por los siglos de los siglos, desde tiempos ancestrales, los tlachiqueros que les precedieron.

Fuera de algunas piezas legislativas importantes, cuya adopción revistió, en su momento, algún tipo de relevancia histórica, pesa sobre la conciencia del Poder Legislativo el estigma de haberse configurado - durante los primeros años de la transición política del país - en el principal instigador del boicot sistémico del que fueron objeto innumerables iniciativas provenientes del Poder Ejecutivo, la mayoría de las cuales, estuvieron encaminadas a suavizar lo que se conjeturaba que podría haber sido (y que no lo fue) una áspera transición política a la que todos aspirábamos.

Lo anterior, podría ser atribuible a la falta de experiencia con la que, en principio asumieron el poder los nuevos administradores del país, a quienes como un estímulo adicional les fue extendido – como ya ha sido mencionado - el "bono democrático", que, lamentablemente, no supieron, o no quisieron aprovechar de la forma más conveniente al interés general. La inercia del ejercicio del poder político arrastrada a lo largo del imperio del dinosaurio, los llevo a concluir que lo mejor para todos, era cohabitar bajo las viejas reglas del juego, esgrimidas durante su esplendor.

Es falso, desde mi punto de vista, que el dinosaurio imaginado por Monterroso haya sido enterrado, así, sin más ni más. No murió, se mantuvo en proceso de hibernación, y su única evocación consistió en tratar de no permitir que lo moviesen, que le dejasen ahí, inerme, por dentro del cuadro de la muy conocida fotografía oficial del régimen, acto que, para nuestro mayor pesar, hizo viable que se mantuviera agazapado, en un lugar predeterminado, en calidad de bestia herida.

Esa misma bestia que resucitó de entre los muertos, y que avanza ahora como una avalancha incontenible, a fin de constituirse en una especie de amenaza real a las expectativas ciudadanas contempladas en el camino hacia la modernización de nuestras instituciones políticas, para adecuarlas a la modernidad que se percibe, tanto dentro de nuestros límites territoriales, como en el contexto del entorno internacional en el cual nuestro país desempeña, y seguirá desempeñando un papel estratégico fundamental en su carácter de potencia intermedia.

El viejo modelo que con tanta certeza confiábamos había sido extinguido, no sólo retornó, apoltronándose, nuevamente en la silla presidencial, sino que hizo suyas (cómplices) nuevamente a las otras altas instancias del estado, como indudablemente resultó en el caso del Poder Legislativo, órgano fundamental, en principio, de representación popular, pluralista y democrático, que se mantuvo en la orfandad presidencial - por espacio de doce largos años – sin alcanzar los más mínimos consensos políticos inter partidarios a que por mucho tiempo estuvo acostumbrado, con vistas a procurar la gobernabilidad de un país con tantas asimetrías, como lo es el nuestro.

Sin embargo, el PRI nos volvió a engañar, en esta ocasión, blandiendo firmemente el símbolo que le fue característico por décadas: la demagogia, arte del cual ha sido, es y seguirá siendo, maestro de maestros, tal cual se comprueba si, tan sólo, atisbamos los entre telones de la intensa negociación que culminó con el alumbramiento del "Pacto por México", entelequia que nos hizo suponer que ahora sí, por fin, habíamos alcanzado la comunidad de propósitos que por tanto tiempo dividiera a nuestro tejido social, y que, como consecuencia de dicho acontecimiento, el Congreso, sí nuestro Congreso, pariría sin dolor la anhelada reforma política, bajo los términos, y las condiciones planteados a ultranza, como única vía para allanarnos el camino hacia la anhelada modernidad de todas nuestras instituciones.

Y, efectivamente, algo se hizo. Pero también, no podemos dejar de reconocer, que no todo fue del color con el que nos lo pintan. Algo falló en el largo camino hacia la implementación del paquete de reformas a la constitución más ambicioso que haya podido concretarse en el pazo de los últimos cincuenta años. De esos mismos diez lustros que produjeron de todo, menos esperanzas ciudadanas por un nuevo avenir promisorio, incluyente, equitativo, participativo y plural. Algo que pudiésemos legar, con esperanza, a nuestros hijos y a muchas generaciones por venir.

Con el "Pacto por México" la cúpula de los partidos políticos pusieron en juego el futuro de todo el país. La apuesta, en principio, fue muy fuerte, sobre todo, si para ello se considera que quien fue el alma del proceso — además de los consabidos operadores políticos — el honor correspondió al nuevo presidente de la república (2012-2018), elegido con 19,226,784 de votos, de un total de 79,454,802 de electores potenciales, de los cuales, participaron 50,323,153 (63.14%), es decir, con un raquítico 38.21% de mexicanos que votaron en ese discutido proceso en favor del abanderado del PRI, a quien empoderaron de las riendas de la gobernabilidad de todo el país.

En ese sentido, el Congreso mexicano cumplió a rajatabla – aunque públicamente no se sabe a qué precio - con ambiciosa propuestas de reformas concretadas por el nuevo Jefe de Estado, que contemplan once muy sustantivas materias: político-electoral, energética telecomunicaciones y radiodifusión, competencia económica, financiera, hacendaria, laboral, educativa, procedimientos penales, amparo y transparencia.

De dicho proceso, destaco dos aspectos. En primer lugar, la integración del necesario consenso entre partes tan disímbolas como las que integran las distintas bancadas partidarias, representadas ante dicha alta tribuna. En segundo lugar, el tiempo y el lugar en medio de los cuales fue posible allegarse resultados tan promisorios, sobre todo, a la luz de la consideración de la subsistencia del divorcio crónico surgido al calor de la lucha por el poder público entre gobernantes y gobernados.

Por lo que respecta a los primeros, no podemos dejar de tomar en cuenta su pugnacidad en la defensa a ultranza de sus intereses cupulares y clientelares sin los cuales carecerían de cualquier tipo de representatividad; y con respecto a los segundos, como consecuencia del convencimiento de que la clase política es, y seguirá siendo, absolutamente corrupta, y que, además, goza del indebido privilegio de inobservancia de la ley en forma impune y mal ejemplarizante para toda la ciudadanía.

El nuevo comienzo del viejo PRI, fue promisorio para muchos, hubo hasta una importante mayoría deslumbrada con el regio copete del nuevo primer mandatario, por la profusión de sus sonrisas, el carisma demostrado a la hora de estrechar cientos de miles de las sudorosas manos de los trabajadores del campo, y su magnífica voluntad para complacer a la raza, alivianándose para retratarse en el formato de "selfie" con cuanto gato le demandaba.

No obstante, al llegar el momento de la verdad, aconteció lo que todos ahora conocemos: las anheladas reformas, únicamente, fueron concretadas en la letra, más no en el espíritu que hiciera posible validarlas. Sucedió, lo de siempre, demasiado papel en las mesas de los respectivos legisladores, y poca sustancia a la hora de concretar avances significativos, sobre todo, en los casos en los cuales nuestros legisladores – y la clase política que les alienta - pudieran llegar a ver bajo amenaza (acotados) los innumerables privilegios de que gozan, alienando con su egoísmo a un pueblo al que ambicionan les sustente.

Ante la amenaza real o ficticia de que se pudiera llegar a esbozarse la posibilidad de implementar mecanismos – como lo tiene previsto la constitución - de equilibrio de pesos y contrapesos y de control entre los distintos órganos del Estado, el pánico se apoderó de quienes a esas alturas del paseo habían sido avocados a construir, conjuntamente con sus gobernados, nuevas y mejores bases de sustentación de un sistema político que desde hacía muchos años, había dado de sí, en todo lo concerniente a la fuerza integradora que impulsa a las naciones.

De las principales piezas legislativas que surgieron al calor del debate político que protagonizó la clase gobernante, se pueden destacar, entre otros aspectos, los avances sustantivos concernientes a la institucionalidad con la que México fue incluso muchas veces encomiado en el extranjero "the mexican moment", sobre todo, por los representantes del gran capital trasnacional, cuyos inversionistas más reconocidos habían puesto el ojo, desde comienzos de la vigencia del Tratado Trilateral de Libre Comercio para América del Norte (TTLCAN) en uno de los vacíos más importantes que presentaba para los nuevos socios comerciales, el de la posibilidad de una apertura del mercado energético mexicano, es decir, la viabilidad de que inversionistas privados nacionales o extranjeros pudieran llegar a aspirar a tener presencia en el proceso de exploración y explotación de la mayor riqueza energética de que dispone nuestra nación, como lo es la del recurso no renovable: el petróleo.

No pasó inadvertida la posibilidad de propiciar - en mayor o menor medida - el expolio a ultranza del que hemos sido objeto a lo largo de los años por muchos de nuestros malos gobernantes, asociados, casi siempre, con mercenarios (locales y foráneos) todos prestos a sacar ventajas a todo tipo de negocio ilícito, como el generado al amparo de la distorsión de las reglas del juego establecidas en la materia, mismas que son burladas un día sí, y otro también. Los casos específicos sumados desde el avenir del sexenio que agoniza a la hora de escribir estas líneas, son prueba fehaciente de que grupos de tlachiqueros muy bien identificados (simpatizantes de nuestra clase política), se han sacado del guante jugosos contratos para echar a andar proyectos de obra pública que involucra a todos los sectores, muy especialmente, el de la construcción de obras de infraestructura y telecomunicaciones, como son los casos de carreteras, puentes, aeropuertos, transporte ferroviario de alta velocidad, y un amplio, y casi infinito etcétera que incluye, además obras y concesiones para su explotación en condiciones venales a los altos intereses de la nación.

Es posible que al concluir los trabajos de la LXIII legislatura al Congreso de la Unión, aunados a los de su similar, avanzados durante el período de su predecesora, la correspondiente a 2012-2015, los gobernados estemos en posibilidad de disponer de los parámetros indispensables para calibrar - en su justa dimensión – los alcances del trabajo realizado por ambas, del que se dice podría llegar a ser calificado como histórico, por haber implementado (supuestamente) en el nombre y la representación de todos los ciudadanos, nuestra legítima aspiración para conformar las bases del proceso de modernización de nuestras instituciones de gobierno.

Nos quedan sobre el tintero algunas dudas razonables, como por ejemplo, los límites y alcances de la reforma político-electoral que hizo posible implementar, en el contexto de un variado menú de concertaciones, la creación del nuevo "ogro filantrópico", es decir, el nuevo árbitro electoral – en sustitución de su homólogo, el IFE, organismo que, a estas alturas del paseo, sólo por mencionar algún detalle, ha engullido más de 80 mil millones de pesos, erogados, en los dos renglones más característicos de su abultado presupuesto: en gastos de operación, y en la cobertura de las prerrogativas constitucionales a que tienen derecho los partidos políticos que pueblan el escenario de la representación pública a nivel federal.

Entre otras de las linduras que nuestros padres de la patria adjudicaron al nuevo órgano del Estado, el Instituto Nacional Electoral (INE) fueron la de ampliar sus capacidades de vigilancia, control y supervisión, de todos los procesos electorales que se realizan en territorio nacional, despojando, con ello, de importantes potestades atribuidas a los poderes estatales, a quienes, desde el centro político del país, les integraron sus respectivos Organismos Públicos Electorales (OPLES), conformados por actores involucrados en la pugna por el poder político a dicho nivel de gobierno.

Es decir, con esta reforma político-electoral se dio, en definitiva, un paso hacia atrás en el proyecto para acercar más a la ciudadanía a todo lo concerniente con la organización y puesta en marcha de los procesos electorales a nivel nacional. Los beneficiarios directos de dicho retroceso, resultaron ser quienes integran las cúpulas de los principales partidos políticos, quienes ejercieron - en lenguaje llano – una especie de derecho de pernada sobre la naciente democracia a la mexicana.

Para comprobar lo que antecede, basta con referir a la inacción del INE en los cuatro procesos electorales celebrados en junio de 2017 para gobernadores del Estado de México, Coahuila, y Nayarit, y de alcaldes municipales en el Estado de Veracruz.

Dicen, quienes verdaderamente saben, que en al menos los tres primeros casos, las OPLES actuaron con verdadero desaseo a lo largo y ancho de los mismos, resultando omisas en funciones fundamentales, específicas a la hora de determinar en un marco de claridad prístina el resultado final de cada uno de los procesos encomendados, rehuyendo, además, asumir responsabilidades inherentes, tales como el debido cumplimiento de las reglas del juego por parte de todos los actores que participaron en dichos procesos.

En su oportunidad, y en el contexto del referido proceso, tanto las propias OPLES, como el INE, hicieron causa común, y ambas eludieron reconocer que, al menos en la elección del Estado de México, hubo injerencia directa del titular del ejecutivo federal, y de buena parte de los funcionarios que integran su gabinete de gobierno, quienes abiertamente realizaron incursiones proselitistas a favor y en beneficio del abanderado del PRI, quien a la postre, dicho sea de paso, gracias a un pobre resultado electoral, se alzó con una muy discutida victoria, avalada, en todo caso, por el silencio de las otras dos altas instancias en la materia, es decir, la Fiscalía Especializada en Delitos Electorales (FEPADE) la cual no hizo ni mutis, y el Tribunal Electoral del Poder Judicial de la Federación (TEPJF), cooptado desde la cúpula del poder político.

Otro de los avances sustantivos que merecieron elogios por parte de la comentocracia nacional tiene que ver con la implementación del Sistema Nacional Anticorrupción (SNA) entidad que, a estas alturas del paseo, se mantiene huérfana, al no poder consensar, previo a la fecha del comienzo de sus muy relevantes funciones (19 de julio de 2017), la designación por parte del Congreso del Fiscal especializado y de los 18 magistrados quienes en principio tendrán dentro de sus funciones más relevantes la de sancionar penal y administrativamente a los servidores públicos que incurran en la comisión de los delitos tipificados en esta materia.

El Congreso en general, y cada una de las dos Cámaras que lo integran, en particular, tienen, a estas alturas de la coyuntura que se vive en el país, la obligación de modificar el esquema vigente de participación política en la integración de sus órganos de gobierno, so pena de quedar, nuevamente, en deuda frente a sus gobernados, poseedores de las más legítimas aspiraciones por hacer posible ese gran cambio que nos ubique cara a cara con la modernidad que todos anhelamos.

En sus manos, y en las manos de quienes manipulan desde "lo obscurito" del sistema las juntas de coordinación política (JUCOPO) en el Congreso, quedan puestas las expectativas ciudadanas por cristalizar todas las reformas antes de que se de el banderazo de salida para el proceso comicial más importante de nuestra historia, las elecciones correspondientes al 1 de julio de 2018 en las que estarán en juego, a nivel federal, la elección del Presidente de la República, de los integrantes del Congreso Federal (diputados y senadores), la Asamblea Legislativa de la CDMX, nueve gobernadores (Guanajuato, Jalisco, Veracruz, Puebla, Yucatán, Morelos, Chiapas, Tabasco y Ciudad de México), y las autoridades de más de la mitad de municipios de todo el país.

El no hacerlo, implica para todo el país el mayor acto de corrupción jamás cometido en contra de los intereses de todos.

6

LA JUSTICIA

Antes de abordar con detalle el contexto en el cual se desempeña el brazo protector de la legalidad institucional en nuestro país, garantía que, en todo caso, como es del dominio público, ha sido asignada directamente, y por mandato constitucional, a la tercera rama del poder público del Estado mexicano, permítaseme una pequeña digresión, para traer a cuento una experiencia personal en esta materia, registrada como consecuencia del comienzo de la etapa de mi formación profesional, que arrancó a principios de los años setenta, gracias a la aceptación de la matrícula presentada en la Escuela Libre de

Derecho ELD, entidad ampliamente reconocida, por su prosapia, y forjadora, además, de los verdaderos abogados, es decir, de los profesionales que, efectivamente, se dedican al ejercicio privado cerca de los estrados judiciales, al calor de la entraña misma del proceso de impartición de justicia.

Por aquellos felices años de mi vida, y tal cual sucede en la actualidad, las habas tampoco se cocinaban al primer hervor, resulta fácil intuir, en dicho sentido, una y mil razones para determinar que el país que me tocó vivir, atravesaba una de sus perores crisis de carácter institucional: la conclusión del sexenio presidencial 1964-1970, con episodios tan disonantes como la exitosa celebración de los XIX Juegos Olímpicos de la era moderna, que irrumpieron a México, en un mano a mano, con los muy lamentables y discutidos sucesos estudiantiles que propiciaron la represión gubernamental escenificada en la Plaza de las Tres Culturas, en Tlatelolco, la noche del 2 de octubre de 1968.

Dicha efeméride, de la que fui testigo presencial, fue determinante para ilustrar las reales pretensiones del sistema por mantenerse incólume, a pesar de todos los pesares, y del innumerable número de víctimas inocentes que perdieron la vida bajo el fuego artero y preciso de un ejército represor al que le fue ordenado – por conducto de su mando supremo - atacar a mansalva a la población civil inerme, que protestaba, pacíficamente, en contra de un sistema que, además de conculcar todas sus libertades, a esas alturas del paseo, se encontraba al borde de profundo abismo.

Y aunque dicha amenaza no se concretó, es decir, el sistema sobrevivió a su inminente zozobra, muy posiblemente gracias a la aplicación del viejo truco de nadar de "a muertito", ese evento fue determinante para que muchos de los "mirreyes" de la época o "hijos de papi" (como eran entonces conocidos) – quienes, por cierto, fueron mis condiscípulos -, se cobijaran bajo las cuatro paredes del vetusto edificio del alma mater, sito en las calles de Basilio Badillo, desde donde iniciamos estudios de una carrera que, con toda seguridad, a ellos les fuera impuesta por sus congéneres, como una especie de válvula de oxígeno de cara a los difíciles momentos por los que atravesaba nuestra denostada república.

En adición a tan selecto grupo de "mirreyes" o "hijos de papi" habíamos también otros estudiantes, los de "la bola", los de siempre, los jóvenes de mi misma edad – y algunos mayorcitos -, quienes nos encontrábamos a esas alturas del paseo, en proceso de migrar, a partir de una atormentada adolescencia, hacia la madurez plena, como ciudadanos conscientes de nuestras máximas responsabilidades, integrantes, además, en su mayoría, de una clase media emergente, que con paso boyante irrumpía vigorosa por esa época, y en algunos casos, también, de forma minoritaria, figuraban los oriundos de los cuatro puntos cardinales de la geografía nacional, es decir, de los distintos estados que integran el país.

Dentro de dicho grupo compacto – de provincia - se destacaban aquellos que no ocultaban sus infinitos deseos por combinar, el inicio de sus estudios profesionales, con algún tipo de actividad productiva que aliviara, de alguna manera, la carga económica que pesaba en contra del patrimonio familiar, derivada de las implicaciones de enviarlo a la capital del país con el fin de culminar su formación profesional, y de tal forma, prepararlo para enfrentar, en las mejores condiciones posibles, su propio destino.

A esos provincianos (algunos) ingenuos y temerosos, y también, a otros citadinos que se encontraban en condiciones económicas similares – como fue mi caso, aunque en lo personal, tuve el privilegio de encontrar un trabajo remunerado desde el 1 de enero de 1968 - , los viejos lobos de mar de la ELD, los catedráticos más conspicuos de su plantilla de profesores (a quienes no se les puede dejar de reconocer su ejercicio magisterial pro bono), procedían a cooptarlos en calidad de "pasantes" para beneficio de sus intereses clientelares, encomendándoles todo tipo de tareas, dentro de las cuales, se destacaba una, por ser la más socorrida: la de mensajeros, o encargados de cursar a lo largo y ancho de los distintos estrados judiciales, tanto los correspondientes del circuito local, como a nivel federal, todo tipo de escritos y correspondencia vinculados a procesos abiertos, o por iniciar, la mayoría sujetos a la administración de lo que (en ese momento estelar de mi vida) nos hacía suponer como la invocación para la aplicación de una justicia rápida y expedita, en los mismos términos que nos fueran impartidos desde la academia.

Tanto por la información obtenida (sotto voce) sobre el quehacer de mis condiscípulos, como en función de mis propias experiencias, pude atisbar, desde el comienzo de la carrera, una realidad existencial insoslayable que me llenó de zozobra y que se mantiene perenne en lo más profundo de mi conciencia cívica: la justicia en México, cuesta. A veces, el precio a pagar es demasiado alto para poder allegarla, y mayoritariamente, se encuentra fuera del alcance ciudadano común, quien se conforma contemplándola de soslayo, dejándola correr, por virtud de su escasez de recursos suficientes para sufragarla.

Otra de las graves mutaciones del sistema que nos gobierna, y que también me estremeció, tiene que ver con la inveterada sujeción de la justicia al omnímodo poder presidencial, costumbre de viejo raigambre que, muy a nuestro pesar, se mantiene vigente hasta nuestros días.

Es este escenario, en el que me he tomado la libertad de expresar también mi profunda melancolía personal, vinieron a mi memoria dos reflexiones inspiradas, al mismo efecto. La primera, atribuida al Benemérito de las Américas, Benito Juárez: "a los amigos gracia y justicia; a los enemigos, justicia a secas", y la segunda, del filósofo griego, Aristóteles mejor conocido como "El Estagirita", develada en una de sus obras más reconocidas, La Política, en donde asienta "...el bien en política es la justicia, en otros términos: la utilidad general...".

La apertura de dicha puerta de acceso, develada ante mis ojos, y en forma similar, a los de una gran mayoría de los integrantes de la generación de los "Baby Boomers" (1946-1964) - como fuéramos reconocidos universalmente - que iniciamos estudios para abogados, fue, justamente, la de la mano pedigüeña del trabajador de los sótanos en los archivos judiciales, solícita de una inmerecida dádiva, que funcionaba (y funciona) como moneda de curso paralegal, viciosamente esgrimida como medio para hacer valer el derecho constitucional de ser reconocido como demandante (s) legítimo (s) a la impartición de justicia.

A pesar de que, en mi caso concreto, quedé al margen del camino iniciado en la etapa de la ELD, por circunstancias que no merece la pena comentar por ahora, conviene subrayar que siempre me he mantenido en contacto con algunos de mis más cercanos condiscípulos, sobre todo, con los que tuve oportunidad de desarrollar sentimientos de empatía en el entorno de temas puntuales, como por ejemplo, el caso específico de la evolución de las instituciones políticas de nuestro país, así como el de otras naciones del entorno internacional.

En este sentido, y mirando en retrospectiva los acontecimientos de uno y otro momentos de mi vida, es decir, los sucesos registrados hace más de 45 años, constato, con profundo pesar, que las circunstancias que mediaron entre ambos, no han variado - para mejorar - como sería lo deseable, si se considerara para ello el curso de la consecución lógica de los cambios determinados por la propia naturaleza de los hechos, que podrían ser utilizados como una especie de guías del comportamiento de la especie humana, es decir, desde una perspectiva racional, siempre para mejorar, y en busca de un avenir superior.

Sin embargo, y no obstante de que se han producido en el país cambios significativos en muchos renglones de la interacción ciudadana, en lo tocante a la impartición de justicia, ha sucedido todo lo contrario, razón por la cual no deberíamos de sorprendernos ante la tendencia de su muy lamentable involución, que ha llegado a grado tal, que todo nos hace suponer que esta inapreciable institución del estado se encuentra, actualmente, en una especie de agonía sistémica, como consecuencia directa de la maledicencia de todos sus operadores naturales, quienes han optado por la obsecuencia de sus intereses particulares en detrimento del bien común, y de los principios y objetivos pautados en nuestra Carta Magna.

En todo caso, lo que conviene discurrir, por ahora, es sobre la fórmula que es menester implementar para abatir la negativa percepción ciudadana sobre el potencial real y verdadero de este órgano del estado, menospreciado y vilipendiado por razón lógica de las innumerables omisiones en que han incurrido sus operadores directos, a lo largo y ancho del paso de las cinco generaciones de mexicanos que hemos vivido los avatares correspondientes, a partir del México postrevolucionario, y hasta nuestros días.

Si tomásemos como punto de partida para determinar la génesis de las grandes expectativas ciudadanas puestas en los integrantes del nuevo Poder Judicial de la Federación, es decir, los que fueron ungidos por el primer Congreso de la Unión, integrante de la XXVII legislatura, podríamos concluir que, de dicha aspiración sólo nos quedan los recuerdos conservados bajo reposo indeleble, en el prontuario de debates integrado en su momento al acervo legislativo; y en la memoria de los muchos eruditos que exultan desde la comodidad de la tribuna académica sobre los pingues beneficios de que fuimos objeto durante el transcurso de la evolución de este poder del estado, cuya encomienda principal fue, ha sido, y seguirá siendo: velar y hacer guardar los derechos y las obligaciones consagrados por la Constitución, así como impartir justicia pronta y expedita, y coadyuvar, en la esfera de sus facultades específicas, con el mantenimiento del orden y de la seguridad ciudadana.

Suena bien, ¿no les parece?

A mí también, en su momento, me sonaron los términos empleados por el constituyente del 17 a la hora de inspirar la redacción del Capítulo IV, del Título Tercero de la Constitución, por haber sido - no me cabe la menor duda de ello -, ideados bajo la premisa de poder ser utilizados como una plataforma política, elaborada bajo la brillante inspiración de las mentes de conspicuos idealistas liberales, empeñados, todos ellos, por hacer llegar a la totalidad de sus gobernados la noción fundamental sobre la universalidad de la justicia, en los términos del principio fundamental de igualdad para todos en el manejo de la cosa pública.

Dicho fin principal, muy a nuestro pesar, fue transformado desde el comienzo de su existencia en una especie de quimera para uso exclusivo de algunos notables, y en perjuicio de los legos, además, para beneficio propio de los mismos detentadores del poder público que nos han aupado hasta el sitio en que – como sociedad en su conjunto - ahora nos encontramos, en consecuencia directa del expolio de nuestra indiferencia en esta materia.

Afortunadamente, para todos los que creemos en la posibilidad de que estamos aún a tiempo para salvaguardar la institucionalidad de los poderes públicos por vía de una activa participación ciudadana, especialmente, para aquellos que se encuentran orientados profesionalmente en la modalidad de cumplir con los requisitos para ir ocupando, de forma paulatina, alguna de las innumerables vacantes especializadas que, día a día, se generan, al calor del funcionamiento de la impartición de justicia en los tres niveles de gobierno.

La emergencia judicial que ahora nos acecha, exacerbada a límites insospechados, es consecuencia directa de los crecientes niveles de putrefacción que se comienzan a vislumbrar desde todos los flancos al Estado mexicano. Nos sirve, en todo caso, como una especie de llamada de atención generalizada, en la medida en que, cada uno de nosotros, estemos en posibilidad de erigirnos como baluartes de la causa, en todo caso, coadyuvantes a su saneamiento y puesta en operación, como vía más convincente para la salvaguarda de nuestros mejores intereses.

Descartamos del empeño en tal ejercicio, a los muchos áulicos que todavía pululan entre las penumbras de corredores y azoteas del sistema, por virtud de sus recurrentes omisiones a las que consideramos como causales directas de que México enfrente, en este preciso momento, el desafío por abatir el índice de impunidad (ausencia de justicia) que consta, para nuestra mayor desgracia, en todos los registros existentes, que dan constancia de que dicho fenómeno prevalece a lo largo y ancho de todo el territorio nacional.

Tal acierto puede ser confirmado si consideramos las cifras determinadas por la más reciente medición elaborada en el marco del Índice Global de Impunidad (IGI) que contó con el apoyo de la Universidad de las Américas (UDLA) campus Puebla, de la que se desprende que, dentro de una muestra que incluye a 59 países de los 193 que integran la ONU (los otros 134 no elaboran informes) México recibió una calificación de 75.7 (sobre los 80 obtenidos por Filipinas, país que ha sido señalado como el que se en el fondo de la lista), seguido por su similar de Colombia, que obtuvo una calificación de 75.6.

Según la máxima autoridad (Rector) del propio centro de estudios superiores (UDLA) la región latinoamericana es una de las que presenta - a nivel mundial - los mayores índices de impunidad, con registros distintivos en países como Nicaragua, Honduras y El Salvador, los cuales se ubican en la lista del IGI tras México y Colombia. Los países que reportan menores índices de impunidad de la propia región, son: Panamá y Costa Rica. Para levantar dicha muestra, la UDLA contó con la asistencia de personal especializado de la Oficina de las Naciones Unidas Contra la Droga y el Delito (UNODC) por sus siglas en inglés y el INEGI de nuestro país.

Para abordar con el interés que el análisis del fenómeno de la impunidad merece, por analogía, y de forma inmediata, viene a nuestra memoria una de sus principales causales: la corrupción, sobre todo, la más característica de este órgano del estado, que ha sido permeado a lo largo y ancho de su historia más reciente, a grado tal que, si decidiéramos hurgar dentro del baúl de los recuerdos, sin lugar a dudas, lo primero que ahí encontraríamos, postrados y de hinojos, serían los expedientes acumulados de las causas de cientos de miles de asuntos por resolver, dentro de los cuales, destacarían, como una gran mayoría, los marcados con la leyenda: "sin resolver", a excepción hecha de los casos de todos aquellos en los cuales de por medio exista expresa voluntad para el otorgamiento de la consabida (mordida) dádiva o moche.

Con esa moneda de curso generalizado, utilizada en todo el país, opera, bajo sus conocidas deficiencias intrínsecas, nuestro sistema de impartición de justicia, al que pomposamente, y como resultado cómplice del contubernio existente entre los jerarcas de la alta burocracia local, se le nutre, año con año, con ingentes dotaciones presupuestarias que, muy a nuestro pesar, son ejercidas discrecionalmente, en el ámbito de la más rampante opacidad, significada por la ausencia, todo tipo de controles por parte de los órganos correspondientes del Estado mexicano.

Por tal motivo, no debería de sorprendernos que gracias al potencial asignado a las distintas plataformas en que se materializan las redes sociales que pululan en nuestro ambiente, que congregan a cientos de miles de usuarios, que las utilizamos como fuentes reales de información pública, día a día, contemplamos la evidencia de que existe en el ánimo ciudadano un alto nivel de suspicacia sobre la forma en que vienen funcionando las diversas instancias de procuración de justicia. De una justicia en la que, por cierto, a estas alturas del paseo, pocos creen.

Uno de los ejemplos más recientes en esta materia tiene que ver con el detalle de la última reforma penal publicada en el Diario Oficial de la Federación (DOF), el 18 de junio de 2008, por la que se estableció un novedoso Sistema de Justicia Penal Acusatorio (SJPA) – versus el existente: inquisitorial - que tiene como objetivo principal transformar el paradigma de la aplicación de la justicia en México, mediante la adopción de un mecanismo que hace posible modificar, del previo, al acusatorio y oral, cuyos principios básicos son: publicidad; contradicción; concentración; e inmediación, y que se sustenta, fundamentalmente, en la presunción de inocencia y en la salvaguardia de los derechos fundamentales de las víctimas.

Dicho mecanismo, muy similar al que aplica la justicia penal en otros países, (como es el caso de los Estados Unidos de América), comenzó a operar, a nivel nacional, el 18 de junio de

2016, es decir, ocho años después de su promulgación, contados a partir de la fecha de su publicación en el DOF, espacio de tiempo que, de conformidad con las previsiones de caso, sería suficiente como para lograr, entre otros objetivos, el de justificar una inversión pública de alrededor de 20 mil (mdp), y capacitar a las distintas instancias involucradas en su implementación, entre las cuales, por supuesto, se incluyen: policías, ministerios públicos, procuradores y jueces, entre otros.

Lamentablemente, para todos, y tal cual ha sido asentado desde la perspectiva del primer balance realizado al efecto, por especialistas, los resultados concretados – al cumplirse el primer año de su implementación - no han sido todo lo halagüeños que las autoridades encargadas de su aplicación esperaban del mismo, especialmente, por lo que respecta a la falta de un adecuado nivel de capacitación detectado entre la gran mayoría de responsables de ponerlo en marcha en los tres niveles de gobierno, y a la provisión de espacios físicos adecuados y suficientes determinados para el desahogo de las distintas audiencias contempladas dentro de los protocolos correspondientes del nuevo SJPA.

Otro de los elementos ponderados, en esta materia, cuyos objetivos no han sido alcanzados todavía, tiene que ver con las circunstancias del entorno en el que se encuentra actualmente la población carcelaria, contenida en los 338 centros penitenciarios instalados en todo el país, recientemente evaluados en la Encuesta Nacional de Población Privada de la Libertad (ENPOL-2016) levantada por el INEGI, de la que se extrae información relevante, especialmente en lo que respecta a la violación sistemática de los derechos humanos en contra de dicha población, misma que es sometida a todo tipo tratos denigrantes y nugatorios, contrarios a principios generales de derecho positivo, convalidados, tanto a nivel nacional, como internacional.

De la encuesta referida, se concluye (según lo publicado en el número 1305 de Reporte Índigo, del 8 de agosto de 2017) que, al menos, 4 de cada 10 internos han sido víctimas de actos de corrupción desde el momento de su arresto y durante el período de reclusión. En dicho sentido, la Comisión Nacional de Derechos Humanos (CNDH) retrató un panorama de las cárceles en donde la corrupción y el auto gobierno, como ya ha sido mencionado con anterioridad, son dos de los principales problemas del Sistema Penitenciario Mexicano (STM). Habría que añadir que, tanto la escasez de agua potable, como la falta de higiene del entorno de los reclusos son, a su vez, problemas sistémicos.

Ante tantas vicisitudes para integran en tiempo y forma los insumos suficientes que hagan operativo el SJPA, así como el hecho de que, a todas luces, no había sido ponderada la circunstancia en torno al crecimiento exponencial de los índices delictivos en todo el país, se han producido inmensas suspicacias sobre su supuesta ineficiencia, al menos, de la forma en que fue ideado originalmente a la luz de la reforma penal de junio de 2008, y que, por dicho motivo no es aplicable al ideal al que aspiraba el modelo mexicano como la mejor vía para la impartición de justicia, a menos que, el mismo sea objeto de una exhaustiva revisión, tal cual ha sido sugerido por algunos de los principales voceros de la Conferencia Nacional de Gobernadores (CONAGO), y por algunos de los interlocutores naturales más destacados a nivel federal, como son los casos del Comisionado Nacional de Seguridad Pública, y el Comisionado General de la Policía Federal.

Para empezar, habría que suponer que el SJPA dispondrá de un brazo ejecutor que, en todo caso, funcionará como eje de sustentación para su adecuada implementación, encabezará, a su vez, al Ministerio Público (MP), para lo cual fue creada la figura del Fiscal General, funcionario (supuestamente) autónomo, que duraría en su encargo un solo periodo de nueve años, y que, en el caso específico del Fiscal General a nivel federal, la figura sustituiría – automáticamente - al Procurador General de la República (artículo 102 de la constitución). Sin embargo, y a pesar de que el SJPA entró en vigor hace un año, no ha sido posible designar al nuevo jefe del MP por virtud de los vicios e inconsistencias, además de los cuestionamientos directos de que ha sido objeto por su desempeño la PGR, al menos, en las condiciones prevalecientes en este momento.

Otra de las razones que han suscitado el debate público abierto a nivel nacional, parte del supuesto de que la nueva legislación penal ha sido planteada bajo un criterio "hiper garantista", es decir, que va más allá, de los términos enunciados sobre la salvaguarda de los derechos fundamentales de todos aquellos que incurren en la comisión de delitos, lo anterior, bajo el criterio de que elimina algunas de las figuras contempladas en el sistema inquisitorial consideradas como delitos graves, cuya consecuencia, en todo caso, era la de confinamiento preventivo intramuros para quienes infringían la ley.

De los diferentes indicativos obtenidos como consecuencia del balance anual de los efectos del nuevo SJPA, se desprenden, entre otros razonamientos específicos, algunos que resultan francamente sorprendentes, como es el caso de la incidencia en los índices de violencia e inseguridad prevalecientes – a nivel nacional -, derivados de la aplicación del nuevo modelo que ha permitido, entre otras distorsiones, que delincuentes que purgaban penas de privación de la libertad, sustentadas en la legislación previa al SJPA, puedan invocar la aplicación del beneficio de libertad, si para ello deciden acogerse a los términos inherentes derivados de la nueva norma.

Un ejemplo válido de lo que antecede, lo refiero a lo que anotábamos en el capitulo 1 de la presente obra, desde el cual dibujamos un suceso absolutamente aleatorio, como fue el caso del asalto a mano armada, seguido del despojo de sus bienes personales de una automovilista que inocentemente circulaba a bordo de su vehículo, en horario pico, por una de las arterias más congestionadas, del sur de la capital del país. La encrucijada abierta ante los ojos de esa ciudadana del común y corriente, fue la misma a la que nos enfrentamos todos los gobernados, un día sí y otro también, a quienes no nos queda más remedio que correr el riesgo de surcar todos días por los intrincados vericuetos de la megalópolis (o de cualquier otra ciudad del país) en la que, desafortunadamente, no prima ni la ley, ni el orden, ni la justicia, ni la razón, sino todo lo contrario.

Los delitos que se supone dejaron de ser tipificados como graves por parte del SJPA son, entre otros: portación de armas de fuego; narcomenudeo; lesiones; extorsión; robo de hidrocarburos (huachicoleros); daño a la propiedad ajena; ejercicio ilegal de servicio público; lavado de dinero; etc., la mayoría de los cuales han sido considerados por las autoridades judiciales respectivas, como verdaderos dolores de cabeza para todos, ya que, significativamente, son los que discurren con mayor incidencia en nuestro entorno a mañana, tarde y noche.

Es posible, en todo caso, que las razones que esgrimen a estas alturas del paseo los más ardientes contradictores del SJPA, sean sustentadas en función directa de la incapacidad manifiesta de los mismos para concretar un proyecto que no sólo involucra la puesta en marcha del proceso de modernización de la impartición de justicia penal en todo el país, sino que, también, el paulatino desahogo del creciente rezago que se viene registrando en dicha materia.

El gran cambio en el paradigma de impartición de justicia registrado durante el presente siglo, evolucionó, desde su conformación a posteriori de la Constituyente de 1917, la cual determinó que, para su más eficaz desempeño, la cabeza del Poder Judicial quedaría integrada por once Ministros, entre los cuales, uno ejercería la presidencia.

A partir de dicha nomenclatura, el máximo órgano del Poder Judicial registró, durante el transcurso del tiempo, y hasta nuestros días, diversos cambios en su estructura, es decir, en el número de integrantes que lo conforman, que partió desde los originales once (1917-1928), a dieciséis (1928-1934), y así, sucesivamente, de veintiuno (1934-1951), y a veintiséis (1926-1951), hasta volver a los once originales que la integran en la actualidad (1994-). Es de suponer que dichos cambios cosméticos supusieron, en todo caso, que dentro de esta rama del poder público existiera convicción plena sobre la conveniencia de avanzar, en todo lo relativo, al cumplimiento pleno de las funciones constitucionales a ella encomendadas.

Conviene señalar, sobre este particular, aunque sea de forma somera, que a partir del año de 1951, nuevamente, fue reformado el artículo 94 de la Constitución para dar paso a la creación de los Tribunales Colegiados de Circuito, medida que, en principio, fue determinante para lograr descongestionar el creciente número de expedientes acumulados, en todo lo relacionado a la promoción de los juicios de Amparo, lo que sirvió de preámbulo para la descentralización de la impartición de justicia federal.

Misma que fue concretada, mediante las reformas a la Constitución, a Ley Orgánica del Poder Judicial, y a la Ley de Amparo, de 1988, por las cuales se otorga en exclusiva a los Tribunales Colegiados de Circuito, la facultad para conocer los casos de Amparo, y así estar en posibilidad de reducir el inmenso rezago de pendientes acumulados en dicha materia. De igual manera, se modificó el artículo 107 de la Constitución para otorgar a la Suprema Corte la facultad de atracción de asuntos que originalmente se desahoguen en los Tribunales Colegiados de Circuito.

De las reformas constitucionales mencionadas párrafos anteriores, conviene señalar – por su singularidad – la de diciembre de 1994, que reduce de veintiséis a once los ministros que integran la Suprema Corte, al tiempo que se le inviste como Tribunal Constitucional (modelo de la escuela Europea), además, en el caso de sus integrantes, los cuales, originalmente ejercían el encargo de forma vitalicia, les es reducido el término de funciones para ubicarlo dentro de una temporalidad definida a quince años. Se crea, además, el Consejo de la Judicatura Federal, que funciona como máxima instancia de auto gobierno.

Aunque dicha modificación no deja de ser relevante, la más importante a los fines del cumplimiento de sus principales funciones orgánicas parte del hecho de que a este órgano del estado – que realiza, entre otras funciones, el control constitucional en un sistema político autoritario -, que, además, soporta una pesada carga burocrática, en la cual primaban las lealtades y la debida obediencia hacia sus máximos representantes (Ministros) intenta transformarlo en algo distinto, basado en las capacidades personales, es decir, meritocrático, o un servicio civil de carrera en el más amplio sentido de la palabra.

Tal acierto encuentra consonancia si se le contrasta con el estudio recién elaborado por Felipe Borrego, Consejero de la Judicatura Federal (julio 2017) para "Mexicanos contra la Corrupción y la Impunidad", en donde se asienta una tendencia generalizada, en materia de nombramientos, al compadrazgo, amiguismo, nepotismo, en todos los niveles de dicho poder del estado.

Hasta aquí, aparentemente, todo estaría bien, mientras no les muevan el piso, el Poder Judicial, en principio, debería de cumplir con las funciones inherentes para las cuales fue creado, en su momento, por el Constituyente de Querétaro. Lo mismo debería de suceder con los otros dos poderes del estado mexicano, los cuales, por razón del propio mandato, deberían de constituirse – tal cual lo previene la doctrina jurídica en esta materia – como partes integrantes de un sistema de pesos y contrapesos, similar, u homologable, con el que impera a lo largo y ancho del planeta, especialmente, en todos los países que disponen de un régimen político similar al nuestro.

Con el fin de no incurrir en el error de proceder con el análisis de los diferentes ejemplos que pululan en los archivos que integran el acervo documental de nuestra doctrina jurídica, tan extensos, como inaplicables a nuestra condición sui generis, conviene, en todo caso, arrancar el enfoque de nuestra visión sobre esta materia, a partir de lo más cotidiano, es decir, la esencia de lo que percibimos por vía de los cinco sentidos, sobre la realidad existencial del día a día, efecto derivado del proceso de interacción social al que estamos habituados, como ciudadanos, gobernados bajo el sino del voluntarismo político a ultranza, determinado por nuestros líderes políticos, y aceptado, de común acuerdo entre las partes.

Para comenzar, es justo reconocer que la mayor entelequia a la que nos enfrentamos se circunscribe a confrontar, en su dimensión real, la afirmación de que disponemos de un estado de derecho, en el cual, sin mayores distinciones (raza, credo, origen étnico, sexo, rico, pobre, etc.) se cumple y se hace cumplir el ordenamiento jurídico vigente. Si ese fuera este el caso, no estaríamos (como lo estamos) como mudos testigos de una verdad de Perogrullo: en México la ausencia de justicia (impunidad) ronda por el orden del 98.5%, ergo, dicho fenómeno va de la mano de otro mayor, que también afecta negativamente, a todo nuestro tejido social: la corrupción (que se constituye en la mayor de cada una de las siete plagas de que ha sido objeto nuestra nación).

Para combatir dicho fenómeno con rigor, tendríamos que comenzar por invocar un juicio autocrítico, o mea culpa colectivo a partir del cual, y sin ningún tipo de falsas expectativas, estemos en capacidad de ubicarnos en la primera persona de singular dentro de todo el proceso que se conforma en el entorno de la demanda y la impartición de justicia en nuestro país.

Tal como pudo haber sucedido (que no fue) en los viejos tiempos de mis colegas, los aspirantes de abogado de la ELD, quienes a través de su incipiente dádiva, fueron sujetos pasivos del modelo de corrupción prevaleciente, con el cual, voluntaria o involuntariamente acometieron lo que para los mismos fueron índices razonables de éxito, es decir, parte de sus primeros triunfos profesionales, de los cuales, lamentablemente para todos, no derivó incidencia alguna en lo que corresponde al cumplimiento de los deberes y obligaciones cívicas a los cuales estamos obligados todos los ciudadanos.

Unos y otros interactuamos como protagonistas de la entrega de la indigna dádiva, cuya fuerza poderosa es capaz de partir el mar en dos mitades, o abrirnos las compuertas de un paraíso desconocido, en donde se albergan las once mil vírgenes que refieren los cuentos de Las Mil y una Noches. Y, en verdad, lo único que logramos en ese momento, es integrarnos, de forma voluntaria, al viejo juego del toma y daca, y alistarnos, en la primera línea, en la legión de mercenarios del famoso relato que tuvo como protagonista el cuento de Alibabá.

La más indigna herencia recibida de nuestros próceres revolucionarios fue la de habernos hecho insensibles al sentimiento de culpa derivado del momento en el que cometimos una falta, por pequeña que esta sea, o por lo doloroso que, en todo caso, nos resulte enfrentar las consecuencias derivadas por la distorsión de nuestra conducta.

La ausencia de un sentimiento de tal naturaleza, hizo posible que la que originalmente fue una simple semilla, con el transcurso del tiempo, se convirtiera en frondoso árbol, capaz de cubrirnos con su sombra tanto de los luminosos rayos del sol, como de los fuertes estruendos de furibunda tormenta.

De tal manera se fue conformando el vínculo entre gobernantes y gobernados, cada uno por su lado. Los primeros, determinando las reglas del juego que más convenían a sus intereses particulares, y los segundos, acatando las mismas a raja tabla, con la única salvedad de la perenne advertencia que determina que salir del redil implica quedar fuera del presupuesto nacional. En otras palabras, algo así como la ignominia.

El estado mexicano siempre ha tenido a su disposición los elementos necesarios y suficientes como para ahogar cualquier síntoma de disidencia. Lo comentamos ya en capítulos precedentes, cuando referimos al inmenso poder de convencimiento del cual dispuso, durante toda una época, por ejemplo, con el famoso cañonazo de cincuenta mil pesos, sustituido, en su momento, por otro tipo de prebendas y canonjías, muy bien conocidas, determinadas en función de cumplir con un simple objetivo: cooptar la voluntad ciudadana, con el fin de apuntalar al sistema político que por años permeo por encima de todas las conciencias ciudadanas, así como de sus derechos fundamentales.

Es decir, prácticamente, nos despojamos de nuestros ropajes individuales y nos ceñimos a un vestuario elaborado ad hoc como para hacernos suponer que éramos integrantes de una vanguardia que ordenadamente desfilaba en círculos concéntricos, previamente determinados, que atendían, de forma exclusiva, la voz de alerta del personaje en turno, del guía transitorio de nuestros destinos y de nuestras voluntades todas, hasta las más intimas, aquellas que viven en el medio de una intensa batalla interna en donde se disputan la supremacía entre el ser y el deber ser en el contexto de nuestra propia existencia.

Así, cuando nos despertamos del sueño, tras haber inconscientemente hibernado por tiempo inmemorial, caímos en cuenta de que algo no estaba funcionando como debería de ser. Alguien había estado usurpando nuestro espacio vital por vía del otorgamiento de subterfugios tales como los espejitos y lentejuelas que vinieron a nuestro continente portados por aventureros extremeños de allende los mares. En el ínterin, según lo ha señalado el pensador Gabriel Zaid, la corrupción surgió como consecuencia de un régimen político fincado en la propiedad privada de las funciones públicas.

De dicha manera, pudimos contemplar, en todo su horror, desde otra perspectiva, la desnudez de nuestras propias miserias, carentes de movilidad propia, arrostradas hacia el auto abandono por un dueño complaciente, quien siempre estuvo al alcance de la mano con el fin de allegarnos, en los umbrales del paroxismo existencial, insumos suficientes como para asegurar, de forma conjunta, nuestra propia supervivencia, así como la capacidad para reproducir nuestra especie a su imagen y semejanza.

El marco jurídico conceptual heterogéneo, tantas veces enunciado en capítulos precedentes, fue esgrimido aquí, justamente, de la misma manera en que ha sido utilizado en todas y cada una de las áreas de interacción existentes entre gobernantes y gobernados. Es portaestandarte del voluntarismo presidencial, cuya magnanimidad hizo posible que a lo largo del tiempo, prácticamente, hasta nuestros días, no se moviera ni un ápice cualquier hoja del árbol en que fue constituido el Estado mexicano, sin que para ello fuera determinante el designio del mayor prestidigitador de nuestros tiempos: el señor presidente de la república.

A cuya autoridad, en todo caso, debemos el pasado obscuro de tan alta instancia del estado, en principio, asignada para soportar sobre sus hombros el peso de la acción de la justicia, de una justicia que, lamentablemente, jamás se cumple, sobre todo, si para superar los escollos que se le interponen en el camino, se dispone del elemento consustancial utilizado por y para todos con el fin de dirimir cualquier tipo de disputas: el dinero contante y sonante (la tradicional mordida).

La justicia, tal cual la conocemos ahora, pasa por uno de los instantes más críticos de su historia reciente, es frágil, incierta, parcial, heterogénea y no produce los efectos que se esperarían de su implementación, como son: los indispensables índices de confiabilidad, equidad, neutralidad, asertividad, transparencia y confianza entre las partes, como en todo caso, suponemos debería de suceder.

Es por demás onerosa, ya que le cuesta a la nación, año con año, una erogación de muchos miles de millones de pesos en recursos financieros (por ejemplo, de acuerdo con las cifras indicativas del presupuesto de egresos de la federación, para 2017, el total asignado a dicho órgano del estado, asciende a $ 67 mil mdp) que se dilapidan conforme al voluntarismo del pequeño círculo de los más altos magistrados (que reportan salarios anuales de $4.8 mdp, para los once integrantes de la cúpula; y

$4.7 mdp para los siete del Consejo Superior) montos incluso superiores al salario que percibe anualmente el presidente de la república, quien por el desempeño del máximo cargo político del país, recibe una asignación de $ 3 mdp.

Además, estas altas instancias del poder público se consideran inmunes a cualquier atisbo inoportuno por parte de órgano de control. Erogan recursos tal cual si no hubiera mañana, un guardadito por aquí ($9,270 mdp) – para pensiones de retiro y gastos médicos en favor sus altos cargos -, otro más por allá ($5,018 mdp., exentos de restricciones) - para la construcción de nuevos inmuebles -, y uno más acullá ($165 mdp) – para 70 vehículos tipo Suburban y Tahoe, blindados, para uso exclusivo de la m(Ministros e integrantes del Consejo de la Judicatura Federal CJF) -.

Conviene señalar sobre este último particular que, el propio CJF abrió – antes de finalizar el año 2017 - una nueva licitación para proveer 71 vehículos adicionales del mismo tipo (SUV) con nivel de blindaje V, a un costo unitario promedio de $2.2 mdp., es decir, en once meses duplicó su flota, disponiendo al cierre de la edición del presente trabajo de 210 vehículos todo terreno. Si dicho arsenal político se contrasta con los datos disponibles a mediados del año 2016, en que cifra su inventario en sólo de 69 unidades de este tipo y características, caemos en cuenta del exorbitado dispendio de recursos públicos de esta rama del poder público en nuestro país.

A estas alturas del paseo, y en todo caso, con el ánimo de reconocer los trabajos historiográficos elaborados por especialistas en la materia, conviene enunciar (nobleza obliga) que la actual configuración del Poder Judicial (integrado por la

Suprema Corte de Justicia (SCJN), el Consejo de la Judicatura Federal (CJF) – que administra más de 800 juzgados y tribunales federales - y el Tribunal Electoral del Poder Judicial de la Federación (TEPJF) ha sufrido modificaciones sustantivas, si para ello se toma en cuenta, la distancia que prima entre el inicio de sus funciones bajo el sino de la Constitución de 1917, y las importantes reformas a su estructura y funcionamiento registradas a finales de la década de los noventa, época en que, a decir de los mismos estudiosos, dejó de funcionar como una especie de apéndice del Poder Ejecutivo, para transformarse en actor fundamental de la vida social del país.

Por lo que a mí respecta, y dicho sea de paso, con toda la humildad que me es posible esgrimir en esta materia, debo reconocer que, sólo coincido en parte con dicho enfoque, sobre todo, si lo analizamos desde la perspectiva de que el mismo implica el haber alcanzado, entre otros objetivos, el de su autonomía y profesionalización administrativa (servicio civil de carrera), que no necesariamente alienta el concepto más importante que todos esperaríamos: la independencia en la toma de sus decisiones más relevantes en materia de sus respectivas competencias, mismas que, a estas alturas, siguen siendo sometidas al voluntarismo político derivado del inmenso poder que aún ejerce en esta materia (y en todas) el titular del ejecutivo federal.

Para muestra de lo que antecede, un botón: a lo largo del tiempo, durante todo el invierno autoritario, los nombramientos más importantes en la cúpula de este poder del estado, recayeron siempre en quien ordenara el señor presidente, es decir, el titular del Poder Ejecutivo, quien – una vez superada la formalidad de su tránsito por el Senado – ungía, conforme a sus fines políticos específicos, y en defensa de los intereses clientelares involucrados en dicha materia, a todos y cada uno de los Magistrados que conformaron el máximo tribunal.

Sin embargo, llegado el momento, algo sucedió en México, lo que causó, como era de esperarse – el estupor gubernamental – que derivó en la adopción de modificaciones sustanciales al viejo ritual, para imponer que, de ahora en adelante, el Gran Elector se vería en la imperiosa necesidad de consensuar con sus otros pares políticos una potestad otrora considerada como de su exclusiva incumbencia, con el fin último de salvaguardar los privilegios y canonjías acumulados a lo largo del tiempo, o en todo caso, saberse considerado como primus inter pares, de forma tal que pudiese ser el primero en encajar la mordida inicial a todo aquello que se mueva.

Desde ahí, anonadados, aterrizamos en una pista preñada de obstáculos que, a pocos años de distancia del advenimiento de la primavera mexicana – si es que así puede ser considerada como nuestro ingreso hacia un incierto modernismo -, nos ha permitido ver con claridad prístina que el camino que iniciamos en medio de las más amplias expectativas ciudadanas, no es, ni el más conveniente para todos, ni el más adecuado a los altos intereses de la nación.

Es decir, vistos los innumerables obstáculos que debimos enfrentar, para alcanzar el objetivo de disponer de un sistema de justicia pronta y expedita, ahora nos corresponde asumir con humildad, una realidad insoslayable: que nos equivocamos a la hora de ungir con el instrumento más valioso de que disponemos los ciudadanos: el voto, emitido a favor de los mismos de siempre, los dueños de los intereses que han primado a lo largo y ancho de las últimas cinco generaciones de mexicanos que con denuedo nos contemplan: tlachiqueros habían de ser

El cínico unipersonalismo de antaño, el que tantos derechos fundamentales conculcara, en lugar de superarse, se corrompió, transformándose en sainete político de cuates y cuotas, en un reparto, por demás inequitativo, en el que la puerta giratoria salvaguardó a cal y canto el pase automático a la zona "VIP" de la cúpula burocrática de este órgano del Estado.

Hoy por mi, mañana por ti, hábito que se cumple a raja tabla, y que, además, sirve como base y sostén a las complicidades a ultranza: "...tendrás asignados para tu seguridad personal dos autos blindados y escoltas a tu gusto..."; "...podrás viajar siempre en primera clase...", o en el avión presidencial, visitar tu ciudad natal en helicóptero; incluir en tu nómina personal nombramientos en cargo público a cuanto gato te interese; y tus necesidades médicas serán atendidas en los más exclusivos centros de especialidades – nacionales e internacionalidades -, jamás en el ISSSTE, a donde va sólo la chusma, así como jubilados y pensionados, poseedores de irrisorios ingresos mensuales que no les alcanzan para nada, no obstante el hecho innegable de haber dedicado a lo largo de toda una vida sus mayores esfuerzos personales y profesionales a servir al estado.

Si así están las cosas en la zona VIP del tercer poder del estado, no nos podemos llegar a imaginar lo que acontece en el bajo mundo de su burocracia judicial (en las profundas cloacas de las que desbordan pútridos excrementos), en el lugar en donde cohabitan los que alargan la mano en espera de una generosa dádiva, o los que anteponen un valor monetario para emitir cualquier tipo de acto de autoridad, tal cual sucede con los casos del policía preventivo o judicial, el agente del ministerio público, el secretario del juzgado, el propio juez que, en forma irresponsable, emite Amparos – a diestra y siniestra - al mejor postor, lo cual causa, entre otros perjuicios directos, la inhabilitación de la acción de la justicia (la debilita), y tantos otros casos que se dan, día a día, a lo largo y ancho del país, en las grandes, medianas y pequeñas ciudades, en las serranías, las costas, las fronteras y el campo mexicano, en todos los lugares en los que se percibe una sed de justicia, cuya generosidad, lamentablemente, nunca llega.

Si, estoy de acuerdo con todos los argumentos de los especialistas, estamos en México, y las cosas se pueden mejorar. La pregunta es: ¿cuándo? Y ¿a qué precio?.

Mientras actuemos tal cual lo venimos haciendo hasta ahora, es decir, como mudos testigos de la historia ante hechos atroces como los que se ven, un día sí y otro también, en los casos con homicidios dolosos (23,953, en 2016, según el INEGI) decapitados, descuartizados, encobijados, embolsados, inhumados clandestinamente, desaparecidos, desintegrados, empaquetados, baleados, violados, incinerados, secuestrados, extorsionados, asaltados a mano armada, así como las innumerables pugnas con y entre integrantes del crimen organizado.

A estas alturas del paseo, tal cual señala la Procuraduría General de la República (PGR) y el Centro de Investigación y Seguridad Nacional (CISEN) quienes llevan a cabo todo tipo de ilícitos invierten anualmente en armamento, aproximadamente, $ 500 (mdd), de conformidad con el detalle que fuera ampliamente ilustrado en el artículo: "Poder de Fuego", publicado en la versión electrónica de Reporte Índigo, número 1292, del 20 de julio de 2017: Cartel Jalisco Nueva Generación, CJNG $ 120 mdd; Cartel del Pacífico, $90 (mdd); Los Zetas, $ 70 (mdd); y el Cartel del Golfo, $ 60 (mdd). Otros grupos, como: La Familia Michoacana, Los Caballeros Templarios, Los Arellano Félix, El Cartel de Juárez, La Línea, y Los Beltrán Leyva, erogan, en promedio anual, cada uno, entre 45 y 55 (mdd).

Un primer paso en esta materia, es decir, reconocer la índole del (problema/fenómeno), acto seguido, detectar sus principales fortalezas y debilidades, como mejor vía para superarlo, sobre todo, a la luz de las sinergias que le anteceden como vía más idónea para combatirlo. Aquí, detengo la marcha, y hago un pequeño aparte, encaminado a formular la más atenta súplica, dirigida a quien corresponda: merecemos tener un jefe del ministerio público autónomo e independiente, que se comprometa a velar por los mejores intereses de los gobernados (y no de la camarilla en turno), al menos, en los términos enunciados en el contexto de la más reciente reforma a la justicia penal.

Ojalá que dicha responsabilidad no recaiga en los hombros de la misma figura (o peor) a la que tenemos en la actualidad, la cual, ha dejado constancia plena sobre su creciente incapacidad para contribuir al esfuerzo de sacarnos del bache (socavón) en el que ahora se encuentra el país entero.

En lo que no estamos de acuerdo, y enfáticamente lo señalamos, que a los fines de integrar una estrategia nacional como vía más idónea para fortalecer la institucionalidad del estado vis a vis los espacios ganados por el crimen organizado a lo largo y ancho del territorio nacional, es la falta de sensibilidad política demostrada por algunos de los integrantes de la zona VIP gubernamental, como es el caso del actual jefe de gobierno de la CDMX (PRD), quien muy a pesar de las circunstancias que le rodean, no ceja en su empeño por hacernos creer que en el ámbito de su jurisdicción territorial no se han detectado brotes o acciones específicas que nos hagan presumir que las principales bandas del crimen organizado (carteles del narcotráfico, extorsión y secuestro) que pululan por los cuatro puntos cardinales de la geografía nacional, tengan presencia física en algún punto específico de la capital del país, tal cual quedó comprobado, entre otros hechos de suma gravedad, comentado específicamente en capítulos precedentes, como el que acontecido en el barrio La Conchita, Zapotitlán, en las inmediaciones de la Delegación Tláhuac, en donde al tiempo que se produjo un "narco bloqueo" (que incluyó la quema de vehículos de carga y de transporte público) fueron dados de baja - por integrantes de las Fuerzas Federales - un importante operador del micro tráfico de estupefacientes, y ocho de sus más cercanos lugartenientes.

Y, en este caso, así como en el de otros similares, me pregunto: ¿la justicia, en dónde estaba?

¿Quién controla a los facinerosos y a los delincuentes?, si al amparo de la impunidad interactúan a mansalva, y cometen todo tipo de crímenes, cobijados bajo la frágil frontera que prima entre las respectivas jurisdicciones del fuero común y del fuero federal, de forma tal, que a la hora de la verdad, la justicia queda desnuda, vulnerable, anulada por efecto de la misma confusión que se genera, al calor de tantos desaguisados. Los principales beneficiarios de tales falencias no son otros que los mismos de siempre, los que perjudican a terceros, los conculcadores, los perpetradores, los que vulneran, con sus acciones la frágil estructura social en que se sostiene nuestro proyecto en común como país.

Por lo que respecta al TEPJF., es, según su propia definición, un órgano especializado del Poder Judicial de la Federación, encargado de resolver controversias en materia electoral y proteger los derechos político-electorales de los ciudadanos, es decir, de impartir justicia en el ámbito electoral.

Aunque lo anterior, a todas luces, apetece como una verdad de Perogrullo, la realidad, para variar, es muy distinta. Partiendo del principio de que las instituciones electorales no están haciendo el trabajo que les corresponde (vox populi), desde que comenzó sus funciones como máxima instancia de justicia electoral, fue el objeto más preciado de los bajos instintos de nuestra clase política, por virtud del enorme poder que, en principio, fuera depositado en manos de los siete magistrados que integran su Sala Superior, los cuales, a estas alturas del paseo, y desde mi particular punto de vista, han sido víctimas de todo tipo de escarceos derivados del voluntarismo político intrínseco de nuestras más altas instancias gubernamentales, es decir, las mismas que, en principio, deberían de servir para salvaguardar su debida transparencia, equidad e independencia de cualquier tipo de influencias derivadas de la coyuntura política prevaleciente.

Por virtud de lo anterior se constituyó como una especie de moneda de curso legal, es decir, a pesar de que su integración al Poder Judicial de la Federación obedeció a una legítima aspiración ciudadana por dar certeza y credibilidad a la infinidad de procesos electorales que se realizan en México, los mismos protagonistas de siempre, sentaron sus reales sobre y por encima de la entidad, y emulando a los machos Alfa, marcaron, en su entorno, territorio vía de una abundante micción, por virtud de la cual, presuponen una relativa supremacía por encima del resto de la mesnada, asumiendo, categóricamente el mismo carácter de primus inter pares, con el que siempre se arropan los de más arriba.

Fue bajo dicho supuesto que el jefe de estado en turno (1994-2000), se agandalló (en beneficio de su propio partido político, el PRI) de cuatro espacios de un total de siete – de los dispuestos a favor de los magistrados que integraron la Sala Superior del TEPJF, una vez la misma fue instalada por primera vez, en el año de 1996. Por supuesto, dichos nombramientos fueron realizados siguiendo el rito determinado por la propia constitución, es decir, correspondió a la SCJN la elaboración de las listas con los nombres de los aspirantes a alguna de las siete magistraturas, mismas que, oportunamente fueron remitidas al Senado para correspondiente aprobación.

Para su debido funcionamiento, el TEPJF dispone, además, de cinco Salas Regionales, ubicadas en las ciudades de Guadalajara, Monterrey, Jalapa, México, Toluca, además de una Sala Regional especializada.

El procedimiento para la designación de los respectivos magistrados, a estas alturas del paseo, ha sido el mismo de siempre, el que con tanto beneplácito ha sido recibido por la partidocracia criolla (que impuso esta moda): el de cuates y cuotas, entendiendo por dichos términos que sólo fungirán como integrantes (comensales) de la alta instancia (pastel) personas obsecuentes, aquiescentes y complacientes con status quo prevaleciente, es decir, el conocido gatopardismo nacional del que tanto nos enorgullecemos y pregonamos urbi et orbi.

Por lo tanto, de aquí al infinito (y más allá) las siete sillas han sido, prácticamente, endosadas a las pretensiones de las tres principales fuerzas políticas que, es de suponer, representan mayoría calificada en nuestro apartado y confuso universo político nacional: PRI, PAN y PRD.

Tomando en consideración dicho precedente, la más reciente integración de la Sala Superior, fue configurada conforme los mismos intereses clientelares, en beneficio de los cuales alcanzaron asiento: tres integrantes, con credenciales del PRI, y de su sempiterno aliado de conveniencia, el PVEM; dos integrantes, por cuenta del PAN; y un integrante, por parte del PRD. De forma inusual, y en todo caso magnánima (consenso) a nuestras estándares democráticos, se reservó la última plaza a favor de "...otras fuerzas políticas..." recayendo tal designación en los hombros de una candidata, designada magistrada, la cual, a su vez, desempeñará la presidencia del cuerpo colegiado. Fue elegida, esta última, para un período de nueve años.

¡Excelente!, ¡Aleluya ¡ no les parece. Ahora viene lo bueno, y tiene que ver con la temporalidad en el encargo para el cual fueron elegidos cada uno de los magistrados, la cifra varía, desde los nueve años, como máximo, (para tres) y entre tres y cuatro años para el resto (cuatro).

Así pues, una vez que hemos degustado del apetitoso menú, nos corresponde honrar la cuenta, conforme a los usos y costumbres ancestrales de nuestra muy generosa raza autóctona.

Ciertamente, en comparación con lo ingerido como alimento, la factura resulta onerosa, incluye, entre otros, el pago del impuesto por la irresponsabilidad pública, estupidez extrema, y socarrona ingenuidad, observe usted, en todo caso, si me equivoco al cuantificar la generosidad del Estado mexicano con aquellos de sus servidores más conspicuos: El TEPJF dispone de un presupuesto anual (datos correspondientes a 2017, determinados en el presupuesto de egresos de la federación) de $ 3,125 mdp., de los cuales – acorde con la misma fuente – el 75% se destina al pago de "servicios personales" que es lo mismo que decir para el pago de su abultada nómina, misma que se cifra en 1,800 plazas laborales (todas de confianza), sin contar, para ello a los "aviadores", "infiltrados", "parásitos" y todo tipo de alimañas como las que suelen incrustarse en las generosas ubres del presupuesto nacional.

El costo mensual por cada uno de los siete magistrados es de $ 47 mdp (incluye el pago por una planilla de hasta 48 empleados directos para cada uno), además de su salario bruto individual, que es del orden de $ 6.7 mdp., a los que se descuentan $ 2.2 mdp., por retenciones del ISR, por lo tanto, reciben libres de polvo y paja, $ 4,564.000, es decir, mensualmente +o- $ 380 mil pesos (sueldo tabular) más las prestaciones de ley, entre las que figuran, pagos por el nivel de riesgo, seguros (de vida y médico), fondo del ahorro y seguridad social, vales de gasolina, de despensa, teléfono celular (sin límite) y un variado etcétera, mismo que, su simple enumeración, causaría escozor hasta al más cínico de los cínicos.

En la nómina individual, como ya fue señalado, cada magistrado dispone de un cupo variable de plazas (entre 30 y

48), entre las cuales, por mencionar un caso específico, el del presidente de la Sala Superior, dispone del máximo, es decir 48 divididas entre (33) bajo su mando directo, (11) administrativas a cargo de la Secretaria Particular, y (4) para la Coordinación General de Asesores, Además, de ello, un número indeterminado de asistentes, asesores, secretarias, choferes, achichintles, plazas para cuyos nombramientos no existe ningún tipo de limitación, y son elaborados discrecionalmente, lo que implica, en lenguaje común y corriente, que se vale de todo, una especie de puerta giratoria, en la que destacan: amiguismo, nepotismo, cuatismo, segundo y tercer frente, madre o padre de alguno de sus hijos, y todos los istmos que mejor convengan a favor de los intereses de tan preclaro servidor público.

La cláusula mejor conservada de los acervos del propio TEPJF sobre el tipo de beneficio del que disfrutarán sus respectivos magistrados, tiene que ver con los recursos que perciben por cuenta del erario a la hora de culminar los períodos para los cuales fueron designados, ya que disfrutarán, de forma vitalicia, conforme a la norma aplicable, el nada despreciable importe de los ingresos recibidos durante el ejercicio del encargo.

¡Qué tal! En comparación con las raquíticas pensiones que recibe el otro 95% de servidores públicos, a los cuales, sí les toca ir al ISSSTE para atender sus necesidades más imperiosas en materia de salud y comprar sus alimentos en las más conocidas tiendas subsidiadas por la propia institución del estado.

De conformidad con la misma fuente, tales beneficios, a su vez se aplican en favor de todos y cada uno de los 24 magistrados de las seis salas regionales, en que está dividido el TEPJF, quienes disfrutan de un salario medio anual de aproximadamente $

2,948.000, además, por supuesto, de las mismas prestaciones que les son conferidas a sus homólogos de la Sala Superior.

Entonces, aunque la siguiente pregunta ofenda y despierte todo tipo de suspicacias, la formulamos: ¿y a qué hora trabajan?

¿Estamos satisfechos a los fines de la aplicación de la justicia electoral que podemos darnos el lujo de contar con este tipo de plataforma VIP dentro del Poder Judicial de la Federación?

La respuesta, en todo caso, podría ser la siguiente: contamos para ello con una entidad que dilapida a mansalva recursos públicos recaudados como parte de los impuestos que pagamos todos los mexicanos. A dicho fin, viene a mi memoria en este instante lo que podríamos llegar a considerar, desde ahora, como el Apotegma para el nuevo milenio, proferido, nada más y nada menos que, por quien fuera secretario de gobernación en el sexenio del cambio político, 2000-2006: "...la democracia cuesta, y el precio a pagar se minimiza si se contrasta con el beneficio directo que recibimos de su práctica..." ergo, lo primero que vino a la mente conspicua de nuestros paladines en el gobierno de la república, es que se había emitido (por segunda vez) una especie de la que, en su momento, fuera mejor conocida como la "roque señal" expresada en el mismo contexto que encierra su original, especialmente, para los expertos en política que siempre pululan en el bajo mundillo de la cosa pública, a nivel nacional.

Si llegado el momento tuviésemos la suerte de que se nos asignara la función de verificar la eficiencia de las instituciones públicas, y que para ello, en todo caso, se nos exhortara ponderar en un balance aritmético que contara únicamente con dos variables: aciertos y desaciertos, no me cabe la menor duda que, vislumbrando una respuesta a partir de este momento histórico por el que atraviesa nuestra patria inflamada, el dictamen estaría cantado: priman, en exceso, los desaciertos, por encima de sus antagónicos, de lo cual, podríamos intuir que, además de que vivimos en un país absolutamente injusto, carecemos del modelo democrático que, no sólo nos ubique a la altura de las expectativas ciudadanas, sino que, cuando menos, cumpla cabalmente con los objetivos para los cuales fue establecido.

Es, por todo lo anterior, que los mismos de siempre, los gandallas, los que se han venido adueñando de todas y cada una de las instituciones públicas, tanto las creadas a la sombra del "Ogro Filantrópico", como, las más nuevas, que disponen - como es el caso del TEPJF- , de innovadores enfoques en materia de políticas públicas, destinadas, en principio, a fomentar el equilibrio entre las instituciones competentes en dicha materia y premiar el activismo ciudadano, se adueñaron del mismo, a pesar de que el ideal hubiera sido que no cayera otra vez en manos de los nombres y apellidos que se han venido repitiendo a lo largo del tiempo dentro del santoral de la alta burocracia local.

El otro gran fracaso del esfuerzo democrático de México, por supuesto, desde mi particular punto de vista, es el caso del Instituto Nacional Electoral (INE), cuya génesis, en principio, tuvo como precedente la creación del Instituto Federal Electoral (IFE), organismo que, a pesar de todos los pesares, y de las muchas vicisitudes que tuvo que enfrentar, nació bajo sino positivo, no obstante que únicamente se constituyó como árbitro para procesos a nivel federal.

Éste último, llegó a ser integrado – en sus mejores

momentos – únicamente por ciudadanos, presumiblemente independientes, como usted, muy estimado lector, y quien esto escribe. Para nuestro mayor pesar, la era de oro del advenimiento democrático del país, nos duró, tal cual reza el sabio refrán popular, que a la letra dice: "lo que al triste la alegría", es decir, si lo medimos en función del transcurso del tiempo, se resume en tan sólo un instante, que aprovechamos, tal cual si fuésemos los náufragos más avezados en el medio de la mar infinita, acosada por furiosa tormenta, para proveernos de una tabla salvadora que hiciera viable nuestra supervivencia.

Es decir, casi a contracorriente, superamos la prueba, y obtuvimos como premio invaluable a la persistencia ciudadana, la alternancia política. Sacamos al PRI de su sempiterna hegemonía, y colocamos en la silla presidencial, a un personaje, surgido de la entraña misma del anecdotario de la vida rural del país. Alguien distinto, pero de ninguna manera, puede considerarse como distante de los más importantes problemas nacionales que nos aquejaron, a lo largo y ancho de la geografía nacional, en ese preciso instante de nuestra muy maltratada historiografía.

Del IFE ciudadano que se irguió estoicamente (mientras pudo) como árbitro electoral en los procesos que mediaron durante su mandato (1990-2014), a estas alturas del paseo, disponemos, tan sólo de algunos de sus despojos mortales menos significativos.

Del grato aroma que suele emanar con la llegada del equinoccio que anuncia el comienzo de la primavera, pasamos a aspirar el hedor pútrido arrojado como consecuencia de la misma negociación política de siempre, la de alto nivel, realizada de espaldas a la ciudadanía, por debajo de la mesa, en lo obscurito, entre los que siempre mandan, y en la que nadie, salvo sus sempiternos protagonistas, pudo meter las narices, mediante la cual, las elites de las cúpulas dirigentes de los tres principales partidos políticos de esa ápoca (PRI, PAN y PRD, apoyados, como siempre, por la "chiquillada") secuestraron, para su propio beneficio, esta nueva y, potencialmente valiosa herramienta de participación ciudadana, cuyo control absoluto obtuvieron, sometiéndola a la operación numérica de siempre, las de cuotas para los cuates, fiel reflejo de nuestro subdesarrollo político a ultranza.

Con la reforma político-electoral de febrero del 2014, que supuestamente hizo posible la parcial cicatrización de las heridas al sistema electoral prevaleciente, derivadas, especialmente, de las muy discutidas elecciones presidenciales de 2006 y 2012, se crea, en el contexto de una nueva dimensión a nivel nacional, el INE., avocado, como era de esperarse, a sustituir, con creces, a su difunto hermano de leche, el IFE, cuyos responsos fueron ávidamente silenciados al mismo tiempo que su acrónimo era sustituido de la fachada principal del inmueble que le sirviera de sede, sito al sur de la capital del país, simbolizando con ello el fin de una época, cuyo juicio histórico, aún está por verse.

En el nuevo reparto del botín político, es decir, de las diez opciones de consejeros posibles, más uno, que ejercería como presidente, el PRI, se apoderó de cinco (mayoría), entre los cuales, por supuesto, la del presidente (que recayó en ese mismo personaje que odia, tanto a los chichimecas, como a los pata rajada), el PAN, que se hizo con tres, y por lo que respecta al PRD, el resto, es decir, las últimas tres.

Dicha cúpula que ha venido fungiendo, desde el comienzo

de su mandato, como mandamás de los más de 15 mil empleados de que disponía este peso pesado de la burocracia electoral, para el año de 2014, siguió engrosando las filas del amiguismo o cuatismo inter partidario, asignándose, con la cuchara grande, cada año, un número mayor de servidores públicos, tal cual se puede comprobar, a partir del último informe elaborado por su propia contraloría interna (5 de septiembre de 2017), del que se deduce que para el año de 2016, se incrementó el número de empleados, elevándose a 25 mil 836, y partir de dicho entonces, y hasta las previsiones para el 2018, el las siguientes cantidades, 2017, 26 mil 912 plazas; y 2018, 76, mil 876 (proyectadas).

En dicho sentido, conviene recordar, con puntualidad el hecho de que, en su origen, el nuevo árbitro electoral, es decir, el IFE fue integrado con una plantilla de tan sólo 2 mil servidores públicos.

El Apotegma que hemos venido enunciado (y que pronto podría convertirse en nuestro favorito) sobre el valor intrínseco de la democracia en México, no es producto, ni del azar, ni de la fantasía, ni de la magia, ni de la borrachera/cruda del día siguiente, ni de nada en particular, responde a una verdad determinante, con puntos y comas, tantos cuantos puedan derivarse del cálculo total de la asignación por concepto de prerrogativas otorgadas por el estado mexicano a los partidos políticos, que se cifra, en la nada despreciable fortuna de más de $ 80 mil mdp, dentro del período comprendido entre 2010-2016.

Desde su creación, el INE ha sido, y pienso que lo seguirá siendo, a los ojos de su bien ganado prestigio público, algo así como una especie de PAC-MAN de los videojuegos - mejor conocido en nuestro mundillo del ocio, como "come galletas"- , es decir, una vez que comienza, su rutina alimenticia, aparenta que la misma, no tendría fin.

Esa es la impresión que nos ha dejado, sobre todo, a la luz de las infinitas ambiciones personales y grupales de quienes ahora lo integran, los cuales han expresado mayor preocupación por disponer de una nueva sede institucional "Palacio de Cristal" (que complementen sus actuales oficinas, y que a su vez, cuenten con áreas específicas para el solaz esparcimiento de sus servidores, que además, incluya servicios mínimos tan relevantes, como sauna, masajes, jacuzzi, mesas de ping pong, billar, matatena, etc.), no obstante el alto costo estimado, por lo bajo, y conforme al anteproyecto elaborado por encargo de la propia instancia del gobierno federal, en aproximadamente, $ 1,200 mdp., sin contar para ello, que la obra pudiera ser adjudicada al mismo contratista, entre cuyas hazañas más conocidas, se cuenta la de haberse embolsado el doble de los recursos originalmente pautados para ser destinados, en el proyecto para la construcción de la nueva sede del Senado.

¡Qué tal!

Y, nada que decir sobre la posibilidad de que, llegado el momento de la verdad sobre la severa crisis presupuestal que enfrenta el gobierno de México, nuestros prohombres del Consejo General, accedan a que se les reduzca (aunque sea la mínima parte) el total bruto de sus respectivos emolumentos mensuales. Dicha acción, sobre la cual ha quedado vergonzosa evidencia, fue declarada como inconstitucional por la Suprema Corte de Justicia de la Nación (¿a dónde hemos oído eso?).

Tal como quedó asentado, el INE fue cooptado, desde el instante mismo en que vio por vez primera la luz del bellísimo Valle de Anáhuac.

Los mismos cuates y las mismas cuotas partidistas de siempre, que han enlutado a la democracia en México (y que lo seguirán haciendo, por vía de la anti democracia), se hicieron patentes en la Cámara de Diputados, a la hora de designar a los once integrantes del Consejo General de este nuevo y burocratizado órgano VIP del estado mexicano, en el cual, sin lugar a dudas, priman, por encima del interés general, los de todos y cada uno de los partidos políticos, incluidos entre estos, hasta los que forman parte de la "chiquillada", o partidos satélites, bisagra, presta nombres, parásitos, similares y conexos (del la RM), etc.

Con tan arraigada noción democrática de que el supremo poder público se esparciera desde el centro mismo de la nación, hacia la periferia, en beneficio de los gobiernos de los estados – tal cual ha sido comentado en su oportunidad -, el carácter aglutinador del INE, previsto en la reforma constitucional que le trajera a la vida, viabilizó un esquema ad hoc determinado por vía de los Organismos Públicos Electorales (OPLES), cuya misión – además de burocratizarlo aún más -, fue la de extender el férreo brazo institucional de la federación en todas y cada una de las 32 entidades que integran a la nación, a las cuales se les nombró, llegado su momento, una especie de grupo de "notables", quienes, en principio tienen como misión fundamental, la de fungir como representantes, al nivel específico de su jurisdicción territorial, del árbitro electoral nacional.

El verdadero galimatías que se intuye, a los fines del presente trabajo, es la creación de una abultada y dispendiosa burocracia, inequitativa, opaca y prepotente, que en lugar de despertar el más noble sentimiento de certeza política entre la ciudadanía, consigue todo lo contrario, incluso cuando está de por medio garantizarnos el más adecuado y conveniente uso del valor más singular de que disponemos, en nuestro carácter de gobernados: el derecho al voto, mancillado a ultranza, razón por la cual ha despertado entre todos, los altos índices de suspicacia prevalecientes en la actualidad.

En fe de lo cual, el curso que tomaron los tres últimos procesos electorales realizados bajo la supervisión del nuevo árbitro, es decir, los correspondientes a los años de 2015, 2016 y 2017, sirven como muestra fehaciente sobre las indudables falencias derivadas de un proceso legislativo viciado de origen, en el que, los padres de la patria, antepusieron – como suele acontecer siempre -, sus (mezquinos) intereses corporativos, por encima del interés general, por virtud de lo cual , el producto final se materializó en un híbrido, cocinado al vapor, sin mayores condimentos, y servido en la mesa, prácticamente cuando estaba aún crudo.

En los prolegómenos de su debut, a pocos meses de celebrarse las primeras elecciones federales de esta nueva época en la que fue requerida la intervención de los integrantes de las respectivas OPLES (67), el PRI, se auto asignó 24; el PAN, recibió 22, el PRD, apoquinó 12, el PVEM, fue obsequiado con 1, y en la cuenta de ninguno, como Independientes, 8. Y, así sucesivamente, hasta alcanzar el número total de integrantes de las 32 OPLES, una para cada estado de la República.

Apoquinamos, para dicho proceso, mediante el pago de nuestros impuestos todas y cada una de las demandas del nuevo PAC-MAN, cuyo nivel de ingresos anuales superó todo tipo de expectativas, incluso la más optimistas,

Se cumplió, por otra parte, a raja tabla, el Apotegma panista, y el dinero entró, y siguió entrando, a manos llenas a las arcas del INE, y de ahí, siguió su camino con rumbo a las manos voraces de la alta burocracia partidista, los tlachiqueros de siempre, la cual contempló con infinita alegría la forma en que, poco a poco, se fue inflamando su ceñida cintura, hasta que dispuso de otra, con holgura suficiente – característica de la obesidad mórbida que hoy padece - como para garantizarle su tranquila y saludable supervivencia.

Aquí, me gustaría hacer un pequeño paréntesis que nos permite, en todo caso, prácticamente desnudar la impunidad con la que se desempeñan las actuales cúpulas del los nueve partidos políticos con carácter nacional. De conformidad con la información pertinente del Servicio de Administración Tributaria (SAT), la deuda por concepto de pago de impuestos, alcanza, aproximadamente, $626 mdp., además, los institutos políticos ni siquiera cubren las cuotas respectivas, correspondientes al pago del IMSS., o de retenciones a sus trabajadores.

Durante el proceso correspondiente al 2015, todos, absolutamente todos, los partidos políticos se aprovecharon del cuantioso botín que distribuyó generosamente el árbitro.

Prácticamente fue saldado cualquier tipo de adeudo que pudiera haber tenido el tejido social vis a vis sus gobernantes, ya que, involuntariamente nos atragantamos, los 39,087,360 de anodinos spots publicitarios, difundidos a nivel nacional, por radio y televisión durante el curso de la pre campañas, la inter campaña y la propia campaña política, período en el que, por concepto de prerrogativas, los partidos políticos obtuvieron, $ 3,062 mdp., del conjunto del presupuesto total del INE, que se alzó por el orden de $ 18,572.4 mdp., de los cuales, $ 7,800 mdp., correspondieron al pago de la nómina del INE; $ 5,355 mdp., y $ 3,062 mdp., para el TEPJF.

Para dichas elecciones, además de la nómina de partidos políticos que disponen de registro a nivel nacional, el INE aprobó la creación de otras tres formaciones políticas: Movimiento de Regeneración Nacional, MORENA; Partido Humanista PH; y Encuentro Social ES., a los cuales, por su parte, también les fueron asignados recursos federales suficientes como para garantizar su actividad proselitista sin mayores contratiempos para ello. Eso si, su registro definitivo como partidos políticos quedo sujeto al porcentaje de votos que obtuvieran durante el curso de la elección federal.

En el contexto de las falencias más relevantes que se le impugnan al nuevo árbitro electoral, además de la de haber sido cooptado desde su creación por los partidos políticos, hay que añadir, la falta de control sobre el ingreso de recursos ilícitos, o de dudosa procedencia a las campañas electorales más relevantes del calendario nacional.

Otro de los más grandes riesgos que enfrenta México en la actualidad, no sólo a nivel electoral, pero también en dicho campo, es el de la indudable injerencia de células del crimen organizado, infiltradas a todos los niveles de vida pública en el país.

A su vez, es ampliamente conocido, que grupos al margen de la ley, pululan a diestra y siniestra promoviendo intereses específicos, mismos que disponen de nombres propios y apellidos que, a pesar de que todo el mundo conoce, nadie se atreve a denunciarlos públicamente, porque además, en ello podría irle de por medio la vida, a la larga, no variará el status quo prevaleciente, en donde la impartición de la justicia en México es, prácticamente, a nivel de cero.

En su primera prueba de fuego durante el curso de la elección federal del 2015, en la que se renovaron, además de los 500 escaños correspondientes a la Cámara de Diputados, nueve gubernaturas estatales (Baja California Sur, Campeche, Nuevo León, Sonora, Querétaro, Colima, Guerrero, Michoacán, y San Luis Potosí), 17 congresos locales con 661 diputados, 1015 alcaldías, fue prácticamente imposible que el nuevo árbitro asumiera, plenamente, con el cumplimiento de sus principales nuevas funciones, atajando vicios ancestrales cometidos en contra de la voluntad soberana de los ciudadanos, al depositar sus respectivos votos en las urnas comiciales.

Dicha elección le supuso al INE un costo aproximado de $ 7 mil 893 mdp, de los cuales, el 59.7% correspondió al pago de nómina.

Dentro de la picaresca nacional en materia de la emisión del sufragio, hemos logrado contextualizar algunas de sus más arraigadas costumbres, de las cuales se destacan las que fueran incluidas en el "Glosario de Mapachería Electoral", de Ernesto

Barragán Name, entre las que se destacan: "el acarreo", "el mapache", "la mesa que más aplaude", "el carrusel", "la urna embarazada", "la catafixia", "el ratón loco", "la uña negra", "la cargada", todos ellos, acompañados por ricas "carnitas" y "barbacoa", y del desentierro de "muertos vivientes (zombis)", "el Padre Amaro" , "piro maniaco", "tamal" , etc.

Lo señalado con anterioridad, no hace sino repetir una historia ampliamente conocida por los mexicanos, en la cual, se incluye, de forma sobresaliente, los teatrales exabruptos y rasgado de vestiduras, protagonizados por todas y cada una de las dirigencias partidarias a la hora de abrir debate, en el seno del Consejo General del INE, sobre la recurrencia de incidencias tales, como el ingreso ilegal de recursos públicos o privados, por encima de los topes determinados por Ley a las campañas electorales, la gratificación, en efectivo o en especie, a cambio del voto favorable por una opción política determinada, la aparición mágica de tarjetas bancarias de débito, impresas con la simbología subliminal que hace suponer, de forma inmediata, que implica una recompensa que otorga al ciudadano tal o cual personaje de la vida pública, a cambio de su voto favorable.

Los detalles más sobresalientes de esta elección, conviene destacar que durante el transcurso de la misma, se concretó la posibilidad de que fueran postulados para optar por un cargo público candidatos independientes, tal cual sucedió, por ejemplo, en el Estado de Nuevo León, en donde se alzó con el triunfo, precisamente, quien enarboló dicha bandera, así como la materialización del registro de, al menos, otros 22 candidatos independientes, correspondientes a 20 distritos, distribuidos en 12 Estados de la república.

A este mismo proceso, le cupo el honor de convertirse en el último que se celebra a nivel federal, previo a la entrada en vigor de una de las reformas a la Constitución más relevantes de los últimos tiempos, es decir, la materialización de un sueño acariciado por muchos: las candidaturas a la reelección, para los casos específicos de los diputados al Congreso de la Unión.

La violencia fue otra de las circunstancias recurrentes que determinaron el proceso comicial que referimos. Hubo, por lo menos, ocho ataques en contra de políticos en nuestro país durante el curso del proceso, fueron, además, asesinados dos candidatos presentados por el PRD., a la Presidencia Municipal de Ahuecotzingo, y a la respectiva de Chilapa, ambas en Guerrero, así como del abanderado de MORENA a la Presidencia Municipal en Yurécuaro, Michoacán, y al abanderado del PRI, a una regiduría del municipio de Huimanguillo, en Tabasco.

La coacción del voto en México es, hoy por hoy, un fenómeno generalizado en todo el país. Dicha premisa es, a todas luces, irrebatible, por virtud de sus implicaciones, las cuales, desde mi particular punto de vista, representan el mayor de los actos de corrupción de que hemos sido víctimas los gobernados, y que se remonta a una especie de herencia maldita que recibimos del movimiento armado de 1910, cuyo señero estandarte fue elaborado, justamente, bajo el principio del sufragio efectivo. ¡Vaya paradoja!

Es decir, no hemos tenido la suficiente certeza jurídica a lo largo de los años, sobre el destino real y verdadero del derecho fundamental más importante con el cual hemos sido investidos en el contexto de la sociedad en la que nos desenvolvemos: el derecho al voto. Lamentablemente usurpado a ultranza, por un interlocutor (con distintas máscaras) que, a estas alturas del paseo, es incapaz de garantizarnos los estadios mínimos de libertad y progreso a que en mayoría aspiramos.

Las elecciones subsecuentes, es decir, las correspondientes a 2016 y 2017, fueron desarrolladas de forma similar a la de su predecesora, la elección federal de 2015. Prácticamente, se incurrieron en los mismos vicios y excesos de fondo y forma que vienen siendo característicos desde tiempo inmemorial, como consecuencia directa del indudable anquilosamiento de un sistema de partidos políticos, hoy por hoy, a todas luces, obsolescente.

De acuerdo con el informe que recién presentara la contraloría interna del propio INE (5 de septiembre de 2017) – además del hecho que fuera reseñado anteriormente sobre la forma en que fue engrosada su nómina -, en gasto corriente, es decir, de cada $10 pesos recibidos, al menos $ 7 pesos, el nuevo PAC-MAN destinó a dicho fin, en 2016, $ 7 mil 213 mdp, equivalentes al 63% de los recursos recibidos; en 2017, $ 7,500 mdp, equivalentes al 69.1% de los recursos recibidos; y para 2018, conforme a la propuesta elevada al Congreso, se estima que serán erogados 10 mil 928 mdp., del total de asignaciones previstas, cantidad que representa el 60% del total y que servirá para cubrir salarios de una nómina que se elevará hasta los 76 mil 876 empleados.

Lamentablemente para todos, dentro del resúmen presentado, no hubo debate ni de ideas (ideologías), ni de programas de gobierno. Aparentaría que los partidos políticos mostraron tácitamente su complacencia sobre la nueva e ingeniosa fórmula aplicable a los procesos electorales, misma que, prima evitar un obstáculo de tal envergadura, en beneficio de la posibilidad de disponer de constante presencia en los principales medios masivos de comunicación.

A pesar de que estamos todos conscientes de la imperiosa necesidad de contar con nuevas ideas y estrategias en torno a la mejor fórmula para elegir a nuestros representantes políticos, quienes ahora tiene la capacidad o facultad para implementarlas, o no quieren, o no pueden actuar en consecuencia, no obstante el hecho de que nosotros, los gobernados, hemos ido ganando, paulatinamente, espacios y posiciones de excelencia – imposibles de alcanzar en otras épocas - desde los cuales muy pronto, también, estaremos en capacidad para constituirnos en una especie de esos mismos pesos y contrapesos previstos por la Constitución, y que, ahora, cínicamente vienen siendo omitidos en la práctica del día a día, por todos y cada uno de los poderes públicos, como ha quedado señalado con anterioridad.

Para el proceso comicial del 2016, que no fue federal, en el cual estuvieron habilitados para votar 33.7 millones de mexicanos, en una contienda que incluyó cambios para 12 gubernaturas estatales (Aguascalientes, Veracruz, Tamaulipas, Puebla, Oaxaca, Chihuahua, Durango, Quintana Roo, Sinaloa, Hidalgo, Tlaxcala y Zacatecas), además de1,294 cargos a nivel de diputados locales y presidentes municipales, y 60 (del total de 100) diputados constituyentes de la CDMX (lo anterior, como consecuencia directa de la asignación a "dedo" de 40 cupos asignados a favor de algunos de las mentes más iluminadas del sistema).

A dicho fin, se constituyeron dos importantes alianzas políticas, una entre el PRI/PVEM/Panal (para todos los procesos);

y la otra, PAN/PRD, para las correspondientes elecciones en Durango, Zacatecas, Quintana Roo, Oaxaca, y Veracruz. Durante el curso del proceso, nos tuvimos que aguantar, cual si fuera la peor perorata, 9.5 millones de (anodinos y anti pedagógicos) spots publicitarios por radio y televisión, insertados durante el curso de la campaña política. Por lo que respecta al período de la precampaña, se emitieron 2 millones 509 mil. El gasto total que, según el propio INE fuera entregado a los partidos políticos, se cifró en el orden de 2,233 mdp.

Podemos concluir, sobre dicho particular, que en todo caso y dadas las condiciones enunciadas, se consumó el mismo dispendio de siempre, el PAC-MAN comprobó que a dichos fines, es insaciable. Le vale madres que haya tantos millones de mexicanos (incluidos, entre ellos, niños y niñas de la patria) que no tienen ni en donde caerse muertos, ni recursos para comprar, día a día, un mendrugo de pan.

A los Chichimecas y los pata rajadas, es decir, los pobres, los indígenas, los nacos, además de que se les contempla con el mayor desdén desde una cómoda poltrona, en las alturas del olimpo mexicano, y de que se les aplica con rigor la máxima juarista (recuerdan: a los amigos gracia y justicia; a los enemigos, justicia a secas) se les tiene en calidad de una especie de alienígenas, parias o de un tipo de especímenes que, un buen día, procedentes de las más inhóspitas selvas de nuestra geografía nacional, se allanaron el camino que les condujo al umbral del "Palacio de Cristal", en donde tienen su asiento quienes dicen ser, los custodios de nuestra democracia en ciernes.

Y, dicho sea de paso, para nuestra mayor fortuna, no lo son. Integran, en su conjunto, la pantomima nacional de la que tanto nos ufanamos, de la que pregonamos aquí, allá y acullá, como si realmente hubiéramos descubierto el hilo blanco, o una especie de nuevo y rico Maná. Afortunadamente, para todos, sus pregoneros a ultranza están profundamente equivocados, a grado tal, que albergan dentro de sus insuflados pechos síntomas que determinan los males de siempre, provocados por el síndrome de: la autosuficiencia, la autocomplacencia y la grandilocuencia.

El contexto del proceso electoral celebrado el mes de julio de 2017, fue muy parecido a los otros dos similares manejados por el INE, y sirvió, entre otras lecciones, para prender las alarmas sobre la incertidumbre que pesa sobre el subsecuente, es decir, la madre de todas las elecciones: la sucesión presidencial prevista para el año 2018.

Hubo, además, dentro de los rasgos más característicos, la inusitada crispación ciudadana, consecuencia directa de la inexplicable movilización gubernamental a favor de todos los candidatos del PRI, especialmente, en el caso de la elección correspondiente a la gubernatura del Estado de México, entidad que, aunque usted no lo crea, ha sido gobernada por dicho instituto político, a lo largo de un período que cubre más de 85 años (como para Ripley, o el libro de records de Guiness).

La contienda incluyó cambios al mismo nivel en los Estados de Coahuila y Nayarit, y en Veracruz, a nivel municipal. Concluido el proceso, en el cual votaron 6,070,559 ciudadanos (53% del padrón electoral) con sendos triunfos del PRI (Estado de México y Coahuila), y la victoria de la alianza PAN/PRD/PT. No obstante, los dos triunfos electorales alcanzados por el partido en el gobierno, fueron seriamente cuestionados, y se llegó a formalizar acusaciones en el sentido de haber participado en el mismo contexto que lo ha caracterizado a lo largo y ancho de su existencia: la imposición a ultranza del más poderoso por encima de sus otros adversarios.

Se registró, como ha sido asentado, el mismo dispendio característico de todos nuestros procesos electorales, transformados, prácticamente, en una especie de concurso mercantil, en el cual los mercenarios del negocio de la obra pública y los negocios fáciles, así como los integrantes de las distintas bandas del crimen organizado y quienes, desde sus respectivas cloacas, cultivan las mieles de la antidemocracia, se constituyeron como los verdaderos protagonistas (patrones), quienes, de sus cuentas multimillonarias aportaron ingentes recursos que intercambiarán, en su momento, por inconfesables réditos económico/financieros que recibirán como moneda de cambio, para su solaz explotación de la hacienda pública.

Ciertamente, todos hemos sido testigos de las distintas maniobras fraudulentas que primaron durante el transcurso de proceso electoral, especialmente, en lo relativo a la campaña del abanderado priista en el Estado de México, quien, entre otros exabruptos, se atrevió a ofrecer (tipo el Rey Midas), entre otras prebendas electoreras, recursos para el sostenimiento (sometimiento) de las madres trabajadoras (tarjetas rosas), así como un titipuchal de patrañas, disfrazadas, en su mayoría, como ofertas carentes de suficiente sustento presupuestal como para ponerlas en práctica a la hora de comenzar a gobernar.

No obstante, tanta incidencia negativa, el abanderado del PRI, se alzó, como era de suponer, con un indiscutido triunfo, por virtud de que, es nada más y nada menos, uno de los "cachorros" del sistema, de los intocables, de los integrantes del grupo en el poder, de los elevados a los altares de la patria, en donde se les rinde homenaje con incienso, oro y mirra, tal cual sucedió, en un apartado episodio de la historia, con los tres reyes magos.

La estrategia gubernamental utilizada para consolidar su hegemonía en el Estado de México, se circunscribió a arrebatarle, a como diera lugar, el triunfo a la oposición, especialmente, por lo que respecta a la candidatura presentada por un partido de nuevo cuño: MORENA.

Ante dichas contundentes evidencias, el Consejo General del INE., se apoquinó, quedó como el chinito: "milando", dejando hacer y pasar, todo cuanto sus verdaderos amos le señalaran, obedeciendo para ello las consignas recibidas desde arriba, desde la cúpula del poder político del país, es decir, desde la residencia oficial del priista número uno, quien en todo caso, resulta ser su jefe natural.

La preocupación existencial que prima, a estas alturas del paseo, sobre la conciencia de la mayoría de mexicanos parte del despeje de la incógnita generada en torno a la certeza sobre el real y verdadero potencial del INE, en el contexto de la presente coyuntura, es decir, ¿será el órgano confiable y efectivo que nos garantice veracidad y plena confianza como depositario de la voluntad ciudadana vis a vis las elecciones presidenciales del 2018?.

Su primera tarea será la de convencer a la ciudadanía de que la emisión de 59 millones de mensajes publicitarios que serán emitidos entre el 14 de diciembre de 2017 y la fecha del cierre de las campañas electorales, no trastocará sus derechos fundamentales, ya que, al menos 40 millones del total corresponderán a los partidos políticos y el resto, habrá de ser utilizado por las propias autoridades electorales.

Y, aunque la duda subsiste y se maximiza, si para ello consideramos las claras deficiencias en la aplicación de la normativa vigente en esta materia (Ley General de Delitos Electorales) conjuntamente, con el ente público –independiente - supuestamente avocado a velar por su cumplimiento, como es el caso la Fiscalía Especializada para la Atención de Delitos Electorales (FEPADE), que vive, prácticamente paralizada desde su creación hace más de veinte años, y como consecuencia directa de la destitución de su titular el mes de octubre de 2017, a quien se acusó de un delito en contra del código de ética de la Procuraduría General de la República, en el caso de investigación sobre la presunción de ingreso de recursos ilícitos a la campaña presidencial del PRI en 2012, provenientes de sobornos entregados para dicho fin, por la empresa constructora brasileña Odebrecht.

Personalmente, me siento en extremo pesimista con vista a los comicios electorales de julio de 2018. Asumo que los principales actores del reparto estelar están coludidos en todo aquello que atañe a sus más inconfesables intereses clientelares, es decir, la rueda de la fortuna sexenal - equivalente al premio mayor de la Lotería Nacional, o al Melate –cuyo reparto de bienes augura para todos, los más placenteros años de confort y bienestar a favor de aquellos que logren, al menos, darle "un pellizco" a la (maravillosa) Diosa de la fortuna.

Ojalá que dicha predicción (maldición) no se cumpla

y que el proceso electoral correspondiente a 2018 se celebre bajo el sino de disponer de todas las garantías, que posibiliten la materialización del sueño que más anhelamos: que sean limpias y transparentes, y que todos aquellos que se vean favorecidos por el voto popular a sus respectivas candidaturas, especialmente, en el caso del presidente de la república, tenga plena conciencia de que en sus manos estará, entre otras grandes responsabilidades, sustentar todo el capital político que se desprende de tan alta magistratura federal, consolidar el sistema democrático con base al respeto del estado de derecho, así como administrar los casi 30 billones de pesos en recursos públicos - partiendo del supuesto de un gasto promedio presupuestal anual de (+ -) 5 billones de pesos, durante el sexenio 2018-2024 -, con un saldo de la deuda pública superior al 50% del producto interno bruto (PIB), bajo crecimiento anual, y más del 50% de la población en estado de pobreza crítica o pobreza extrema.

Si ese no fuera el caso, y que nuestro nuevo jefe de estado piense en función de sus cuates y sus cuotas, o en el beneficio de sus socios de la antidemocracia ¡gulp!, y requeté gulp, estaremos en una olla y tendremos la certeza de que, a pesar de todos los pesares, el sistema político creado como consecuencia de la Revolución de 1910 sigue vivito y coleando, con todas sus fortalezas y, especialmente, en el medio de sus indudables e infinitas debilidades.

7

FUERZAS CORPORATIVAS

Otros actores importantes en el entorno político de nuestro país que merece la pena analizar en el contexto de la presente obra, por la indudable influencia política de que han investidos, sobre todo, por lo que respecta al manejo de las cosas del estado, son los tres sectores mayoritarios que conformaron la estructura fundamental del partido hegemónico que lo ha eternizado en el poder, y sobre los cuales, en capítulos precedentes esbozamos ya algunas referencias, que intentaremos ampliar en el curso del presente, a partir de la necesidad de reconocer que, llegado el momento, funcionaron como una especie de sustento, utilizado por el gobierno para apuntalar el eje principal del ingenioso sistema de coacción ciudadana, a través de la imposición del "sufragio corporativo", implementado, desde tiempo inmemorial, como una de las armas más contundentes de que dispuso el PRI., con el fin específico de mantenerse en el ejercicio del poder público per secula seculorum.

Como afortunadamente para todos: no hay mal que dure cien años, ni cuerpo que lo resista, el intento de epopeya priista, visto desde la perspectiva de la presente coyuntura política, quedó tan sólo, en eso, en un intento fallido para secuestrar el estado de derecho, a los fines de apropiarse de todos los beneficios derivados de su explotación. Es decir, la antidemocracia fue vencida, una vez más, gracias a la voluntad soberana del ciudadano común y corriente, como es el caso de usted, apreciado lector, y de quien esto escribe.

Dentro del universo de los derechos fundamentales expoliados a ultranza, como consecuencia directa de la avasalladora fuerza ejercida en contra de todos los espacios de interacción política, el libre ejercicio del voto ciudadano, fue uno de sus principales damnificados, a grado tal que, para muchos de los gobernados, éste nunca pudo ser ejercido a plenitud, al menos, dentro de los márgenes suficientes de libertad que todos hubiésemos deseado que primara en el país que heredamos gracias al indudable esfuerzo realizado por nuestros ancestros.

Por todo lo anterior, nos queda claro que el objetivo principal de cada uno de los tres sectores, por medio de los cuales el partido hegemónico esparció su acción a lo largo y ancho del territorio nacional por más de 70 años, es decir: obrero, campesino y popular, fue, justamente, la coacción del más inalienable de todos los derechos de que disfrutamos: el del sufragio efectivo.

De forma tal que, apoyándose en todo tipo de subterfugios, entre los cuales incluimos, desde la aplicación de su amplísimo poder de convencimiento, hasta el de la imposición coactiva, y en su defecto – para los casos específicos que así lo ameritan en -, con la aplicación de sanciones ejemplares en contra de todo tipo de detractores, testimonio de lo cual podríamos, si ese fuera el caso, obtener copias de los muchos y variados testimonios por escrito que obran en los anaqueles especializados del Archivo General de la Nación, entidad que, afortunadamente, para todos, ha sido abierto al escrutinio público.

Por resultar más conveniente a los fines de la presente obra, intentaremos aproximarnos a dichos sectores por vía del que aparentaría ser el más representativo de todos: el obrero, portaestandarte, de su buque insignia, la Confederación de Trabajadores de México (CTM), entidad que marcó pautas a lo largo y ancho del territorio nacional, desde el momento de su fundación, el 24 de febrero de 1936, y durante el curso de toda la hegemonía ejercida a diestra y siniestra, abarcando, prácticamente, a todos los centros laborales del país, por virtud del indudable peso específico con el que fue investida la generación de sus viejos dirigentes laborales, a quienes, al comienzo de sus lides sindicales se les identificó bajo el seudónimo de los "cinco lobitos".

A la cabeza de los cuales figuró, como líder sempiterno el anciano de los anteojos ahumados, personaje que, en sus orígenes públicos más conocidos, se le identifica como el legendario fundador del sindicato del ramo lechero (1923), fungió, a su vez, como el líder indiscutido de la CTM durante más de 50 años

(1940-1997), pontificando desde su mesa de trabajo, en la calle de Vallarta número 1, prácticamente, sobre todo, y también, muchas veces, sobre la nada infinita del poder público en México.

Actualmente, y de conformidad con la información pública disponible, cuenta con una membresía aproximada de 608,000 trabajadores.

Recibió, de parte de todos y cada uno de los presidentes de la república de su época, lo que hoy debemos de suponer, como un sincero y merecido homenaje, determinado éste, por el grado del nivel de sumisión con el que, indefectiblemente acató los designios gubernamentales, a grado tal, que acuñó, entre otras muchas de sus más conocidos chascarrillos, el que lo hiciera notable entre los más notables dinosaurios de su época, y que reza: "...el que se mueve, no sale en la foto...", entendiendo con ello, además de la sumisión a la disciplina que impone el poder, la imperiosa necesidad de cumplir, a raja tabla, con las exigencias derivadas de la verticalidad característica del régimen de esa época.

Actuando siempre en contra de los intereses legítimos de los trabajadores – aunque dicha afirmación suene como una especie de cisma o anatema - que, por cientos de miles se afiliaron "voluntariamente" (a huevo) al gremio por él encabezado, supo conducir, y conducirse, de acuerdo con los lineamientos contenidos en esas famosas reglas no escritas, características del juego político prevaleciente en los años más obscuros del pasado más reciente de nuestro muy querido México.

La verticalidad a ultranza ejercida por la dirigencia de la CTM durante todo el período de vigencia del partido hegemónico, dispuso, en todo momento, de justa recompensa, ya sea que la misma se materializara en especie, a partir del equitativo reparto de las distintas cuotas gremiales, o en forma de participación en la asignación de innumerables posiciones burocráticas, repartidas indistintamente, en los tres niveles de gobierno, o singularmente, con el recibo de ingentes prebendas, canonjías, o privilegios (moches), todos ellos, como parte del reparto equitativo del botín con el cual el estado mexicano gratificó siempre a sus cómplices más relevantes.

Por lo que respecta a los amagos de disidencia – que indudablemente los hubo, y con bastante frecuencia –, tanto a nivel gremial, como a nivel político, ésta fue, oportunamente, acallada, tanto por vía institucional, es decir, mediante la indefectible aplicación de la vieja sentencia juarista: "... a los amigos, gracia y justicia. a los enemigos, justicia a secas..", o en el peor de los casos, ordenando su apresamiento y posterior confinamiento en alguna de las muchas tenebrosas crujías que siempre estuvieron disponibles para albergarlos en el inmueble de la vieja cárcel de Lecumberri.

En los casos de especial relevancia, el disidente era sometido al muy conocido tratamiento verbal y físico, practicado con la pericia del caso, en alguna de las mazmorras de las que siempre dispuso, en su sede central de Plaza de la República, en la capital del país, la Dirección Federal de Seguridad (DFS) policía política (actualmente extinta), al servicio del régimen, escenario principal en el cual fueron violados impunemente y a mansalva, los derechos fundamentales de cientos de miles de gobernados, cuyas identidades, hoy por hoy, permanecen aún bajo el más obscuro anonimato.

La negra noche que victimizó al sistema político que nos gobernó por espacio de más de 70 años, tuvo su más conocido quiebre cuando fue instalado un organismo represor institucional, de clase mundial – como fue el caso de la DFS –, creada, a dicho efecto, en 1947 con el fin de contrarrestar "cualquier tipo de actividades subversivas y terroristas" que, dicho sea de paso, y a todas luces, implica un mandato contrario a los derechos fundamentales consagrados por nuestra carta magna, especialmente, en lo que tiene que ver con la salvaguardia de las garantías individuales.

Además de la conculcación del más importante derecho fundamental de que disfrutamos en nuestra calidad de gobernados, es decir, el del sufragio efectivo, la obtención para sí, y en todo caso, para su propio beneficio y del de todos sus adláteres, del usufructo de los recursos financieros emanados de la generosidad del estado, se constituyeron como los síntomas más característicos del movimiento obrero mexicano, otrora exaltado como "sindicalismo charro", al menos, hasta los tiempos del advenimiento de la alternancia democrática, que marcó un antes y un después en la historia de este sector, tan significativo para el desarrollo político y económico de México.

Tanto por lo que corresponde a los viejos, como lo que concierne a los más nuevos líderes obreros, todos, en su conjunto, dispusieron de las más altas calificaciones por lo que respecta al nivel de efectividad en el ejercicio del viejo y tradicional oficio – del mismo que hemos llevado y traído a la palestra durante el curso de la presente obra -, heredado de los más modestos trabajadores del campo mexicano, es decir, el de tlachiquero. Cuyos pingues beneficios han circulado profusamente, conformando las grandes fortunas amasadas al calor del ejercicio de las lides sindicales que conforman parte importante de la antología del obrerismo criollo.

Que formó, forjó, y lo seguirá haciendo, una pléyade de líderes estelares, muchos de los cuales, al mismo tiempo que han sido ampliamente vitoreados, de igual manera, algunos también, fueron víctimas del vilipendio, y en casos extremos – que los hubo, y muchos – defenestrados. Sin embargo, una gran mayoría de los mismos, siguiendo ese famoso guión no escrito de la antidemocracia política prevaleciente, han pugnado tenazmente por mantenerse pegados a la ubre generosa del sindicalismo criollo.

Algunos de dichos ejemplos emblemáticos que, además, gozan de fama pública, tanto localmente, como fuera de nuestras respectivas fronteras territoriales, disponen de sustantiva membresía, y de la posibilidad de administrar ingentes recursos procedentes, tanto de los descuentos mensuales por concepto de las cuotas de sus agremiados, como por resultado de los beneficios inherentes de la aplicación a raja tabla del socorrido verticalismo con el que suelen ser manejados la mayoría de organizaciones obreras similares. Un poco más adelante, abordaremos los casos que nos han parecido más emblemáticos a los fines de la presente obra.

Otro de los sectores fundamentales para entender la hegemonía ejercida por el PRI durante más de 70 años, y que dispone de la mayor relevancia, que además, ha contribuido, silenciosamente, con el esplendor de dicho instituto político, es el de los trabajadores del campo, agremiados, a partir de 1938, en la Confederación Nacional Campesina (CNC), entidad que aglutinó a ejidatarios, comuneros, solicitantes de tierras, asalariados y productores agrícolas, la mayoría interesados en validar las demandas contenidas en una de las principales banderas enarboladas por el movimiento armado de 1910, bajo el lema: Tierra y Libertad, reclamamos realizados a ultranza por uno de sus más destacados caudillos, como fue el caso de Emiliano Zapata, considerado, por sus respectivos seguidores, como auténtico prohombre del campo mexicano.

Para bien, o para mal, el campo mexicano ha sido, es y seguirá siendo, uno de los bastiones principales de la dialéctica del régimen de partido hegemónico, por virtud de que, muy a pesar de todos los pesares, y considerando para ello las circunstancias a través del cristal con el que se mide el tiempo, lamentablemente, no nos ha sido posible descubrir la Piedra Nodal capaz, por una parte, de brindar una solución razonable en función de una alternativa viable para satisfacer todos los intereses en juego en el contexto de la propiedad y tenencia de la tierra, y por otra, que la misma permita cumplir con la función primordial que le corresponde, es decir, producir los satisfactores suficientes como para garantizar los derechos de sus respectivos poseedores para proveer a sus familias del sustento digno y razonable que se merecen.

En mi opinión, y dicho sea por fuera de los reflectores y del oropel del que fueron revestidos los principales actos gubernamentales de entrega de tierras a los trabajadores del campo (reparto agrario), característicos, a partir del régimen de consolidación de las instituciones, y que fuera extendido durante el curso de los posteriores sexenios, el campo mexicano sigue siendo igual de improductivo de lo que fue durante el curso de sus momentos más críticos, como cuando los trabajadores de la tierra se vieron obligados a levantarse en armas, siguiendo las incendiarias arengas del mejor conocido como "Caudillo del Sur".

El fracaso determinante en materia de la eficientización del campo mexicano tanto por lo que respecta al reparto agrario, como a la operación práctica de financiamiento por vía de la creación de todo tipo de entidades burocráticas especializadas, que además de haber causado grave daño patrimonial a las arcas de estado mexicano, no han podido alcanzar los objetivos para los cuales fueron creadas, arrojando, a su vez, un balance de perdidas equivalentes al total de recursos erogados por concepto de alivio a los efectos de la infinidad de desastres naturales acaecidos en todo el país, incluidas, entre otras, la mayoría devastaciones públicas, o calamidades que nos hayan asediado, por lo menos, durante el curso de los últimos cien años.

Así de triste, y de complejo, es el escenario de la coyuntura que contempla el campo mexicano, de los tres millones de campesinos que supuestamente fueran representados por los 300 delegados, que concurrieron en Guadalajara a la creación de la CNC, en 1938, aparentaría como posible que, tanto ellos mismos, como los integrantes de sus primeras y sus segundas generaciones, así como las subsecuentes, hayan optado por una vía más práctica para buscar la solución de los ingentes problemas existenciales que han padecido, es decir, integrarse, voluntaria o involuntariamente a la diáspora de connacionales que han migrado en busca de mejores expectativas de vida hacia los Estados Unidos de América, cuyo censo aproximado – a pesar del mimetismo oficial en esta materia – ronda por el orden de los 20 millones de compatriotas, todos, desplazados de su propio país, e impulsados fuera de sus fronteras territoriales en calidad de "espaldas mojadas".

La CNC, al igual que su hermana gemela, la CTM no han hecho otra cosa que justificar el status quo prevaleciente durante el curso de la hegemonía del PRI, repartiendo un botín mal habido, entre sus más destacados afectos, y sancionando, por otra parte, mediante la aplicación con todo rigor del peso de la ley, cualquier tipo de disidencia: "...quien vive fuera del presupuesto nacional, vive en el error", máxima que retrata a raja tabla, la entraña misma de un régimen patrimonialista que desconoce la diferencia entre disponer libremente de un bien público, y el libre ejercicio sobre los bienes personales y patrimoniales de carácter individual.

Para quienes han llegado a calificar como una especie de "liberticidio" la hegemonía que el PRI han ejercido a lo largo y ancho del siglo pasado en contra de la voluntad soberana de los gobernados interesados en hacer valer, a plenitud, su derecho al voto, les participamos que no estuvieron tan equivocados como podría llegar a aparentar, no obstante, los muchos intentos emanados del propio sistema como para hacernos suponer todo lo contrario.

Por lo que respecta al último sector del partido aplanadora, es decir, el popular, con el surgimiento de la Confederación Nacional de Organizaciones Populares (CNOP), en Guadalajara, el 28 de febrero de 1943, el instituto político en el poder intentó, al menos, parcialmente, y tal vez, en parte lo consiguió, aglutinar en su conjunto a las clases medias urbanas emergentes que comenzaban a multiplicarse en todos los puntos cardinales de la geografía de un país que, a esas alturas del paseo, atravesaba por una muy favorable coyuntura económica, de cara a los mejores intereses nacionales.

Con la inclusión de este nuevo sector bajo la férula de la revolución institucionalizada, todo el proceso de inestabilidad política derivado de su etapa de lucha armada, sufrió un vuelco sustancial de cara al esfuerzo por consolidar la hegemonía que le fue característica, hasta el comienzo de la transición democrática de principios del presente siglo. La CNOP, al igual que sus dos hermanas gemelas, la CTM, y la CNC, se constituyó, también, en un eficaz operador del partido en el gobierno, abriéndole nuevos espacios de interacción, tantos, cuantos pudieron escaparan de la influencia directa ejercida por parte de sus homólogas.

De esta manera, poco a poco, estos tres sectores se fueron imponiendo en el gusto y en las preferencias ciudadanas, en función de la inexistencia de otras opciones políticas reales y efectivas en materia de participación política a nivel electoral.

Los privilegios y canonjías obtenidos, derivados de su acción multiplicadora son muestra fehaciente de la inexistencia de un verdadero órgano de control que pudiera estar en capacidad de certificar el nivel real alcanzado por el inmenso expolio a que ha sido sometida la hacienda pública, como parte sustancial del reparto de lo que popularmente se ha llegado a calificar como botín político en el que han sido convertidos los recursos públicos puestos en manos de un Estado derrochador e incompetente.

Conviene señalar, únicamente a los fines de registro histórico, que el PRI en sus orígenes – como era lógico suponer

– siempre dispuso de un poderoso y activo brazo militar, lugar en el cual fueron cobijados los viejos y verdaderos luchadores del conflicto armado. Sin embargo, al institucionalizarse la revolución se decidió, en 1940, eliminarlo, procediendo, al menos teóricamente, a "ciudadanizarlo", intentando con ello "lavarse la cara", objetivo que, según la opinión de quienes verdaderamente conocen en esta materia, fue cumplido a cabalidad.

De la misma manera en que los tres sectores del PRI incidieron en su papel de actores destacados de nuestro sistema político, existen, además, dentro de las mismas huestes de seguidores del gobierno, afines, o simpatizantes, otras organizaciones de carácter gremial – algunas de ellas, ampliamente conocidas por su rapacidad -. que aglutinan significativas membresías de trabajadores, entre las que conviene señalar los que disponen de un número mayor de afiliados, como son:

* Confederación Revolucionaria de Obreros y Campesinos (CROC), fundada en 1952. Dispone de una membresía de 4.5 millones de afiliados;

* Federación de Sindicatos de Trabajadores al Servicio del Estado (FSTSE), fundada en 1936. Dispone de una membresía de 1,470,000 afiliados. Su líder funge en el cargo desde 1998;

* Sindicato Nacional de Trabajadores de la Educación (SNTE), fundado en 1943. Dispone de una membresía de 1,200,000 afiliados. Ha tenido dos dirigentes que, en

su conjunto, suman en el cargo, 43 años. Un poco más adelante se particularizará sobre el mismo;

* Sindicato de Trabajadores Petroleros de la República Mexicana (STPRM), fundado en 1935. Dispone de una membresía de 97,000 afiliados. Su actual líder lleva en el cargo desde el año de 1993. Un poco más adelante se particularizará sobre el mismo;

* Sindicato Único de Trabajadores Electricistas de la República Mexicana (SUTERM), fundado en 1933. Disponen de una membresía de 60 mil afiliados. Su líder funge en el cargo desde 2005; y Sindicato Mexicano de Electricistas (SME). Dispuso, hasta su liquidación, de una membresía de 44 mil afiliados:

* Sindicato de Trabajadores Ferrocarrileros de la República Mexicana (STFRM), fundado en 1933. Dispone de una membresía de 49 mil afiliados. Su líder funge en el cargo desde 1995;

* Sindicato de Telefonistas de la República Mexicana (STRM), fundado en 1950. Dispone de una membresía de 45,380 afiliados, simpatizantes de las causas enarboladas por el PRD. Su líder funge en el cargo desde 1976; y

* Sindicato Nacional de Trabajadores Mineros y Metalúrgicos y Similares de la República Mexicana (STMMSRM), fundado en 1934. Dispone de una membresía de 30 mil afiliados. Su líder que heredó el

mismo cargo de su padre, funge en el cargo desde 2001. Conviene señalar que esta dirigencia sindical se ejerce desde el extranjero, específicamente desde Canadá.

Los casos específicos, que ahora nos sirven como ejemplos más ilustrativos, como el del sector de la educación pública, y los de los más grandes monopolios gubernamentales, como son el de los petroleros, y los electricistas, por citar algunos de los más emblemáticos de organizaciones en las priman altísimos niveles de antidemocracia, corrupción, e impunidad, característicos del sindicalismo a ultranza, que ha sido, es y seguirá siendo estimulado desde las más altas esferas de la cúpula del poder político en México

Así ha venido sucediendo desde siempre. Cobijados bajo la mano firme de líderes sempiternos, que se atornillaron a la silla de la dirigencia sindical, bajo la práctica de figuras supuestamente democráticas, por ejemplo, la del "voto a mano levantada" "unanimismo", opacidad, o simplemente, como consecuencia de la imposición vertical directa, que implican las verdaderas causas por las cuales han sido, y seguirán siendo, predominantes en la historia sindical del país, tal cual se puede comprobar si atisbamos las circunstancias específicas, en el del día a día de los gremios referidos en párrafos anteriores, como son los casos específicos de los trabajadores de la educación SNTE, y su antagónica CNTE; los de la industria petrolera SNTPRM, y los de la industria eléctrica STERM.

En su mayoría, y tal cual ha sido asentado, disponen de coincidencias significativas, como la abusiva práctica de la verticalidad a la hora de la toma de sus principales decisiones, la prevalencia de mecanismos antidemocráticos a la hora de elegir a sus respectivos dirigentes, la ausencia de transparencia y la discrecionalidad a ultranza en el manejo de los recursos, tanto los públicos, como los procedentes del recaudo de sus respectivas cuotas gremiales, y la opacidad prevaleciente en manejo de los temas cotidianos del entorno de la vida sindical.

Dichos gremios han sido, son y seguirán siendo, los más consentidos del régimen de la revolución, cuyos antropofágicos gustos fueron compartidos, sin resquemor alguno, por parte del que, en sus mejores tiempos llegó a ser considerado como el principal partido de la oposición política en México, el PAN, entidad que aupó, en su momento, a unos y otros, a lo largo de los doce años en que gozó de la preferencia electoral por parte de los gobernados.

Las llaves del éxito que - según afirman quienes conocen de esta materia – con las que han abierto todas y cada una de las cerraduras detrás de las cuales reposan los más recónditos secretos del sistema político prevaleciente, han sido: la tolerancia sin templanza, la mano suave y poco firme, y la complicidad a ultranza, por las que se han valido para mantenerlo atrapado, prácticamente, por vía de la firme sujeción de sus partes más nobles, así como por el ejercicio del arte del chantaje y la complicidad, del cual, lamentablemente, para todos los gobernados, los protagonistas se dibujan solos.

El gremio sindical que consideramos como el más emblemático del rascacielos vernáculo de la corrupción e impunidad prevalecientes, es indudablemente, el de los trabajadores de la educación SNTE, que dispone de una membresía de 1.2 millones de maestros afiliados, cifra que, en todo caso, valida la fama alcanzada por dicha entidad gremial, considerada como la más numerosa de este ramo de servidores públicos, al menos, por lo que respecta a las cifras indicativas de sus otros pares en los países de América Latina y el Caribe.

Sobre dicho particular, conviene señalar, dos aspectos que considero de la mayor relevancia:

    1. los datos de que dispone la SEP, con respecto a su propia nómina, no son exactos. Un obscuro manto de incertidumbre cubre la realidad burocrática de la educación en México, justamente, como parte integrante del clima de opacidad que siempre ha rodeado el manejo de políticas públicas vinculadas a este sector gubernamental;

    2. De los sustantivos recursos públicos que han sido puestos a disposición de la SEP en el marco del presupuesto de egresos de la federación, sólo por citar un par de ejemplos, durante 2016 alcanzaron $ 302,986 millones, 551.681 pesos; y durante el período de 2017, $267,655 mdp. Tan sólo en el rubro de salarios, se gasta, más o menos, entre el 85 y el 86% del total asignado.

Por lo que respecta al gremio educativo antagónico (disidencia), la Coordinadora Nacional de Trabajadores de la Educación (CNTE) cuenta, según la información pública de que se dispone, con una militancia que se estima, podría ser equivalente, al 10% del total de los agremiados al SNTE, con presencia en la mayoría de los estados ubicados al sureste de la República.

Por lo que respecta a este último, y considerando para ello el formato más conocido en la actualidad, fue fundado en 1943, durante el período en el cual se comienzan a consolidar las instituciones del estado – al menos desde la visión del partido oficial -, y en sus orígenes, aparentaría que, efectivamente, representó las legítimas aspiraciones de sus agremiados, sobre todo, frente a la realidad prevaleciente en torno a la sus justas reivindicaciones por obtener mayor calidad de vida, por vía del otorgamiento de salarios más adecuados, acordes, con las circunstancias individuales en cada uno de los momentos históricos de su actividad sindical.

A la reivindicación salarial característica de la mayoría de movimientos sindicales de esta naturaleza (y época), poco a poco, se le fueron sumando otro tipo de apetitos, que no necesariamente correspondían a los propios de los maestros, y como consecuencia lógica de dichas demandas se amplió exponencialmente su menú de intereses. En dicho ambiente, surge – como una especie de leitmotiv- la tentación por participar en un juego político que, si bien a bien, en sus orígenes no entendían completamente, con el transcurso del tiempo, se hicieron expertos, llegando incluso a utilizarlo como una especie de trampolín que les abrió las puertas hasta proyectarlos como actores principales de la "novela electoral", tal cual fuera demostrado, fehacientemente, al menos, durante los comicios presidenciales del 2006.

El SNTE, y muy especialmente, sus máximos dirigentes sindicales - los que accedieron a la secretaría general entre 1974-1989; y 1989-2013 -, obtuvieron, de todos y cada uno de los gobiernos de la revolución, así como en el caso de los dos de la alternancia política, todo tipo de reivindicaciones y canonjías, mismas que, en su momento, fueron canjeadas en favor de sus respectivas agendas clientelares gracias a la manipulación del todo poderoso "sufragio magisterial", valor utilizado como moneda de curso legal que, sirvió para redituarle al sistema la diferencia entre alzarse con un triunfo electoral indiscutible, o incurrir en la suerte contraria, es decir, la perdida del mismo, resultado que puede ser apreciado en la dimensión que le corresponde, a partir de la pulverización del voto ciudadano, en el México contemporáneo.

Sobre este particular, cuentan, quienes en todo caso figuraron como actores principales del suceso político, que el líder magisterial correspondiente al periodo 1974-1989, intentó escamotear el apoyo magisterial al candidato del PRI a la presidencia para el período 1988-1994, maniobra que le costó ser defenestrado del cargo, y sustituido por quien intentó instaurarse como dirigente vitalicia del SNTE, quien a la postre, sufrió el mismo destino.

No obstante lo anterior, y retomando el caso que ahora nos ocupa, es decir, el del chantaje como prenda válida de intercambio que, representa, en sí mismo tan sólo una de las diversas aristas disponibles del amplio arsenal con el que cuentan los máximos dirigentes del gremio educativo, quienes además, y como es de público conocimiento, han tenido la habilidad para facilitar el enriquecimiento de sus propios bolsillos, ya sea por vía directa, gracias al expolio de los recursos financieros provenientes de las diversas asignaciones presupuestales que por ley le son otorgadas, o por virtud del manejo discrecional de los ingentes recursos derivados de las cuotas mensuales que les son descontadas, a cada uno de sus respectivos agremiados, por parte de la SEP.

Según se ha podido conocer, tanto en función de los rumores que circulan dentro del ambiente de la comentocracia nacional, o por vía de vox populi, la dirigencia del SNTE se embolsa, mensualmente, entre 180 y 200 mdp., tan sólo por concepto de cuotas sindicales que le son depositadas en sus cuentas bancarias, por la propia SEP. Vaya usted a saber si dicho acierto es realidad o mentira. Sólo "el monje loco" (como diría mi abuelita) lo sabe todo a ciencia cierta.

Lo que si es verdad, y en todo caso, tema abierto al debate general es que, antes de que comenzaran a aplicarse los términos incluidos en la más reciente reforma educativa (Pacto por México), el gremio magisterial era manejado bajo criterios de la más absoluta opacidad, sujeto a la discrecionalidad de su dirigencia política, razón por la cual, a nadie puede extrañarle que, con toda frecuencia, nos topásemos con situaciones como el caso de que la propia SEP desconoce, entre otros datos, los siguientes:

* El número real de integrantes de la fuerza laboral de que dispone la propia dependencia federal;

* La cantidad de sindicalizados que estuvieran en situación de profesores activos, o en su defecto, con el carácter de comisionados en el propio SNTE;

* El número de plazas disponibles dentro de cada uno de los niveles que integran el escalafón magisterial;

* Las remuneraciones salariales que devengaba cada una de las respectivas plazas, así como el monto por concepto de retiro;

* Si estaban vivos o muertos sus respectivos titulares; y
* Si las vacantes de los fallecidos podían ser consideradas con la calidad de herencia legítima (o ilegítima) para favorecer a sus deudos.

Además de un amplio etcétera, que sintetiza, entre otras cosas el universo de irregularidades que, aún a estas alturas del paseo, subsisten, muy a pesar, de la tan cacareada modernización educativa, impulsada por quienes se auto designan como integrantes del nuevo PRI, partido político que a la hora de la hora, integra las mismas caras y los mismos gestos de siempre.

El daño real y verdadero que el SNTE – y en todo caso, su entorno gremial - han inferido al modelo educativo mexicano, inspirado gracias al ingenio de personajes únicos, como lo fue, José Vasconcelos, es el de haber interpretado, erróneamente, la esencia misma del mensaje que nos fuera legado por este insigne hombre de las letras mexicanas: "Por mi raza hablará el espíritu", pervertido a través del comportamiento de sus seguidores.

Uno de los lujos que no nos podemos seguir dando, es el referido al amplio rezago que presenta en su avance la agenda educativa de México, especialmente, si para ello tomamos en cuenta el total de los resultados acumulados por países de nuestro propio entorno, o en su defecto, de los que disponen del mismo peso específico de México, como son los que integran la Organización para la Cooperación y Desarrollo Económico (OCDE), de la cual somos parte, y cuyos análisis especializados en esta materia, arrojan, año con año, cifras irrefutables que nos hacen aparecer, prácticamente atornillados, en los últimos lugares en su escalafón de clasificación.

Otro de los excesos más incomprensibles que, en todo caso, no podemos permitir que se repita en la vida de un gremio como es el caso del magisterial, tiene que ver con la materialización de una de las más polémicas decisiones adoptadas gracias al voluntarismo característico de la recientemente defenestrada lideresa del SNTE, quien fundó, el 1 de agosto de 2005, un partido político personalizado, y antagónico al PRI, erigido, además, a su imagen y semejanza, el Nueva Alianza (PANAL), creado, con el exclusivo fin de disputarse espacios de influencia al poder público, bajo la premisa determinada por un juicio prácticamente obnubilado que le hizo suponer que disponía, a su antojo, de la indudable fuerza que representa a nivel político el "voto magisterial".

La otrora poderosa lideresa magisterial pagó su afrenta al nuevo PRI, es decir, al del "Grupo Atlacomulco" con la privación de su libertad personal, así como la defenestración del cargo que en forma vitalicia había asumido. Un coste que, a juicio de sus propios correligionarios, fue producto de los reiterados excesos y desviaciones, que estuvieron a punto de privarnos de la oportunidad de alentarnos a que estábamos próximos al advenimiento de una nueva era dentro del horizonte educativo de México. Milagro que, a estas alturas del paseo, lamentablemente, seguimos esperando que se haga realidad.

La CNTE, antagónica del SNTE, fue creada el 17 de

diciembre de 1979 como una disidencia concreta del sindicato que, desde siempre, ha sido aupado por el sistema. Dentro de las principales banderas que han enarbolado desde la fecha de su nacimiento, además de las consabidas reivindicaciones salariales y de todo tipo de canonjías, está la del combate a la antidemocracia prevaleciente en el SNTE, y la instauración del voto universal para la elección de sus principales dirigentes (inexistente hasta el día de hoy), ya que los respectivos secretarios generales – al menos en los últimos 43 años - han sido ungidos al poder, gracias al favor del presidente de la república en turno.

Otra de las reivindicaciones que le han abierto espacios importantes de interacción política a la CNTE, sobre todo, en las secciones con incumbencia en estados del sur del país, es el manejo directo, tanto del sistema de educación pública, como la administración de los ingentes recursos financieros destinados a la misma por los gobiernos, cuyas cabezas principales que han caído en la trampa de evitarse un conflicto mayor con el gremio magisterial, por vía del otorgamiento de concesiones de dicha naturaleza.

Como el ejercicio de esta canonjía les ha sido de amplio beneficio, y de que, en caso contrario, es decir, que se llegara a presentar alguien que aliente, tanto desde dentro de las fronteras estatales, como a nivel federal, la posibilidad de que pudieran llegar a ser despojados de dichas canonjías, la amenaza sobre la posibilidad de que organicen movilizaciones, o marchas paralizantes a lo largo y ancho del territorio nacional, les han redituado los efectos esperados, poniendo a temblar a autoridades policiales y de seguridad pública en los tres niveles de gobierno, en donde se conoce muy bien, y de antemano, el alcance de los desplantes por parte de la dirigencia de la Coordinadora, a la que prefieren, como más adecuada medida de precaución, no confrontar.

Por supuesto, se da por descontado que la CNTE se opone, también, a que sus agremiados sean sujetos de algún tipo de evaluación, en los términos determinados dentro de las reforma educativa aprobada a la sombra del "Pacto por México".

En el peldaño siguiente del escalafón en el cual hemos ubicado a las más poderosas e influyentes organizaciones sindicales prevalecientes en el ambiente político vernáculo, se encuentra el de los Trabajadores Petroleros de la República Mexicana (STPRM), fundado, en 1935, que cuenta, aproximadamente con 97 mil afiliados.

De acuerdo con su propia cronología, el STPRM y la empresa para la cual prestan servicios sus agremiados, PEMEX, formalizaron su primera relación laboral a través de la suscripción de un contrato colectivo de trabajo, a partir del año de 1942, documento que ha sido, además de la base formal de la relación obrero-patronal, objeto de revisión, modificación, y en sus caso, ampliación, hasta en 34 ocasiones. El último de dichos procesos, el correspondiente al bienio 2017-2019, fue suscrito el 31 de julio del propio 2017, y tal cual era de esperarse, las partes manifestaron su conformidad, por el nivel de entendimiento alcanzado que, en principio, será de contubernio recíproco.

Lo anterior, sin menoscabo de lo que, a estas alturas del paseo, representa para el país, una de las mayores crisis por las que ha atravesado históricamente la industria del petróleo, tanto a nivel nacional, cuyo indicativo más sobresaliente es el paulatino agotamiento de la que fuera considerada como la "llave inagotable de la abundancia", es decir, las reservas petroleras en la zonda de Campeche, especialmente por lo que respecta al yacimiento Cantarell, así como la baja en los principales mercados internacionales de la cotización del precio del barril del crudo mexicano de exportación.

Que han sido, una y otra, las causas por las que fue adoptado el famoso "gasolinazo" con el que la administración correspondiente (2012-2018) sorprendió a la ciudadanía a principios del 2017, a pesar de habernos ofrecido, gracias a los indudables beneficios con los que fue presentada la tan cacareada reforma energética, que no se volverían a aumentar los precios al público de la cotización mensual del litro de gasolina.

¡Puras patrañas!

Otro de los elementos significativos que pesan en contra de los intereses de la industria del recurso natural no renovable, tiene que ver con el expolio de que viene siendo objeto la estatal PEMEX, con registros significativos en el índice de vulneración de los distintos poliductos que integran su amplia red de distribución, de forma especialmente significativa, el caso del de Minatitlán-Ciudad de México, víctima del poderoso ilícito bautizado con el eufemismo de huachicol, con pérdidas anuales, que según estimaciones de la propia paraestatal, rondan por el orden de los100 mil mdp.

Mientras todo esto sucede, en los ensombrecidos contextos nacional e internacional, la actual dirigencia del STPRM, como era de esperarse, prácticamente, sigue plantada en su macho, aparentando que nada ha sucedido en el mercado especializado, haciendo valer sus mejores instrumentos en las artes de prestidigitación que le son tan características, especialmente, a la hora de apelar a favor de la obtención de todo tipo de privilegios, en adición a los cientos de miles ya acumulados, para el solaz esparcimiento de sus agremiados.

Dichos líderes sindicales que navegan con las banderas de la inamovilidad y rampante impunidad en contra de cualquier acción que pudiera poner en tela de juicio tanto la legitimidad de sus respectivos reinados, como el derecho que les asiste para disponer discrecionalmente de los ingentes recursos que les son concedidos, por parte de la administración pública como si fueran una especie de "gracia divina", y que por cuyo ejemplo se constituye en cómplice directo del contubernio en el que incurren las partes al apropiarse indebidamente del recurso financiero proveniente de una industria que se nos ha enseñado que nos pertenece a todos, pero que en la práctica, ha sido convertida en coto privado de caza, administrado por los "malosos" del régimen.

Junto con el cúmulo de excesos tan distintivos del gremio, entre los cuales se incluyen, tanto la extensión de millonarios y opacos contratos para proveer bienes y servicios a diestra y siniestra a Pemex, y la coadministración de la industria de producción, explotación y distribución de todo tipo de insumos, como en lo que corresponde a la suscripción de leoninas renovaciones de contratos colectivos de trabajo (bianuales), tal cual lo refleja el caso concreto de correspondiente a 2017-2019, que nos sirve de ejemplo de la sujeción a que tiene sometido al régimen, al anteponer el interés particular por encima del general por parte del liderazgo sindical, actualmente, en cabeza de un sempiterno dirigente – quien lleva en el cargo, nada más y nada menos que 24 años -.

Nada ha cambiado, todo sigue igual, en la visión de país de que dispone el gremio petrolero, no obstante los indudables esfuerzos democratizadores de nuestro sistema político que se han venido operando, prácticamente, desde hace veinte años. El discurso sindical ronda por el orden de seguir obteniendo privilegios y canonjías distintos y diversos al resto de los que les son concedidos a la mayoría de trabajadores del estado.

Lo anterior, como parte de las prebendas a que vino siendo acostumbrado por el régimen del PRI, a cuya advocación siempre estuvo sometido, salvo, y de forma excepcional, durante el cacicazgo ejercido por el secretario general entre los años de 1961-1989, quien se atrevió a poner en tela de juicio la voluntad del "mandamás" en turno, apoyando la candidatura presidencial presentada por el Frente Democrático Nacional, durante el curso de las elecciones presidenciales de 1988, desvarío que, en todo caso, sirvió de causa para defenestrarlo en 1989, en los mismos términos dentro de los cuales viene operando, tradicionalmente, el Ogro Filantrópico.

Para los 97,000 agremiados de que dispone el STPRM, formalmente, sus dirigentes sindicales, siempre han obtenido concesiones especiales y diferentes, que les elevan a las alturas de un zona VIP (plus) de la burocracia nacional. Por ejemplo, ninguno de sus miembros, se ve obligado a acudir a una clínica del ISSSTE, tal cual, en todo caso, sería de obligación (¿o derecho?) ya que el poderoso sindicato cuenta con clínicas especializadas, prácticamente, en cada uno todos de los sitios en donde hay una sede seccional, en donde se ofertan todo tipo de servicios médicos (sin límite prefijado), incluidos casos específicos, como el de cirugía plástica o reconstructiva, y por supuesto, médico a domicilio.

Obtienen, mensualmente, por cada agremiado, hasta mil litros de gasolina y 135 kilos de gas doméstico, vales para despensa por $ 3,577 pesos, cuartos o viviendas a precios moderados ($100 pesos), uniformes cada dos meses, y calzado cada seis, préstamos a cuenta de sueldo sin intereses, primas vacacionales de 200% del salario, lavado de ropa, y en caso de fallecimiento la entrega a los deudos de una indemnización que ronda por el orden de 5 mil días de salario mínimo. A la hora de plantear su jubilación, pueden realizarla – en muchos casos, desde que cumplen entre 45 a 50 años - a un altísimo costo para el país, ya que suele incluir una pensión vitalicia que le concede el disfrute del total de su último salario, más sus respectivas prestaciones laborales. Un poco más adelante revelaremos algunos de los detalles más indicativos.

Además, de lo anterior, no conviene que olvidemos que una de las prestaciones más irracionales de que se tenga memoria en la administración pública a nivel global, parte del hecho de que los hijos de trabajadores petroleros cuentan con el derecho de heredar de sus respectivos progenitores, tanto sus plazas como trabajadores de Pemex, como todos los privilegios inherentes de que disfrutaran en vida.

A pesar de que, prácticamente, desde que comenzó la presente administración, se ha extendido el rumor de que Pemex reduciría su plantilla laboral, para 2014, disponía de 153 mil 185, a casi 131 mil 800, a finales de 2016, y de que el pronóstico para el cierre de 2017 se calcula que llegarán a 116 mil 600, lo que implica la separación de la empresa de más de 36 mil 400 petroleros, la verdad, dicho sea de paso, viene siendo completamente distinta, ya que, por la misma vía de los subterfugios legaloides de siempre, el número de integrantes del sindicato que cobran dentro de la modalidad de comisionados, se ha elevado exponencialmente, causando un detrimento patrimonial incalculable al erario público, por virtud de que en la mayoría de estos casos, tanto los comisionados, como sus congéneres de la cúpula sindical reciben recursos económicos a manos llenas, sin que los mismos sean objeto de algún tipo de comprobación, como en todo caso, y partiendo de la lógica institucional, sería una obligación contractual.

El hoyo financiero causado a la nación por parte de los trabajadores petroleros, de sus líderes gremiales y de los comisionados – locales y nacionales -, es incalculable. Tan grande, como los vicios debidamente documentados, cometidos irresponsablemente, por parte de los principales administradores, algunos de los cuales, como han sido los casos mejor conocidos como la adquisición ilegal de transportes marítimos, o con excesivos sobreprecios para las labores de cabotaje de la paraestatal, el "Pemexgate", y más recientemente, los quiebres financieros atribuidos a la empresa "Oceanografía"; o los sobornos, hasta ahora no cuantificados, derivados de la asociación con la constructora brasileña, "Odebrecht".

El actual secretario general y máximo líder petrolero, en el cargo, a partir de la defenestración del cacique que encabezó la dirigencia entre 1961-1989, representa, conjuntamente con su antecesor, el prototipo de dirigencia sindical más vergonzante con la que contamos que, además, nos hace enrojecer de vergüenza

tanto dentro de México, como fuera de sus respectivas fronteras. En dicho sentido, cabe preguntar: ¿cómo puede un país como el nuestro disponer de este tipo de representaciones sindicales? y no encuentro una respuesta adecuada, sobre todo, de cara a su confrontación frente a nuestros principales socios comerciales, o en su caso, a los países que integran la OCDE, especialmente, a esta hora en que nuestra nación intenta exhibir sus mejores ropajes de cara al proceso de negociación del Tratado de Libre Comercio para América del Norte, con Canadá y los Estados Unidos de América.

¿En dónde queda la tan cacareada modernidad? de la que nos envanecíamos. ¿Qué les vamos a decir a nuestros "Milenicos", o en su caso, a los "Centennials" para convencerlos de que voten a favor o en contra de una opción política determinada? cualesquiera que sea su orientación político/ideológica, a la hora de impulsarlos a involucrarse en la solución a los más ingentes problemas nacionales.

En el caso específico del partido en el poder, entidad política en la cual disfrutan de sus costosas prebendas los más rancios integrantes del sindicalismo mexicano, los tradicionales "charros", que han creado de entre sus respectivos retoños, verdaderos "mirreyes", quienes se dan el lujo de lucir con absoluto desenfado sus desenfrenados estilos de vida, ilustrándolos a través de las distintas plataformas que integran las redes sociales más populares, como los casos de Facebook, Twitter, Instagram, por mencionar a las más conocidas, que funcionan como multicolores escaparates a través de los cuales lucen, indistintamente, desde el último grito de la moda en vestuario, los modelos de vehículos más sofisticados, sus viajes a bordo de aeronaves de dudoso origen – muchas veces acompañados por cuates y cuatas, además de sus mascotas favoritas -, las visitas al rancho de papi a bordo de potente helicóptero, hasta un amplísimo etcétera, entre el que se destaca, la posesión de joyas de incalculable valor monetario (relojes, pulseras, esclavas y pendientes), además de poseer armamento altamente sofisticado, para su solaz esparcimiento, importado al efecto desde los Estados Unidos de América.

Han implantado como moda en nuestro país, un nuevo y moderno estilo de vida, absolutamente desordenado, que nos transporta, imaginariamente – al menos a quienes integramos mi generación -, a un muy lamentable pasado reciente, por cierto, no muy lejano a los fines de los tiempos de la historia, en el cual se pavoneaban cual sátrapas, los herederos de los reconocidos tiranos de Europa del Este, entre los que cobraron resonancia mundial, los regímenes de Nicolae y Elena Ceausescu, Todor y Liudmila Yivkov, Enver Hoxha, y Ramiz Alia.

¿De qué forma podemos orientar, adecuadamente, a nuestros Milenicos o "Millennials", integrantes de la generación "Y"(1981-1994), quienes conforman – según los últimos datos del INEGI - un sustantivo grupo poblacional que aglutina el 24.2% del total, o sea, más o menos 27 millones 151 mil 246 de habitantes?, quienes, en todo caso, saldrán a votar en el magno proceso electoral de julio de 2018. Y, en forma similar, a otro de los grupos poblacionales más significativos, el que integran los "Centennials" (1995-2020), o integrantes de la generación "Z", cuyos datos disponibles más reciente conforme a la información que maneja el propio INEGI, rondan por el orden del 30% del total del censo, con 33 millones de mexicanos.

Hacia dichos electores potenciales, desde mi particular

punto de vista, tendrán que enfocar sus respectivas estrategias las principales formaciones políticas a nivel nacional, a fin atraer su atención en torno a las distintas ofertas políticas que se manejarán de cara a la conquista de cargos de representación popular, tanto por lo que respecta a nivel federal, como estatal y municipal, respectivamente.

Antes de concluir el presente capítulo conviene formular comentarios específicos en el entorno de otro de los mayores gremios burocráticos del país, mismo que se encuentra ad portas de su extinción en su calidad de monopolio gubernamental, por virtud de las más recientes reformas energéticas aprobadas por el Congreso, en diciembre de 2013, de las cuales se supone que el estado mexicano pasaría del modelo de monopolio único en que operaba la Comisión Federal de Electricidad (CFE), al de una activa participación del sector privado en dos eslabones de la cadena productiva: generación, y comercialización de energía eléctrica.

En la punta de la lanza de la representación de la fuerza laboral de la empresa, se constituyeron, principalmente, dos gremios, el propio SUTERM con cobertura a nivel nacional, con la CFE, y el Sindicato Mexicano de Electricistas (SME) que operaba la Compañía de Luz y Fuerza del Centro (CLFC), liquidada, conjuntamente con su fuerza laboral de, aproximadamente, 44 mil trabajadores, por la administración del gobierno federal el 11 de octubre de 2009.

Una y otra empresas, desempeñaban, de forma conjunta la figura de monopolio, a partir de la nacionalización de la industria eléctrica, el 27 de septiembre de 1960. En el caso de la CLFC, le correspondió sustituir, en 1963, a la Mexican Light and Power, y desde dicha fecha, hasta la de su liquidación, contó con una importante fuerza laboral, integrada al sindicato correspondiente, cuya orientación ideológica migró del PRI, al PRD, movimiento con el cual aún, ahora, a más de ocho años de su desintegración, siguen políticamente apoyando.

Tanto en el caso del SUTERM, como en el SME, se apreciaron convergencias en los mismos vicios burocráticos característicos de las fuerzas corporativas del régimen. A cambio de su fidelidad partidaria, al menos, en sus inicios, el gobierno de la revolución, les otorgó sustantivas prerrogativas que hicieron viable el modus operandi característico de movimientos similares en nuestro país. El famoso: Yo te apoyo, y tú me apoyas, o el de cuates y cuotas. A pesar de que, con el correr de los años, y con especial referencia al caso del SME, al adoptar el padrinazgo político de las fuerzas progresistas del PRD en detrimento del PRI, prácticamente coadyuvó a su autodestrucción, esbozando, su fatal destino, determinado, curiosamente, por un gobierno encabezado por el que fuera el principal partido en la oposición, el PAN.

Ahora bien, partiendo del supuesto determinado por la adopción de un modelo de carácter patrimonialista, asumido, conscientemente, durante el curso de la dominancia del partido hegemónico, y su posterior trasplante – sin cambios significativos – a la era del ensayo democrático que hoy nos caracteriza, el que salió perdiendo fue, en el mejor de los casos, el propio estado mexicano, cuyo erario debe soportar el impacto negativo de una inmensa carga presupuestal generada a la sombra del aquelarre pensional tan propio en casos tales, como el característico de los amantes despechados, quienes a la hora de entablar reproches recíprocos derivados de las infidelidades cometidas en forma recíproca, no atienden a las consecuencias presentes y futuras que pueden provocar sus estériles desavenencias.

Y, es por tal virtud, que no podemos dejar de sorprendernos cuando contemplamos que dentro del ante proyecto de Presupuesto de Egresos de la Federación correspondiente a 2018, la Secretaría de Hacienda y Crédito Público (SHCP) debió prever, nada más, para el rubro de pensiones con cargo al gobierno federal, la suma de 793 mil mdp., que en todo caso, representa una inmensa erogación, si para ello tomamos en cuenta que, tan sólo por ingresos totales de operación de Pemex, el estado mexicano ingresará a sus respectivas arcas, la nada despreciable suma de 835 mil mdp., es decir, si partiéramos del supuesto de que el monto de las pensiones que debe sufragar, año con año, el gobierno federal fuera cubierto, únicamente, por los ingresos de la paraestatal, el saldo restante de que se dispondría para cubrir todo tipo de necesidades, como los casos del desarrollo de proyectos de infraestructura, seguridad ciudadana, lucha contra el crimen organizado, y la pobreza extrema, inequidad, procesos electorales, etc., sería de poco más o menos de 50 mil mdp.

Sin embargo, nuestro dolor de patria se agudizaría, si para ello propiciamos el desglose de las previsiones (para el año 2018) que la SHCP envió al Congreso, junto con su proyecto de presupuesto de egresos, en donde ubicaremos dentro de los renglones de las propuestas de pensiones más onerosas, las correspondientes a Pemex y a la CFE, de las que se intuye, entre otras gracias, previsiones como las correspondientes a la primera, del orden de 63 mil 873.9 mdp, para sufragar compromisos con los 97 mil 474 jubilados; y por cuanto a la segunda, previsiones de 54 mil 887.9 mdp, también para sufragar compromisos con sus 47 mil 917 jubilados.

La gracia de todo lo anterior, se desprende del hecho real y verdadero de que todos y cada uno de los jubilados y pensionados de Pemex y la CFE, recibirán, mensualmente, salarios que promedian, en su totalidad, la nada despreciable suma de 67 mil 786 pesos, que equivalen a 28 salarios mínimos mensuales, si para ello tomamos en consideración su valor actual de $ 80.04 diarios.

La paraestatal Pemex, cuenta con una plantilla de jubilados de 97,474; y la correspondiente de la CFE, con 47,917. Subsiste, además, una diferencia entre lo que recibe mensualmente cada jubilado por parte de la empresa en la que prestó sus servicios, por lo que respecta a la primera, es decir a Pemex, $ 54,607 pesos, y por cuenta de la CFE, $ 95,456 pesos.

Además, una y otra, contemplan el otorgamiento de prestaciones –únicas, a los ojos de sus contraparte burocráticas-, como el mantenimiento de servicios médicos especializados, tanto para los titulares, como para sus dependientes, es decir, no pisan jamás el ISSSTE, ni nada que se le parezca, reciben vales de despensa, ayudas de renta, y todo tipo de consideraciones que prácticamente los sustraen de la realidad nacional.

¡Qué tal! Y nos quedamos cortos. El actual estado patrimonialista, aupador sindical a ultranza, debe desaparecer, so pena de que en el camino perezca, y junto con él, todos nuestros más caros sueños por salir del bache, o en todo caso del socavón, en el cual estamos metidos por obra y gracia de un gobierno despilfarrador, como el que actualmente administra las cosas del estado.

Ahora me pregunto: ¿cómo es posible que a estas alturas de la coyuntura mexicana, y tomando como base las tesis que venimos manejando, el gobierno siga apoquinando a favor de un grupo de privilegiados burócratas ingentes recursos que podrían ser derivados a otras causas más nobles? como los casos de la inequidad prevaleciente, lucha contra la pobreza, la desigualdad, la marginalidad, la discriminación, y tantos otros rubros que presentan rezagos significativos, que se traducen como endémicos de una estructura social por demás compleja, como es la nuestra.

Así como hemos ilustrado algunos casos concretos que estimamos son prototípicos de un estado en decadencia, como lo es el nuestro, figuran, preponderadamente en la agenda de este tipo de vicios, otras organizaciones sindicales con "fama pública", supuestamente avocadas a salvaguardar los derechos y el patrimonio de sus agremiados, como son los casos emblemáticos de los trabajadores de la extinta empresa estatal de los ferrocarriles nacionales, así como la de los vinculados a la industria minero, metalúrgica y similares, en donde la rapiña manifiesta de sus dirigentes se encuentra a la orden del día.

Lo interesante del caso, es que todo mundo lo sabe, y aún así, nada pasa. La vida sigue igual para consuelo de los líderes que se apoltronan en la butaca mayor de la estructura de privilegiados conformada al amparo de un gobierno corruptor y corrupto por antonomasia.

El tlachique sindical es un oficio que le ha producido pingües ganancia al viejo modelo del estado corporativo. Parte del supuesto que nadie se encuentra en capacidad de poner en tela de juicio las reglas del viejo juego del "toma" y "daca" por todos conocido. Unos dan (aunque sea poquito), y otros reciben (esperando que sea mucho, sobre todo, en cantidad) a cambio todos los beneficios inherentes al favor recibido, y así, sucesivamente, hasta el fin de los tiempos, o en el caso contrario, en espera de que, en algún momento de nuestra variopinta historia, se nos presente la posibilidad de adoptar nuevas reglas del juego, sustentadas en una escala de valores que nos comprometa a todos por igual.

Hasta que no llegue ese anhelado momento, las cosas seguirán igual de lo que están el día de hoy, y nos encontramos en el riesgo inminente de que podría llegar a sucedernos algo peor, es decir, que viremos de rumbo y nos dirijamos hacia el pasado más reciente, plagado de ignominia y simulación, algo así, como ponernos al borde del más profundo barranco.

8

OTROS ACTORES POLÍTICOS

De los múltiples actores que han sustentado al sistema político prevaleciente, no podemos dejar de mencionar los casos de aquellos que, desde la perspectiva que intenta abordar el presente trabajo, hemos considerado como algunos de los más influyentes por constituirse en una especie de fuerzas políticas de hecho, gracias a que disponen de una indudable capacidad de penetración en el contexto en el cual interactúan, herramienta que han utilizado como llave mágica para abrir todas y cada una las puertas detrás de las cuales se contempla, la cotidianeidad del conjunto social que conforma nuestro país. Dentro de los más claros ejemplos, destacamos los siguientes:

* Los medios masivos de comunicación;
* Las organizaciones deportivas;
* La iniciativa privada; y
* Las iglesias.

<u>Los medios masivos de comunicación.</u>

Se integran como una especie de agente consustancial que, muchas veces, asociamos como sinónimo de avance, aunque también, pueden constituirse en todo lo contrario, es decir, epítome de retroceso. No obstante, quienes de verdad saben sobre esta materia, los han contextualizado como la figura de un imaginario "cuarto poder", por cierto, inexistente, en nuestro derecho positivo, si para ello nos remitimos al contexto formal de la palabra.

Sin embargo, y tomando en cuenta que a los fines de nuestro sistema político, la formalidad podría llegar a ser una flor que se marchita en el ojal de los imbéciles, es decir, consentimos y toleramos - desde tiempo inmemorial - la práctica inmolación de los usos y costumbres derivados del derecho in stricto sensu, abocándonos, en todo caso, a la práctica de lo "meta" o "supra" constitucional, siempre, dentro del entorno del filo más próximo al precipicio de la nada infinita, o de la negación del todo, como resultado de nuestra reiterada obsecuencia por hacer más asequible, entre otro orden de prioridades, el de la voluntad del señor presidente (en turno).

A esa piadosa figura, debemos, en México todo lo bueno y todo lo malo que nos acontece. Si un día llueve, con toda seguridad fue gracias a sus más fervorosas plegarias, si por el contrario, deja de llover, es por virtud de que ese día inició una gira que incluye su visita a alguno de nuestros más conocidos litorales marítimos.

Su figura se dibuja y se perfila en las primeras planas de los principales medios de comunicación escritos. De forma similar, al tratamiento que recibe con respecto a los otros, es decir, a los electrónicos, que proyectan imágenes subliminales de su augusta persona a la que no dejan de enfocar, pertinazmente, especialmente en los momentos en los cuales produce sus más amplias sonrisas - enmarcadas por su generalmente alba dentadura - con las que el señor presidente obsequia a una grey enardecida, como una muestra más de su sincero afecto, que concita emocionado y unánime homenaje, exteriorizado por vía de vítores, aplausos, chascarrillos y tronidos de sonora matraca.

Además de adjetivarlos, eufemísticamente, como integrantes del "cuarto poder", los medios masivos de comunicación en México, entre los cuales se incluye, prensa escrita y electrónica, radio y televisión, se han constituido formalmente, como actores políticos en el entorno de una sociedad caracterizada por sus altos índices de polarización, a la cual, demandan, insistentemente, los mayores espacios de interacción posibles, utilizando para ello su herramienta más contundente: la coacción, que les ha ofrecido, prácticamente en bandeja de plata, la posibilidad de ser considerados como verdaderos poderes facticos, o de hecho, contra los cuales, a estas alturas del paseo, no existe control posible, salvo las salvaguardias que ellos mismos se adjudican.

Ya, desde sus albores, y hasta nuestros días, los medios masivos de comunicación: prensa escrita y electrónica, radio y televisión, se han incorporado a la vida diaria y al acontecer del país.

En sus orígenes, como es lógico suponer, debieron subsumirse a los indudables controles que sobre sus contenidos ejercía el estado a partir del cumplimiento de ciertas reglas no escritas del juego político, dentro de las cuales, la correspondiente a su línea editorial era fundamental, motivo por el cual, en principio, ésta no debía ubicarse por encima de la frágil línea que divide lo que está permitido por el buen juicio común, de todo aquello que, por razones lógicas de una coyuntura política predeterminada, se consideraba como fuera de lugar, y en todo caso, objeto de una sanción (ejemplar, en muchos casos) por parte del estado.

Así de claras fueron siempre las reglas del juego. Hasta llegar al momento que, por razones propias de la obviedad política, se rompieron. Y como es lógico suponer, el quiebre de las mismas, supuso, en principio, el advenimiento de mayores y mejores estadios para el ejercicio pleno de nuestras libertades fundamentales que, de forma conjunta, nuevamente, nos fueran conculcadas, una vez superada la algarabía suscitada gracias a la llegada de la primavera democrática en México de principios del presente siglo, con el regreso al poder del temido Ogro Filantrópico.

En este sentido, conviene, a los fines de la presente obra, realizar una breve mirada retrospectiva para ubicar en tiempo y lugar a los actores principales de este capítulo, algunos de los cuales, sobre todo los correspondientes a los medios escritos – tal cual son conocidos ahora -, remontan sus antecedentes históricos a las épocas más felices de finales del siglo XIX, así como a los comienzos del XX, período que sirvió de testigo de eventos tan trascendentes para México, como fue el caso del inicio de la Revolución armada, cuyos prolegómenos les ubican en las postrimerías de los 30 años del gobierno de Porfirio Díaz.

Durante dicho interregno, hay que tomar en cuenta que México era un país mayoritariamente rural. Sirva de ejemplo el hecho de que para el año de 1885, su capital, contaba con tan sólo 326 mil habitantes, y la República, en su conjunto, para el año de 1900, un total de 13.5 millones, cantidad que, paulatinamente, se fue incrementando, a grado tal, que para comienzos de la Revolución, es decir, a finales de 1910, contaba con 15 millones de mexicanos, entre los cuales – ojo - el 80% era analfabeto.

En dicha virtud, el único medio masivo de comunicación con el que se contaba para ese entonces, fue el escrito. Los diarios, que no lo eran, en el más estricto sentido de la palabra, por virtud de que en su mayoría publicaban ediciones semanales, fueron surgiendo, a lo largo y ancho del país, como una especie de plaga de hongos silvestres.

Quienes verdaderamente conocen sobre esta materia por el simple hecho de disponer de evidencia empírica suficiente, calculan que, para principios del siglo XX, habían sido registrados en todo el país, al menos 2,175 medios escritos (en su mayoría de provincia), el Distrito Federal, contaba, con al menos, 100 periódicos diarios, y 250 en ediciones semanales, en su mayoría, en formatos con contenidos de orientación literaria, aunque también publicaban noticias diversas y páginas de opinión editorial.

En términos generales, dichos medios iban dirigidos, principalmente, a lectores muy específicos, ubicados, en los rangos de las clases sociales media alta y la burguesía gubernamental, ésta última, muy afecta a la lectura de todo tipo de información actualizada en asuntos de carácter europeo en general, y al acontecer francés, en lo particular, por estar de moda dicha nación en nuestro país.

Dentro de los principales medios escritos que suscitaron un mayor reconocimiento, se destacaron los afectos al gobierno de turno, se contaba, entre otros, con El Imparcial, Monitor Republicano, El Universal, los cuales reportaron tirajes diarios de entre 10 y 20 mil ejemplares, aunque, es de notar, que en el caso del primero, tuvo una época en la cual sus registros alcanzaron tirajes del orden de los 100 mil ejemplares. Por lo que respecta a los otros medios escritos, que representaron una línea editorial distinta, o de oposición política al sistema prevaleciente, se destacaron: Regeneración (anarquista), fundado en 1900, y desaparecido en 1918, que alcanzó un tiraje de hasta 30 mil ejemplares, El Anti Reeleccionista, El Constitucionalista, México Nuevo, El Partido Democrático, y El Excélsior, entre otros.

No podemos dejar de acreditar, especialmente, para beneficio de algunos de dichos medios escritos, su valiosa contribución al avance y a la consolidación de las ideas y los principios enarbolados por los principales próceres de la Revolución armada de 1910, quienes, haciendo gala de su sorprendente visión del futuro los utilizaron como vía de divulgación de sus respetivas plataformas políticas, para conocimiento de quienes, en el corto plazo, se convertirían en sus respectivos gobernados.

Por lo que respecta a sus congéneres más afectos, es decir, los otros medios masivos de comunicación, como los casos de la radio y la televisión, su llegada a México se dio en un contexto diferente derivado de los cambios escenificados al amparo del advenimiento de una nueva época, la que correspondió a la "Generación Silenciosa" (1928-1945) a partir de la cual, el estado mexicano crea sus principales líneas de actuación en el entorno de la explotación comercial del espectro radio eléctrico (artículo 27 de la Constitución), otorgando, con base a dichas facultades, concesiones específicas en esta materia, que originaron el comienzo de las primeras transmisiones radiales, que vieron la luz pública el día 18 de septiembre de 1930, conjuntamente, con el nacimiento de la primera estación comercial, la "W" (XEW), considerada, por sus respectivos concesionarios como "la Voz de América Latina desde México".

Un poco después de haber quedado inscrita en la memoria histórica de México hecho de tal relevancia, es decir, para el 19 de agosto de 1946, se perfila una nueva y emocionante experiencia – que, en todo caso, fue considerada como un hito tecnológico –, verificado en la ciudad capital de la República, con la primera transmisión de señal de televisión en blanco y negro, que sirvió de brazo impulsor para que, el 7 de septiembre del mismo año, se inaugurara, oficialmente la primera estación experimental de dicho medio: XE1GC, constituido como el primer paso de un proyecto mucho más ambicioso, que incluyó las primeras transmisiones diarias de televisión desde un local ubicado en los altos del Palacio de Minería, en septiembre de 1948.

Lo que siguió a partir de la implementación comercial de dicho hito tecnológico, forma ya parte de una historia sobre la cual, a estas alturas del paseo, no nos cabe suponer que tendrá un fin específico o determinado, si para ello tomamos en cuenta los indudables y vertiginosos avances alcanzados en dicha materia, sobre todo, a parir de las primeras transmisiones de televisión satelital, en vivo y a todo color, realizadas desde suelo patrio, en octubre de 1968, durante el curso de la celebración de los XIX Juegos Olímpicos de la era moderna, evento que formalizó el lanzamiento del país hacia una comunidad internacional más ambiciosa e interconectada, es decir, fuimos matriculados en la Aldea Global.

Como consecuencia de los indudables avances tecnológicos, hoy por hoy, los medios masivos de comunicación se han constituido en México como un factor real y verdadero de poder, con una incalculable fuerza, a grado tal que, muchas veces, le resulta prácticamente imposible al Estado contrarrestarla, por vía de la implementación de medidas de carácter coercitivo.

Sin embargo, y partiendo siempre de la sabia experiencia de la crónica especializada en esta materia, que nos ilustra con infinidad de situaciones específicas en medio de las cuales, ante la evidencia de haberse presentado diferencias sustanciales entre las partes, en términos generales, en su mayoría, se han podido resolver de forma satisfactoria.

En los casos concretos de desavenencias insalvables, que las hubo, y que seguirán presentándose, el Estado siempre ha dispuesto de opciones de carácter coercitivo, y las ha utilizado, siempre, a su mejor conveniencia,

En dicho sentido, nos queda claro que el estado ha marcado siempre las pautas a seguir, y ha mantenido, en todo momento, el sartén por el mango, ejerciendo su hegemonía de forma intimidatoria, cada vez que le ha dado la gana, a grado tal que, no nos extrañar presenciar como algunos connotados concesionarios de medios masivos de comunicación han manifestado, de forma expresa, su militancia o simpatía política hacia el partido de la Revolución, es decir, al PRI.

Dicen, quienes se presentan como expertos en esta materia que dichas afirmaciones fueron suscitadas por dos motivaciones principales: convicción personal, e instinto de conservación.

La primera, por resultar ampliamente discutible la certeza de una afirmación de tal envergadura, la vamos a obviar. Sobre la segunda, trasluce el claro reflejo de una realidad insoslayable que aún, a estas alturas del paseo nos agobia, y cuyo peso específico nos vemos obligados a soportar sobre las espaldas como si de una pesada loza de mármol se tratara.

Las reglas el juego de la relación entre uno y otros, es decir, el Estado y sus respectivos concesionarios, estuvieron siempre expuestas sobre la mesa: quid pro quo. Te doy para que tú me des. El que incumple, queda obligado a asumir la parte que le corresponde de responsabilidad. Así ha funcionado siempre dicha relación asimétrica, en medio de la cual, también, preferentemente han primado los intereses particulares de las partes, por encima de los altos intereses de la nación, a la cual, en principio, todos representan.

Aunque en abono al reconocimiento de los indiscutibles

beneficios sociales de que hemos sido objeto todos y cada uno de nosotros, como consecuencia de la labor realizada por los medios masivos de comunicación, convendría puntualizar que, tanto la prensa escrita a través de sus distintas modalidades, como los diarios, semanarios, revistas y publicaciones diversas que circulan a lo largo y ancho del país, como la radio en sus versiones de amplitud y frecuencia modulada (análoga o digital), así como la televisión en sus distintas modalidades y concesiones, a nivel local y con alcance nacional, significan una indudable aportación al conocimiento de nuestros valores patrios y nacionales, a través del esfuerzo conjunto y el trabajo personal y colectivo de muchos de sus principales protagonistas, quienes, en todo caso, disponen de nombres y apellidos, unos y otros, reconocidos por la sabiduría popular.

El salto cualitativo del que hemos sido testigos en función del desarrollo de nuevas tecnologías especializadas en esta materia, especialmente, a partir de finales del siglo pasado y comienzos del presente milenio, ha posibilitado que echemos a volar nuestra imaginación, y que, consecuencia directa de las ráfagas de viento que impulsan el movimiento de nuestras respectivas alas, nos remontemos en pos del espacio infinito que se abre ante nuestros ojos, a partir de la utilización universal de un medio de comunicación jamás imaginado por la especie humana, la Red Informática Mundial, o World Wide Web (WWW), que funciona gracias a la versatilidad de la autopista virtual más famosa: el Internet.

La universalización de dicha herramienta implica, a todas luces, un antes y un después, a la hora de intentar valorar su aplicación en lo que respecta a los medios masivos de comunicación vis a vis el espacio público de interacción frente a una ciudadanía cada vez mejor informada.

Si realmente utilizáramos a plenitud los beneficios inherentes a la aplicación diaria de dichos avances tecnológicos, los mismos se traducen en eficaces herramientas de conocimiento y aprendizaje de todo aquello que pueda ser absorbido por la inteligencia humana, seriamos, individualmente, mucho más libres que todos aquellos que los desdeñan, en la mayoría de los casos, por ignorancia de su real potencial.

En la actualidad, se accesa a la Red – en la mayoría de naciones como la nuestra - mediante un simple y sencillo movimiento. Una vez que te conectas y comienzas a navegar a través de un determinado dispositivo, obtienes respuestas instantáneas a tus principales inquietudes o sinsabores, es decir, a lo tangible y también, a lo que no lo es. A lo divino, y a lo humano, a lo bueno y a lo malo, así sucesivamente, casi hasta el infinito, o más allá. De momento, no hay límites prefijados, salvo aquellos espacios en medio de los cuales se entrecruzan la razón y el entendimiento humanos.

Por tales motivos, consideramos que la Red le ha dado el mayor vuelco sustancial posible en materia de comunicaciones a nuestra civilización. Ha hecho posible que seamos testigos presenciales de hechos que, sin tecnología similar, nunca habrían podido estar a nuestro alcance, como el caso concreto del día a día de todos y cada unos de nuestros respectivos gobernantes, a quienes podemos "ventanear" o "azuzar" en tiempo real y sin importar el lugar o espacio en el que los mismos se encuentren, ni las circunstancias propias que primen en un instante determinado de sus respectivas existencias.

Nos ha posibilitado implementar esquemas que empequeñecen la idea misma de la pertenencia a una Aldea Global, ya que, utilizando las herramientas propias de la Red, podemos disponer de cuentas individuales y personales en todas y cada una de las redes sociales más conocidas que pululan por el ciberespacio.

A través de las mismas, nos podemos comunicar, simultáneamente, transmitiendo voz e imagen al unísono, o vernos en vivo y en directo con nuestros más cercanos afectos. Enviar y recibir mensajes, buscar y encontrar a viejos conocidos, compañeros de estudios, afectos y desafectos, y un amplio, y casi infinito etcétera, como producto directo de la implementación práctica de dicha tecnología de punta.

De la misma manera como nosotros hemos individualizado la utilización de los avances tecnológicos más conocidos en esta materia, los concesionarios del espectro radioeléctrico que conforman el universo de medios masivos de comunicación con los que cuenta el país, han desarrollado sus propias redes de interacción en beneficio de sus (respectivos) intereses comerciales, los cuales explotan intensivamente, en busca de obtener los mayores beneficios posibles, incluso, si para ello se ven obligados a sacrificar los derechos inherentes de sus respectivas audiencias, que dicho sea de paso, aparentaría que les tiene sin cuidado alguno.

Y, es ahí, justamente, en ese preciso momento, en donde interviene el Estado. Un Estado que tradicionalmente se ha mostrado, por una parte, avasallador, y por otra, tolerante y cómplice, con sus concesionados, sobre todo, a la hora de realizar el balance en el entorno de los beneficios, y en su caso, los perjuicios causados en contra de audiencias prácticamente cautivas y enganchadas a un medio de esparcimiento predeterminado, como son los casos específicos tanto de la radio, como la señal de televisión abierta o comercial.

Ahora bien, si nos diéramos a la labor de despejar la siguiente incógnita ¿ha funcionado en la práctica el maridaje entre gobierno y sus respectivos concesionarios de los medios masivos de comunicación más conocidos e influyentes?

Me atrevo a señalar que, en ese sentido, no existen respuestas concretas a tales incógnitas, ni razones absolutas que las justifiquen, todo depende del cristal con el que se miren, o el escenario en que la lógica pudiera llegar a desenvolverse en el contexto de dichos menesteres.

En el caso específico de los medios masivos de comunicación escritos, referimos, con anterioridad - dentro del planteamiento del presente capítulo -, diversas circunstancias específicas que, a estas alturas del paseo, conviene puntualizar, sobre todo, a la luz de la proliferación de los mismos, suscitada a la sombra de la finalización de la lucha armada de noviembre de 1910.

Si bien es cierto, que ya desde 1892 funcionó en nuestro país la fábrica de papel San Rafael, considerada como líder en su ramo, señalábamos también que, del total de población de que disponíamos en dicho entonces, al menos el 80% era analfabeta, y que, por lo tanto, no tenía acceso directo a un medio de comunicación tan prolijo, como demostró ser el de la prensa escrita. No fue sino hasta que culminó la lucha armada que creció la demanda de papel, especialmente, como materia prima para suplir las crecientes necesidades de la industria editorial que, paulatinamente, se iba abriendo mayores espacios de interés dentro del colectivo social que conformaba México.

Por tal motivo, y ante la escasez prevaleciente, nuestra frontera se fue abriendo, paulatinamente, a la importación – arbitraria - de tal insumo, sobre todo, el proveniente de los Estados Unidos de América, y más tarde, también, de Canadá.

Sin embargo, no fue sino hasta la década de los cuarenta en que se comienza a estructurar, propiamente, dicha una industria de la comunicación, que surge de la mano de la tendencia económica prevaleciente en el país, orientada al fomento del consumismo, razón por la cual, la publicidad se tradujo como una herramienta más para su libre expansión.

Y, es justamente, en dicho contexto histórico, en el cual se produce la mayor intervención del estado. El cual, atendiendo una solicitud de auxilio por parte de los importadores de papel, asume, en calidad de garante, el control y la estabilidad del creciente mercado de consumo de papel importado.

Yo me imagino, que muy pocos intuyeron que, gracias a tan temeraria decisión, el gobierno de la Revolución (1936-1940) asumiera de facto el control directo sobre todo lo que fuera impreso en papel, tal cual se refleja en la ley que crea la empresa: Productora e Importadora de Papel, S.A. (PIPSA) la cual dispuso de dos funciones principales: 1) monopolio para comprar papel en el extranjero; y 2) monopolio para su producción y distribución. Además, el Estado se reservó – por vía de la promulgación en decreto – del aprovisionamiento y la distribución del papel destinado a la elaboración de periódicos.

¡Qué tal!

Dicho monopolio se extendió en el tiempo, hasta que ya no fue posible sostenerlo, en virtud del advenimiento de nuestro país al proceso de modernización económica registrado a finales de la década de los ochenta, y comienzos de los noventa, especialmente, con el ingreso de México (24 de agosto de 1986) al Acuerdo General sobre Aranceles y Comercio (GATT) por sus siglas en ingles, que implicó la modificación de la estructura proteccionista prevaleciente de nuestra economía.

Para el año de 1989, PIPSA dejó de ser un monopolio, y México comenzó a vivir en un escenario político-económico distinto al prevaleciente hasta ese momento.

Sin embargo, y aún hasta nuestros días, siguen siendo memorables las historias que podrían relatarse en lo que concierne a la relación del Estado con quienes han tenido en sus manos un medio masivo de comunicación escrito tan prolijo como éste.

Algunos de los capítulos más relevantes de esa crónica, reseñan verdaderas epopeyas, protagonizadas desde una y otra trincheras, ya sea, las de grupos editoriales versus sus censores gubernamentales, o en los casos específicos (que se cuentan por montones), de una pluma ilustrada en contra de lo que representa la carga de todo el peso específico de que dispuso a lo largo del tiempo, el sistema político de partido hegemónico.

El Estado siempre supo blandir las armas de que dispuso, como fueron los casos específicos del recorte y la suspensión de la entrega de suministro de papel importado, la cancelación de la publicidad oficial y anuncios gubernamentales, la no entrega de subvenciones y moches – que siempre los hubo -, y llegado el caso extremo, hasta el "golpe de timón" como sucedió con el diario Excélsior, despojado de su Director General y de quienes integraban la cooperativa que lo gobernaba, el 8 de julio de 1976, como consecuencia directa de la intolerancia a ultranza que marcaron los sexenios priistas 1964-1970 y 1970-1976, respectivamente.

La señal fue clara y diáfana. El gobierno está dispuesto a hacernos creer que aguanta todo, incluso encabezar los encuentros anuales del "Día de la Libertad de Prensa" en un país en donde sus autoridades son las principales conculcadoras, por tal motivo, la realidad a la cual debemos enfrentarnos en nuestra cotidianeidad, es que siempre existe un límite, y ese límite, como ha quedado claro, por ningún motivo debe traspasarse, so pena de ser sancionados, o acallados.

Hemos sido introducidos de forma tal, al mundo de la simulación o autocensura en el que actualmente nos desenvolvemos, aparentemente, con la mayor holgura posible, hasta que no se compruebe lo contrario.

En el caso de los otros medios masivos de comunicación, la radio y la televisión, que se fueron desarrollando y expandiendo a nivel nacional, paralelamente, al de la prensa escrita, el Estado siempre ejerció, indefectiblemente, control sobre sus contenidos, ya sea, por vía de la ampliación de sus respectivas concesiones, o por el contrario, con cancelación de las mismas.

Mantuvo, hasta comienzos del presente milenio, espacios reservados para su uso exclusivo, aprovechados, generalmente, para la divulgación de mensajes gubernamentales (subliminales) de una u otra índole, como por ejemplo, en la radio, "La Hora de México", y en la televisión, para proyectar, especialmente, la imagen presidencial del momento, que se mantuvo presente hasta nuestros días, tal cual se refleja, entre otros casos, con los excesos recientemente conocidos gracias a los datos enunciados en el informe "Fundar" o "Contar lo bueno cuesta mucho" por el cual se supo que, entre enero de 2013 y el primer semestre de 2017, el gobierno federal ha gastado, 37 mil 725 mdp en publicidad oficial.

El negocio de los medios masivos de comunicación en México funciona, y produce una enorme riqueza a todos aquellos que se lucran con su explotación, lo cual, no es ningún secreto, si lo contrastamos a la luz de los positivos resultados alcanzados por los distintos grupos empresariales que, hoy por hoy, se disputan la dominancia del espectro radioeléctrico en el cual, el negocio de favorecer al estado en el cumplimiento de sus principales objetivos políticos, es su prioridad, ya que redunda positivamente en la obtención de pingües ganancias, por supuesto, no sólo libres de polvo y paja, sino que, también, preservadas bajo la cobertura del sacrosanto manto protector de impunidad que nos caracteriza.

El más novedoso nicho de mercado del momento político que vivimos, parte del cumplimiento del ordenamiento constitucional que, personalmente, considero venal y atentatorio a los intereses generales de la nación, por haber investido a través de una engañosa e impúdica normativa electoral que faculta al todopoderoso INE (PAC-MAN) a manejar, en cada uno de los distintos y confusos procesos electorales que se realizan en el país, el gasto de los recursos correspondientes a los tiempos reservados para uso exclusivo del gobierno federal en los medios masivos de comunicación.

Lo anterior, supone a quienes manejan los medios masivos de comunicación con proyección en todo el país, un sustancial ingreso adicional, ya que, tanto el propio INE (PAC-MAN) como los nueve partidos políticos con presencia a nivel nacional, resultan prolijos, a cual más, para difundir sus supuestas plataformas políticas por vía de la emisión de millones y millones de anuncios publicitarios en Radio y Televisión que, al final de cuentas – todos lo sabemos – resultan en un despilfarro estéril, por virtud de que las elecciones en nuestro país, nunca se han ganado al pie de las urnas, sino en los mullidos sillones de las oficinas de quienes nos gobiernan.

El tema de la reciprocidad entre uno y otros, siempre ha estado en boga. El Estado premia con honores – muchas veces inmerecidos – a sus principales afectos, y en el caso de sus detractores, sucede todo lo contrario, simplemente les aplica la máxima juarista: "a los amigos gracia y justicia; a los enemigos, justicia a secas".

Para todos los lisonjeros a ultranza – que se cuentan por cientos de miles - las mejores prebendas posibles, incluso, en algunos casos premios de carácter burocrático, por vía del otorgamiento de espacios (cupos) determinados en órganos específicos del gobierno, como públicamente sucede con las ampliamente conocidas "bancadas legislativas" integradas, en su mayoría por representantes al servicio de los intereses específicos (empresariales) de cualquiera de las dos principales concesionarias que integran el duopolio de la industria de la televisión comercial en México.

En este sentido, y a manera de epílogo, no podemos dejar pasar la oportunidad para traer a la palestra dos casos emblemáticos que nos parecen deleznables actos de cesura gubernamental en contra de comunicadores independientes (que afectó, también, a sus respectivos equipos de trabajo) suscitados como consecuencia de la libre expresión crítica de sus opiniones con respecto a la administración gubernamental correspondiente al sexenio 2012-2018, apartados, la una, de la primera edición de MVS Noticias, el 15 de marzo de 2015; y el otro, del programa "Enfoque" Noticias que se transmitía bajo la firma Núcleo Radio Mil (NRM) Comunicaciones, el 4 de octubre de 2017.

Muy dramático, también, resultan las circunstancias en torno a los casos específicos de quienes a su vez se desempeñan como lo que se ha llegado a conocer como el periodismo independiente, cuyas cifras de mortalidad, sólo por mencionar un periodo histórico determinado en el tiempo (2012-2017), arroja un saldo negativo de 36 víctimas – en todo el país –, circunstancia que le ha valido a México ser clasificado como uno de los países más peligrosos del mundo a los fines del ejercicio del periodismo independiente.

El escarnio en contra de un gremio tan destacado del conjunto social en el cual nos desenvolvemos, se distingue con tintes de mayor dramatismo, si para ello tomamos en cuenta el alto índice de impunidad con el que tales actos criminales se han cometido. Hasta el momento de escribir estas líneas, el Estado mexicano se mantiene omiso en producir los resultados esperados de las muchas "carpetas de investigación" abiertas en esta materia.

Otro más de los múltiples atentados en contra del libre ejercicio del periodismo y de la profesión de comunicador público a nivel nacional tiene que ver con las supuestas intervenciones telefónicas de que fueron víctimas destacados integrantes del gremio, supuestamente determinadas por parte del Estado mexicano (o por alguno de sus más encumbrados esbirros) a partir de la utilización de una plataforma tecnológica ultra sensible y confidencial, de origen israelí, conocida bajo el código "Pegasus", supuestamente ofertada en nuestro país, a condición de ser para uso exclusivo de las fuerzas del orden, dentro de los tres niveles de gobierno, en su lucha contra el crimen organizado.

Sobre la verdadera independencia de los medios masivos de comunicación vis a vis la coyuntura prevaleciente baste enunciar que, conforme la información pública disponible, los gobiernos correspondientes a los últimos sexenios: 2000-2006, 2006-2012 y 2012-2018, han erogado por concepto de autopromoción o de comunicación social, respectivamente, el primero: $14,203 mdp; el segundo: $39,000 mdp; y el tercero: + o − $39,000 mdp., y se estima que pare el cierre de dicho período, la cantidad se ubique en al menos: $60,000 mdp.

Por lo anterior, se entiende la conveniencia de que, más pronto que ahora mismo, el Congreso de la Unión atienda la orden determinada por SCJN en el sentido de la obligatoriedad de expedir, a más tardar el próximo 30 de abril de 2018, una ley reglamentaria del artículo 3 transitorio de la reforma político-electoral aprobada desde febrero de 2014 sobre la regulación en materia de contratación de publicidad oficial.

Corresponderá, por lo tanto al órgano legislativo actuar en consecuencia con miras a evitar, en lo posible, el dispendio de que ha sido objeto dicha partida a lo largo del tiempo, trastocando, en todo caso, la libre expresión de los medios masivos de comunicación, sujetos, activa o pasivamente, de control gubernamental.

<u>Las organizaciones deportivas</u>

Otra de las fuerzas políticas de hecho más reconocidas por su indudable influencia en el acontecer nacional, es la que corresponde a las organizaciones deportivas que operan en nuestro país, tanto a nivel amateur (no profesional), como profesional, con la única diferencia de que, en el caso de la primera, se presupone el patrocinio por parte del estado, quien provee de recursos suficientes a las diversas organizaciones que aglutinan a sus respectivas disciplinas (federaciones) con el fin de hacerlas disponer de elementos con el nivel suficiente como para hacerlos competitivos en eventos especializados, tanto a nivel nacional, como internacional.

Por lo que respecta a las segundas, es decir, a las profesionales, en principio, sus motivaciones obedecen a un carácter eminentemente mercantil o comercial, es decir, su finalidad es la de vender un espectáculo (producto) dirigido a un universo específico de entusiastas, quienes, en todo caso, están dispuestos a sufragar sus propios recursos económicos, a cambio de recibir espacios de entretenimiento.

Actualmente, el deporte profesional en México, y en su caso, quienes encuentran cobijo en los entre telones de su organización, se desenvuelven, única y exclusivamente, motivados por la promoción y el estímulo de sus intereses particulares.

En ese sentido, los tiene muy sin cuidado lo que sucede a su alrededor, ya sea para bien, o para el mal de la Nación que les cobija, y en todo caso, a la cual dicen representar, sobre todo, a la hora de enarbolar el lábaro patrio, y entonar las estrofas del himno nacional, en el marco de los diversos escenarios de competencia en los cuales nuestro país tienen presencia física.

Por lo que respecta al interés que despierta el deporte amateur o no profesional, enfocado, específicamente a la representación nacional en eventos universales, como el caso concreto de los Juegos Olímpicos, o a nivel, regional, con los Juegos Deportivos Panamericanos, nuestro país se pinta solo, gracias a su ancestral vocación por la competencia deportiva. Hemos tenido la oportunidad de organizar unos Juegos Olímpicos (edición XIX, en 1968) y tres veces, los Panamericanos, correspondientes, a los años de: 1955, 1975, en la ciudad de México, y 2011, en la ciudad de Guadalajara.

El impacto de la celebración de unos y otros a nivel de la opinión pública nacional e internacional, ha sido siempre, muy alto, razón por la cual, el gobierno en turno, en principio, nunca ha escatimado, por una parte, ni sus apoyos específicos para determinar la celebración de los eventos, y por otra, la aportación de los respectivos recursos humanos y materiales suficientes, en vías de concretar, con positivos resultados, ya sea uno, u otro proyecto.

De ahí que las federaciones – entidades que aglutinan a cada una de las múltiples y variadas disciplinas de competición

– fungen como una especie de intermediarias o agencias de promoción, contratación, capacitación y administración entre la generación de recursos económicos para su sustento, y el otorgamiento de los avales profesionales suficientes para beneficio de los potenciales competidores en cada una de las distintas disciplinas deportivas y sus respectivas especialidades.

Y, es justamente ahí, en donde comienza el dispendio, tanto de los recursos que otorga el estado, como de las capacidades y potencialidades de cada uno de los distintos atletas que conforman a una entidad determinada. A dicho fin, la burocracia gubernamental dispone de instancias específicas, como son los casos del Comité Olímpico Mexicano (COM) y su respectivo Paraolímpico (COPAME), la Comisión Nacional de Deportes (CONADE) y la Confederación del Deporte Mexicano (CODEME).

La ausencia de controles específicos en el manejo de recursos públicos por parte de los órganos competentes del gobierno en dicha materia, contribuye a la opacidad con la que siempre se han manejado dichas organizaciones, así como las acciones y omisiones de sus respectivos dirigentes, la mayoría de los cuales – como viene siendo habitual en nuestro sistema político – se eternizan en la cúpula del poder deportivo (aupados siempre por un estado tolerante), hasta que, llegan al borde mismo del destino manifiesto y sin retorno al que todos somos convocados: la muerte.

No podemos dejar de reconocer que, en materia deportiva, nuestro país es poseedor de una rica y fructífera tradición, que se remonta hasta los tiempos de nuestros ancestros, quienes a su vez - y bajo las reglas de su muy particular forma de practicarlo

-, disponían de una vocación muy similar a la que hoy nos caracteriza como entidad geográfica y como país.

Nuestra vocación deportiva con carácter universal parte de la invitación a participar en la primera edición de los Juegos Olímpicos de la era moderna, inaugurados formalmente en Atenas, Grecia (24 de marzo de 1896) determinados bajo la inspiración de su promotor estrella, el Barón Pierre de Coubertin, quien despertó el entusiasmo por elevar al nivel de un ideal político propio la celebración de una justa deportiva inspirada en la paz mundial, tal cual, aparentemente sucedió, en las épocas de mayor esplendor de la Grecia clásica.

México, en todo caso, como país, ha participado en la convocatoria a Juegos Olímpicos de verano, en 22 ocasiones, y en siete, en los Juegos Olímpicos de invierno. Además, ha contado con una activa participación en los Juegos Paraolímpicos, desde 1972, celebrados en Heidelberg, y a partir de esa misma fecha, en todas las distintas ediciones que se han celebrado en dicha modalidad.

Por lo que respecta a nuestra participación en los respectivos Juegos Paralímpicos de invierno, concurrimos, por primera vez, a la edición celebrada en Turín, Italia, en 2006.

Nuestra primera participación en unos Juegos Olímpicos, fue en los correspondientes al año de 1900 en París, Francia, y la última, en Río de Janeiro, Brasil, en 2016. Hemos obtenido, en total, 67 preseas: 13 de oro; 24 de plata; y 30 de bronce. Por lo que respecta a los Juego Paraolímpicos, los resultados han sido en extremo generosos, en total, hemos obtenido, 243 medallas: 93 de oro; 88 de plata; y 92 de bronce.

En el ranking por naciones, México, actualmente, se ubica en el puesto 43 de un total de 222 contabilizados.

En el caso de nuestra participación Juegos Deportivos Panamericanos, México ha estado presente desde los celebrados en Buenos Aires, Argentina, en 1951, y hasta la última edición, correspondiente al 2015, celebrada en Toronto, Canadá.

Lo mismo ha sucedido en los juegos regionales para personas con discapacidad, celebrados, generalmente, en fecha posterior a la de los que le anteceden, en los cuales, siempre se ha contado con la presencia y el entusiasmo de nuestros respectivos atletas.

Por lo que respecta a las preseas obtenidas en Juegos Panamericanos, nuestro país se ha consolidado como una potencia regional gracias a la generosa y entusiasta participación de nuestros representantes, quienes se han visto beneficiados con el otorgamiento de 1012 medallas: 221 de oro; 289 de plata; y 502 de bronce, lo que nos ha permitido ubicarnos en el sexto lugar en el ranking correspondiente.

En resumen, todo lo anterior, ha sido obtenido, principalmente, como consecuencia del esfuerzo individual y la tenacidad de cada uno de los mexicanos que compitieron, y en su caso, lograron coronar con éxito su esfuerzo. Han contado, para dicho fin, con el apoyo y financiamiento de un estado, en extremo generoso (dadivoso), pero a su vez, interesado por cooptar, a sus fines más inminentes, a la mayoría de entusiastas deportistas, ubicados, cual debe de ser, en todos y cada uno de los distintos rincones patrios.

Por lo que respecta al componente adicional de la presente ecuación, es decir, el deporte profesional o aquél al que debemos designar con el nombre propio que le corresponde: negocio de pocos, que genera pingües ganancias para beneficio de la clase más privilegiada del país, opera, como lo que es, una empresa sustentada en el libre juego de la oferta y la demanda, en la cual, los dueños nos venden instantes (a veces) sublimes de diversión a cambio de los cuales, nosotros, en calidad de audiencia cautiva, estamos dispuestos a aportar, generosamente, a sus bolsillos, el producto de nuestros exiguos ahorros.

Así, simple y llano, se mueve el deporte profesional en México, cuyo más emblemático ejemplo a los fines específicos del presente trabajo, es del Futbol, uno de cuyos méritos principales consiste en tener la capacidad de elevar, prácticamente, a niveles de paroxismo a sus aficionados, sobre todo, llegado el caso de presentarse nuestro equipo oficial "El TRI" en cualquier competencia internacional, es decir, nada más y nada menos que, nuestra selección nacional, defendiendo, o al menos intentando hacerlo, sus tres colores distintivos: verde, blanco y rojo.

Aunque este deporte no es, ni mucho menos, privativo o exclusivo en las preferencias de las grandes masas que acuden exultantes a presenciarlo, cuenta con otros competidores con niveles similares de afición, como son los casos del Beisbol, el Basquetbol, el Box, la Lucha Libre, la Natación, y el Futbol Americano, por mencionar tan sólo a algunos.

El Futbol en México, por razones que a todos nos conciernen, vive una de sus épocas de mayor esplendor, gracias a la magia que lo ha ubicado entre las principales preferencias de la audiencia, como consecuencia directa de la proyección multidimensional de que ha sido objeto, principalmente, por vía de la emisión de todo tipo de mensajes subliminales, a través de los más influyentes medios masivos de comunicación, como los que integran el conocido duopolio televisivo local, las cadenas deportivas internacionales, o las transmisiones vía streaming (transmisión por secuencias) de las cadenas de televisión especializadas.

La magia, es posible sólo, si se considera que la misma opera en función del beneplácito directo que siempre debe existir entre quien proporciona el entretenimiento, y aquél que, en todo caso, ejerce el dominio de las concesiones de radio y televisión, así como de la potestad para regular el manejo del espectro radio eléctrico, de conformidad con la normativa vigente, es decir, el propio gobierno.

En ese sentido, disponemos de lo que podríamos determinar como una mancuerna muy bien amalgamada. Uno opera en función de los intereses del otro, y ambos reciben, al tiempo, los beneficios inherentes del caso.

El negocio del Futbol en México se maneja a través de la Federación Mexicana de Futbol (FMF) – como sucede en casi todos los casos del deporte en nuestro país – dicha federación está integrada por los dueños (y los intereses) de los equipos que participan activamente tanto en el torneo de la primera división profesional de la liga correspondiente (18 equipos), así como en los respectivos a sus hermanas deportivas, la Liga de Ascenso (16 equipos), la Liga Premier de Ascenso (47 equipos), la Liga de Nuevos Talentos (21 equipos), la Tercera División (213 equipos), El Sector Amateur Varonil (700 equipos, aproximadamente), y la Súper Liga Femenil (24 equipos), además del manejo directo del negocio que implican, la Selección Nacional, la Selección Nacional juvenil y la Selección Nacional Femenina.

Se supone que, todo lo anterior, de conformidad con la normativa vigente que determina su Ente Regulador - la Federación Internacional de Futbol Asociado (FIFA) – que opera a nivel mundial, como organización independiente, lo que, en todo caso, implicaría que sus afiliadas, como la FMF, interactúan sin obligación, responsabilidad o sujeción alguna hacia el gobierno del país en el cual se encuentra asentada, es decir, al de México.

Dispone, además, de capacidad jurídica propia, por lo cual, celebra con absoluta independencia todo tipo de contratos. A su vez, otorga libremente concesiones comerciales y de explotaciones, diversas y variadas, es decir, la FMF es una especie de estado ubicado en el centro mismo del propio Estado en el que reposa su sede, como acontece en nuestro caso específico.

La FMF fue fundada en agosto de 1922, y se afilió formalmente a la FIFA, desde 1929.

Hemos sido país sede para la celebración de dos Copas Mundiales distintas de dicho deporte. La primera, la del año de 1970, y la segunda, la correspondiente al año de 1986, además, fuimos embarcados, conjuntamente, con nuestros asociados geográficos de América del Norte - Canadá y los Estados Unidos de América - en la celebración de la Copa Mundial programada a celebrarse en el año 2026, en el cual, nuestro país dispondrá de un menor protagonismo del que contó en las dos previas emisiones, facilitando a dicho efecto, en calidad de subsedes, las ciudades de México, Guadalajara, y Monterrey.

Nuestro equipo – es quizá uno de los que más veces ha participado - ha asistido a quince ediciones de la Copa Mundial, contando, a partir de su primera incursión, el año de 1930, en Montevideo, Uruguay, y culminando, con la última, la edición correspondiente a Brasil, en el año de 2014.

Al día de hoy, la selección nacional que nos representa en este tipo de eventos, no se ha destacado, especialmente, por sus altas cualidades técnicas o competitivas, a pesar de que "sudamos la camiseta" en todos y cada uno de los torneos en los cuales hemos participado.

Eso si, nadie puede negar que nuestro entusiasmo es contagioso, a grado tal, que hemos llegado (casi) siempre a las distintas Copas del Mundo sin mayores expectativas, y hemos culminado nuestra participación, en la mayoría de los casos, con el "rabo entre las piernas", pero exultantes y jubilosos al extremo, a grado tal, que en muy pocas oportunidades se ha dado el caso de que la multitud enardecida de patriotismo deje de lanzarse a las principales avenidas y plazas del país portando banderas, matracas y cornetas, engalanados con la camiseta tricolor, y con el ánimo en alto, como para festejar lo más nimio de este tipo de celebraciones populares.

Las dos más claras excepciones a dicha lamentable regla de mediocridad deportiva, fueron, por un lado, la obtención de la Copa FIFA Confederaciones, en el año de 1999, y por otro, la medalla de Oro para la Selección Olímpica Sub-23, que participo en el torneo celebrado en el año de 2012.

Nuestra cuasi permanente clasificación en torneos internacionales de este tipo obedece a que fuimos incluidos en un grupo de países en la mayoría de los cuales el Futbol no es el deporte nacional, como es el caso de la Confederación Norteamérica, Centroamérica y El Caribe (CONCACAF) fundada, curiosamente, en México, el 18 de septiembre de 1961, y a la cual fueron integradas, nada más y nada menos que, 41 entidades oficiales, representantes de un número similar de países soberanos.

En la nómina de los países que hacen mayoría, el grupo de El Caribe, cuyos representantes son: Anguila, Antigua y Barbuda, Aruba, Bahamas, Barbados, Bermudas, Bonaire, Cuba, Curazao, Dominica, Granada, Guadalupe, Guyana, Guyana Francesa, Haití, Islas Caimán, Islas Turcos y Caicos, Islas Vírgenes Británicas, Islas Vírgenes de los Estados Unidos, Jamaica, Martinica, Montserrat, Puerto Rico, República Dominicana, Saint Marteen, San Cristóbal y Nieves, San Vicente y las Granadinas, Santa Lucía, Surinam, y Trinidad y Tobago.

En el rango siguiente, Centroamérica, con Belice, Costa Rica, El Salvador, Guatemala, Honduras, Nicaragua y Panamá. Al final de la lista, Norteamérica, con Canadá, Estados Unidos de América, y México.

En dicho sentido, reconocemos que, al momento de escribir el presente trabajo, la Selección Nacional de México que habrá de representarnos en la Copa del Mundo de Rusia 2018, cumplió ya con la fase de clasificación o eliminatoria correspondiente a su grupo regional, es decir, la CONCACAF, de la cual fueron eliminadas, respectivamente, las selecciones nacionales de los Estados Unidos de América y Canadá.

La FMF, como entidad moral, opera para beneficio exclusivo de quienes la integran, a su vez, sus dirigentes interactúan en todas y cada una de las instancias gubernamentales, en las que se mueven, prácticamente, como "Pedro por su casa", entran y salen de las principales oficinas gubernamentales, utilizando para ello el "derecho de picaporte" que les es concedido por virtud de su indudable capacidad de movilización de la masas populares que atienden con esmerado entusiasmo las convocatorias a sus distintos divertimentos públicos.

De esta manera, el deporte en general, y quienes lo manejan en México, en lo particular, disponen de un indiscutible grado de influencia en el acontecer político nacional. Interactúan como peces en el agua, y difícilmente, el gobierno en turno les niega algo. La moneda de cambio, para dichos menesteres, es la audiencia pública, cuyo aforo, es medido meticulosamente en cada oportunidad posible, valiéndose para ello de las mejores herramientas y bases de datos empíricas aplicables en esta materia.

El quid pro quo parte del promedio del nivel de audiencia que atienden tal o cual espectáculo determinado, en el día o la fecha más conveniente para las partes, por ejemplo, durante el curso de los períodos previos a la celebración de eventos electorales, tanto los de carácter federal, como los casos específicos de los estatales y municipales. En este sentido, conviene mencionar – nada más para que se acuerden que no se olvida - que la próxima Copa del Mundo, en Rusia será inaugurada el 14 de junio de 2018, es decir, más o menos, a quince días de que se celebren en México las que han sido consideradas como las elecciones federales más importantes del presente siglo. ¡Gulp!

Incluso, podría caber la posibilidad de que, el mismo domingo 1 de julio, nuestra selección nacional el "TRI", se encuentre disputando una trascendental fecha FIFA, misma que posibilite nuestro ascenso a la siguiente ronda eliminatoria, es decir, a los cuartos de final.

En la dicotomía política-deporte, todo se vale, sobre todo, tratándose de acumular puntos de cara a la mayor obtención de cargos sujetos a elección popular, como sucede en la realidad más prístina que se ejemplifica con la formación de bancadas en alguna de las dos Cámaras que conforman el Congreso de la Unión, integradas por legisladores que velan, no por los intereses generales de la Nación, como en todo caso sería su obligación, sino por sus propios intereses clientelares y de quienes les patrocinan, vistos desde la comodidad de alguna confortable butaca ubicada en uno de los numerosos palcos de los principales estadios deportivos del país, construidos a imagen y semejanza de cada uno de sus respectivos promotores.

¡Así de mal estamos! y sin la menor esperanza por encontrar la ruta que nos enrumbe hacia la salida más conveniente para el beneficio común, es decir, de todos.

Sector privado

A lo largo de la presente obra hemos intentado comentar con la mayor amplitud posible algunos de los rasgos más característicos del sistema de gobierno diseñado por quienes, en función de haber resultado triunfadores del movimiento armado, se encargaron de reescribir la historia del México contemporáneo, desde su punto de partida, hasta nuestros días.

De dicha crónica, conviene destacar - a los fines de nuestro ejercicio empírico - la estigmatización a ultranza de la que fue objeto el sector privado nacional, culpado, unos días sí, y otros también, de todos los males que aquejaron al país, hasta el momento mismo en que: ¡Eureka! caímos en cuenta que podría convertirse en nuestro más cercano aliado (estratégico), sobre todo, a los fines del apoderamiento a ultranza de los ingentes recursos que exultaba una nación socorrida abundantemente por la naturaleza, como es el caso de la nuestra.

De tal manera, de la forma más natural posible, tal y cual es injertada una raíz en otra distinta para transformarla en su gemela, se dio una simbiosis que hizo posible el advenimiento de los modernos tlachiqueros empresariales, quienes ávidos, tanto del negocio bien habido, como de su antagónico, decidieron, conjuntamente, con sus pares de la burocracia mayor (VIP), intermedia e inferior, prácticamente, adueñarse de todo aquello que fuera susceptible de apropio a favor de terceros, cobijados, como suele suceder en este tipo de mancuernas delictivas, de la complicidad de los principales órganos de control y de impartición de justicia que en nuestro país, entiéndase bien, nunca, pero nunca, han cumplido con el mandato constitucional que les fuera asignado.

Yo intuyo, en ese sentido, que a estas alturas del paseo, jamás lo harán, hasta en tanto se mantengan los altísimos niveles de corrupción e impunidad que hoy nos tiene postrados de cara a una sociedad verdaderamente avergonzada por la inacción característica en esta materia, por parte de nuestros gobernantes.

A pesar de que estamos convencidos de que más pronto de lo que nos imaginamos las cosas pueden transformarse en este México que nos tocó vivir, con respecto a la corrupción galopante que nos embarga, y a su hermana gemela, la impunidad que le antecede, vemos aún distante el momento en el que, unos y otros, sus principales actores, se pongan de acuerdo, al menos en la posibilidad de que algo suceda, y que de repente en el verano, amanezcamos con los antídotos suficientes como para hacer posible que esa tan anhelada transformación del país se produzca en tiempo y forma.

En el inter, y tal cual comentamos al principio del presente acápite, hubo tiempos en que el conflicto entre las partes, fue característico de la relación entre unos y otros, a grado tal que, no fueron excepcionales las oportunidades en las que, por virtud de sus reiterados enfrentamientos, llegaron a poner en riesgo inminente la estabilidad del propio sistema político en el cual se desenvolvían.

La historia reciente de México está plagada de anecdóticos ejemplos que nos ilustran la intemperancia desempeñada, por cada unas de las partes, en función del rol específico que, en principio, les corresponde desempeñar. De ahí que, no debería extrañarnos que unos días amanecen brillantes como ningún otro, y por el contrario, otros, se caracterizan por la nebulosidad propia de una tormenta. Así es la vida, y por lo tanto, no podemos hacer otra cosa que darle continuidad, y en todo caso, dejar pasar las adversidades en espera de la llegada de mayores y mejores oportunidades.

Y, que mejor oportunidad que la de hacer posible la concreción de acciones específicas de mutuo beneficio para ambas partes, como serían, los grandes proyectos de infraestructura diseminados a lo largo y ancho del territorio nacional, los cuales, entre otros beneficios potenciales al bienestar general, se determinan en función de una mayor y mejor competitividad para el país, tanto a nivel local, como internacional.

A pesar de los múltiples asegunes de que ha sido objeto, el sector privado, nos corresponde proclamar que es un indiscutible factor de poder de hecho en el contexto político mexicano. Su directa participación en la consolidación de los distintos ciclos por lo que ha atravesado la economía del país, le consolidan, por una parte, como un confiable agente del cambio, y por otra, como cómplice silente de las innumerables marrullerías propiciadas desde las más altas esferas del poder público de nuestra vituperada Nación.

Las mayores vicisitudes que le acompañaron durante el curso del período postrevolucionario, se fundamentaron, principalmente, en el sentimiento de genuina desconfianza, determinado por parte del grupo compacto de los máximos dirigentes del movimiento armado, quienes, a los fines de ceñirse, debidamente, en la cúspide del poder público, vilipendiaron a quienes fungieron como sus antagónicos favoritos, los cuales, en todo caso, se constituyeron como los primeros damnificados con nombre propio y apellido de la Revolución de 1910.

Si partimos del hecho de la genuina preocupación determinada por dicho grupo compacto de dirigentes del movimiento armado, en contra de las fuerzas antagónicas, las cuales, en todo caso, no sólo representaban una de las principales causas que motivaron el inicio de la revolución, si no que, a su vez, la justificación de la misma, por virtud de los vicios acarreados con motivo de las excentricidades en que incurrieron los integrantes de una clase dominante e insumisa que intentó imponer a ultranza sus intereses particulares por encima del interés general de la Nación.

No obstante la contundencia argumental expuesta, no podemos dejar de reconocer, a su vez, la positiva labor desarrollada por representantes del sector privado, tanto por lo que corresponde a quienes integraron el capítulo de los nacionales, como a todos aquellos que ingresaron de buena fe a nuestro territorio patrio, desde allende nuestras fronteras.

Unos y otros, como es lógico suponer, resultaron favorecidos con el otorgamiento de concesiones fundamentales que motivaron el comienzo de la construcción de la infraestructura necesaria que hizo viable alcanzar nuestra transición, para transformarnos de ser un país eminentemente rural, al México contemporáneo que ahora nos contempla, y que fue surgiendo, a partir de la segunda década del siglo pasado, una vez que la lucha armada comenzó a consolidar sus respectivas instituciones.

Los agentes económicos más favorecidos que llegaron a México, tanto de los Estados Unidos, como de países europeos, invirtieron, principalmente, en obras de infraestructura, entre otras, la construcción de las primeras líneas del ferrocarril, la instalación del servicio postal y telegráfico, la explotación de ricos y abundantes yacimientos de todo tipo de minerales – incluso los considerados como estratégicos -, la prospección y explotación de recursos naturales no renovables, como fue el caso del petróleo, detrás de los cuales, también se concesionaron las primeras empresas que vendieron, entre otras ramas productivas, la energía eléctrica, y un poco más tarde, el servicio telefónico a nivel nacional.

Gracias al potencial desarrollado por esos avances tecnológicos, surgió otro tipo de necesidades específicas para la población, principalmente, en materia de movilidad, por lo cual, en su oportunidad, se procedió a integrar una red de modernas autovías, que hicieron posible el ingreso y la salida de insumos desde sus centros de origen, hacia los puntos finales de destino. Más adelante, fue indispensable, también, construir un número indeterminado de plantas generadoras de energía eléctrica, para lo cual, se integraron, a su vez, proyectos de envergadura en dicha materia.

Paulatinamente, y en paralelo a la consolidación de las instituciones nacionales, fue surgiendo una nueva y moderna clase empresarial, la cual, muy pronto, comenzó con el proceso de diversificación del menú de ofertas disponibles, como consecuencia directa de los logros alcanzados a lo largo y ancho de todo el territorio del país.

Como ejemplo de lo que antecede, se crearon, en la misma época, las más conocidas, instituciones bancarias y financieras, algunas de las cuales, heredaron la expertis proveniente de sus similares en el extranjero. También, se crearon empresas fundidoras de acero y productoras de cemento que surtieron con materia prima suficiente como para apuntalar la creciente industria de la construcción; y así, de forma subsecuentemente, hasta que lograron consolidarse como un grupo compacto y homogéneo de actores nacionales de indudable influencia de cara al poder público que nos gobernaba.

Al comienzo de todo el proceso, como es lógico suponer, cada grupo se movió conforme a sus respectivos intereses clientelares y de acuerdo a como se iba presentando la coyuntura política respectiva.

Sin embargo, conforme fue pasando el tiempo, y con éste, se produjo la evolución paulatina del sistema político, aquéllos llegaron al convencimiento sobre la utilidad práctica de converger los esfuerzos desplegados, en principio, por cada uno por separado, en plataformas colectivas para beneficio directo de los fines específicos perseguidos por todos.

Y, aunque no siempre primó el disfrute de la mutua complacencia, son muchos los capítulos que registra la historia más reciente en los cuales quedaron anotadas importantes desavenencias. Obra, también, en los archivos respectivos, la crónica que deja constancia de los innumerables casos de transfuguismo de un sector (público) al otro (privado) y viceversa, cuyo numerario resulta, a estas alturas del paseo, prácticamente imposible de calcular, por virtud de que el mismo se pierde en la memoria del olvido derivado del transcurso del tiempo.

No se dispone de constancia alguna que nos permita esgrimir, en calidad de prueba, sobre el número específico de todos aquellos que fueron protagonistas del transfuguismo, es decir, de aquellos que, gracias al ejercicio de algún cargo público de importancia, de la noche a la mañana, se convirtieron en productivos empresarios de algún ramo de interés nacional, y viceversa, en los casos en que aquellos empresarios deslumbrados por las mieles del servicio público, accedieron, gracias a la influencia ejercida por el partido en el poder, a un cargo de representación popular, del cual se valieron, también, para hacer escarnio en contra del presupuesto que le fuera asignado para administrar.

Los recíprocos favores entre unos y otros, siempre estuvieron a la orden del día, es decir, si una mañana el gobernante en turno decidía otorgar una licencia exclusiva para importar al país un insumo determinado, el beneficio inherente para el favorecido, era que se hacía inmensamente rico de la noche a la mañana. Es más, incluso, estaba dispuesto a proclamarse como asiduo militante del partido en el poder, y por supuesto, amigo del señor Presidente.

Los nombres y los apellidos de la mayoría de los beneficiarios a ultranza de tal contubernio, entre unos y otros, son del conocimiento público. Baste subrayar que, entre todos, conforman la lista de la elite de la clase dominante del país. Efectivamente, de esa minoría de enriquecidos que, en conjunto, disponen de una riqueza cuyo porcentaje es mayor en proporción del PIB del que suma en conjunto, el total de la población de México.

Esos mismos que, llegado el momento, estuvieron siempre dispuestos a financiar las campañas proselitistas del partido en el poder, como mejor vía para asegurarse el disfrute de futuros privilegios y de todo tipo de canonjías, logrados todos, a la sombra del poder público, a cambio de los cuales, siempre fungieron como silentes testigos del sistémico atraso en el que se mantuvo a las principales instituciones de participación política del país.

Es decir – tal y cual en tono disonante lo expresa magistralmente nuestro actual Primer Mandatario – para jodernos a todos, a los ciudadanos de a pie, como lo somos, tanto usted amable lector, como quien esto escribe.

Y, para colmo de males, una vez que se reforma la Constitución a los fines de determinar que corresponde al estado el financiamiento de los partidos políticos, el sector privado, nuevamente, encontró los subterfugios del caso para hacer llegar a la opción política de su mejor conveniencia (o a todas, sin excepción), ingentes suministros financieros, que además de ser indetectables, coparon las arcas de sus principales destinatarios, para el solaz esparcimiento de una enriquecida y parasitaria burocracia.

Aquí en México, lamentablemente para todos, en casos como los que se señalan, no pasa nada. Las leyes se hacen para incumplirlas, y sólo se aplican a los más pendejos, y a quienes se dejan engañar, también, a los que no tienen recursos suficientes para contratar a un buen abogado, es decir, a uno de los más chingones (de los que salen en la tele), y no a cualquier huevón o tinterillo de oficio.

Me salió en verso y sin haber desplegado mayor esfuerzo.

La realidad desnuda, así, tal cual, parte del hecho de que, el sector privado (voluntariamente o no) se ha convertido en uno de los motores propulsores más importantes de todos los tiempos, de dos de las mayores lacras sociales que ahora nos aquejan: la corrupción y la impunidad prevalecientes.

Para contrarrestarlas, hasta ahora, no hemos encontrado una formula que nos aliente. Aparentemente, no hay cura que contribuya a mitigar los efectos de dicho mal sistémico que nos agobia por igual a todos, tal cual refieren quienes de esto saben.

A mí me parece que, al menos, deberíamos intentar una vía de solución. Para ello, habría que incursionar por el camino que presenta mayores vicisitudes: el de la legalidad, es decir, el del cumplimiento del orden establecido, el que invoca los valores fundamentales en los cuales se cimenta la gobernabilidad del país y la convivencia ciudadana. El que no rehúye la obligación de dar cumplimiento a los principios básicos que deben primar entre quienes nos gobiernan y aquellos que han asumido las funciones propias para generar la riqueza y la fuerza productiva de una nación con el peso específico y el calibre como el de la nuestra.

Sin embargo, conviene no dejar de advertir, que en materia política, el México postrevolucionario ha transitado por ciclos de continua inestabilidad, algunos de los cuales parten de supuestos tales como la implementación de una economía eminentemente estatista, o del súbito desplazamiento al extremo contrario, es decir, a otra de carácter eminentemente nacionalista, todo a según del estado de ánimo del Señor Presidente de la República en turno.

El factor central de dichos cambios ha sido – y seguirá siendo – el del tono en el que le guste interpretar las canciones rancheras más conocidas al mandamás sexenal que nos corresponda aguantar. Por eso, seguirá siendo fundamental, a los fines de la salud pública, que no nos volvamos a equivocar votando candidatos chafas o desentonados, que lo único que persigan alcanzar en esta vida es el sueño de todos: convertirse en millonarios de la noche a la mañana, sin que para ello sea menester tener que realizar esfuerzo alguno de carácter individual.

Así ha venido sucediendo durante el transcurso de los años. De forma tal, que hemos podido contemplar contrastes tales como los que impulsaron del estatismo exacerbado – con la expropiación de la industria petrolera y la nacionalización de la industria eléctrica, por mencionar dos casos emblemáticos - hasta el populismo nacionalista a ultranza, en cuyo término se generaron los mayores descalabros económicos y sociales de que tengamos memoria, como fue el caso, por ejemplo, de la nacionalización de la banca y del sistema financiero, considerados, por todos como una de las mayores cicatrices inferidas en contra del sector privado organizado del país por parte de sus gobernantes.

De ahí, ipso facto, en tránsito directo hacia un liberalismo económico galopante, prevaleciente, en la actualidad, en el cual, la premisa que lo sustenta es: tanto tienes, tanto vales, algo así como una especie de paz y salvo o tarjeta de abordaje que nos garantiza el acceso al tipo de transporte que deberemos utilizar – en calidad de ciudadano - per seculas seculorum, o al menos, hasta que no diga otra cosa el Señor Presidente de la República.

Los tres principales ciclos económicos a que nos hemos referido, marcaron, a su vez, pautas significativas que no podemos obviar. Durante el estatismo exacerbado, fueron nacionalizadas, entre otras, importantes empresas productivas que estaban en poder de inversionistas extranjeros. Lo contrario sucedió durante el curso del populismo nacionalista, en el cual, fueron despojados de sus bienes patrimoniales, un grupo representativo de integrantes del sector privado nacional, es decir, mexicanos que, en principio, durante muchos años operaron, con un positivo margen de éxito, sus respectivas empresas.

Cabe señalar que, durante el transcurso del proceso de implementación del liberalismo económico galopante, que ahora nos contempla, tanto el sector bancario/financiero, como otras empresas que, en su momento, habían sido estatizadas, volvieron a manos de quienes originalmente las usufructuaron: el sector privado, tanto nacional, como del proveniente del extranjero, al menos así sucedió en el caso específico de la banca privada, ahora mayoritariamente en manos de extranjeros.

No obstante, parte importante del botín generado por vía del proceso de reprivatización que comenzara con las administraciones (1982-1988) y (1988-1994), hizo posible el nacimiento de una nueva y próspera generación empresarial: la de los multimillonarios en moneda contante y sonante, la de los figurines de los principales magacines financieros y de negocios a nivel global, la de los que viajan a los consejos de administración de empresas trasnacionales en sus propios aviones privados y la de los que gastan su fortuna sin mayor límite que el de su propia imaginación.

A estos nuevos prohombres y mujeres mexican@s la suerte les ha sonreído. No podríamos afirmar, sin temor a equivocarnos, que todos fueron cortados por la misma tijera. Estamos ciertos que, una importante mayoría de nuestros súper billonarios alcanzaron la cumbre del éxito como directa consecuencia del empeño puesto en el desarrollo de sus negocios, así como en la habilidad ejercida en su desempeño.

Enhorabuena a todos ellos, y que disfrute sus respectivas fortunas con salud y afecto, sentimientos que, consideramos como valederos equivalentes de paz y bienestar.

Sin embargo, para todos aquellos que han labrado una fortuna personal con base al escarnio infringido en contra de los recursos económicos provenientes de la aportación individual y colectiva de la ciudadanía en procura de alcanzar quien le gobierne conforme a los mejores intereses de la Nación, reciban, por el inmenso daño que nos han causado la maldición de "La Llorona", que les acompañará de por vida, y que afectará, también, a sus respectivos hijos, y a los hijos de éstos, por los siglos de los siglos, conforme lo marca la muy noble y vieja tradición espiritual, que nos fuera depositada en calidad de custodia, por nuestros seculares y muy queridos ancestros indígenas.

Los negocios pactados entre altos representantes de la burocracia gubernamental, a los tres niveles de gobierno, y sus pares del sector privado, aparentan no tener fin. Nos corresponde, por lo tanto, aguantar sus nocivos efectos, sobre todo, cuando nos enteramos de que, a la hora en que les toca repartir los beneficios que corresponden a cada una de las partes, subsiste un margen de ganancia inmensamente desproporcional al esfuerzo empeñado por cada una de ellas.

Mientras tengamos un Estado complaciente y tolerante ante el abuso excesivo de unos y otros, no hay nada que hacer, salvo la posibilidad de promover un cambio estructural, es decir, un giro de ciento ochenta grados que posibilite a los respectivos órganos de control ejercer la capacidad coactiva de que disponen, como consecuencia directa de las funciones inherentes asignadas por la propia Constitución Política vigente.

Confiemos en que dicho supuesto nos sea una simple aspiración celestial, sino que se convierta en todo lo contrario, es decir, en un mecanismo político con la fuerza suficiente para barrer del panorama nacional a todos los tlachiqueros públicos y empresariales, que ahora tanto nos agobian.

<u>Las Iglesias</u>

"Y dijo: —Con la iglesia hemos dado, Sancho. —Ya lo veo —respondió Sancho—, y plega a Dios que no demos con nuestra sepultura, que no es buena señal andar por los cimenterios a tales horas, y más habiendo yo dicho a vuestra merced, si mal no me acuerdo, que la casa desta señora ha de estar en una callejuela sin salida".

Con dicho epígrafe literario, tomado de un pasaje de Don Quijote de la Mancha (Miguel de Cervantes), obra cumbre de la literatura castellana, determinado, en la práctica, como una especie de expresión coloquial para hacer entender el surgimiento de algo inconveniente en los asuntos propios en los cuales se mezcla a La Iglesia.

Así, tal cual, nos fue enseñado, desde el período de nuestra más tierna infancia, y se mantiene perenne en el tiempo, hasta nuestros días, en función del cumplimiento de una de las características más distintivas de nuestro régimen político: la laicidad del Estado mexicano, proclamada, a ultranza, tanto por el liberalismo decimonónico, como por el régimen surgido como consecuencia de los efectos de la Revolución de 1910, hasta nuestros días.

El Estado mexicano ha protagonizado, a lo largo de su historia, algunos de los capítulos más inverosímiles en el marco de su relación institucional con las Iglesias en general, y con la Católica Romana en lo particular, si para ello consideramos el supuesto abordado en el Capítulo 2 de la presente obra, en donde referimos el caso más extremo de la "guerra cristera" (1926-1929), evento en el que perdieron la vida, aproximadamente, 250 mil personas, incluyendo tanto civiles, como agentes del estado y miembros de la fuerza pública.

Este caso inédito que sólo puede entenderse si se parte de la intolerancia prevaleciente de parte y parte, marcó un hito en la historiografía política del país, que se sumó al de la proclamación - en época del presidente Juárez - de las Leyes de Reforma (1855-1861) que contribuyó, además, a exacerbar por un período de más de cincuenta años la relación del estado mexicano versus las Iglesias, cuya personalidad jurídica no les fue reconocida sino hasta la reforma constitucional de 1992, mismo año en el que formalmente el Gobierno de México estableció relaciones diplomáticas con el Estado Vaticano.

Durante el inter, tanto la Iglesia Católica, como otras importantes corrientes religiosas con presencia en nuestro país, ejercieron su misión pastoral, al mismo tiempo que intentaron ser tenidos en cuenta a la hora de la toma de algunas de las decisiones de mayor relevancia en materia de políticas públicas del estado mexicano, interactuando, fácticamente, es decir, por debajo del agua, en medio de la más obscura penumbra característica de los actos cometidos dentro de la ilegalidad, o de una legalidad virtual con la que en todo momento estuvo presente durante el curso de la historia patria más reciente.

Por tal motivo, no podemos menos que sorprendernos cuando caemos en cuenta que, efectivamente, y no obstante del divorcio tácito que caracterizó las relaciones formales entre una y otra instancias ciudadanas, siempre se mantuvieron abiertos los vasos comunicantes que hicieron posible su interacción de cara a la sociedad contemporánea en su conjunto, la cual, nunca renunció a su derecho por ejercer de forma autónoma su voluntad en lo que respecta a profesar la confesión religiosa más próxima a los intereses espirituales derivados de sus tradiciones ancestrales.

De ahí se entiende que ese famoso marco jurídico heterogéneo del cual hemos hablado a lo largo de la presente obra, se comprenda, en su justa dimensión, ya que, si bien es cierto la norma jurídica vigente determinaba que las iglesias no podían, al menos, formalmente, desarrollar su misión pastoral en actividades específicas, como son los casos, entre otros, de la política y la educación, por virtud de que ambas estaban reservadas a favor del estado y de los ciudadanos en pleno goce de sus derechos, pululan, por doquier pruebas fehacientes de encendidas homilías mediante las cuales algunos de los más destacados integrantes de la jerarquía eclesiástica criticaron - acremente – llegado el momento, a las principales instituciones públicas emanadas del movimiento armado.

Por lo que respecta a la educación, no se entendería la realidad prevaleciente en el país en donde, hoy por hoy, es factible obtener - en cualquiera de sus niveles -, los estándares internacionales educativos de que gozamos a nivel internacional, si no fuera gracias a la "semilla de aliento" plantada por las distintas congregaciones religiosas que sentaron sus reales a lo largo y ancho de los 32 estados que integran la Federación.

Ahí, todos salimos ganando. Y, que conste que, dicho término, muy a pesar de todos los pesares, no podría adjudicársele a cada una de las infinitamente numerosas instituciones creadas al amparo del México postrevolucionario.

Como quedó señalado, fue a partir de las reformas constitucionales de 1992 que las Iglesias en México, así como sus respectivos ministros de culto, obtuvieron personalidad jurídica y la mayoría de los derechos inherentes de los ciudadanos, salvo en el caso específico del de ejercer un cargo público, o de elección popular, para los cuales aún se encuentran inhabilitados. No obstante, la laxitud del Estado mexicano en su relación institucional con los representantes de las jerarquías, actualmente prevalece, como si nada hubiera pasado.

Atrás quedaron las épocas en las que el secretario de gobernación, y una larga corte de servidores públicos, subrepticiamente, atendían, con toda oportunidad las reiteradas invitaciones del delegado apostólico del Estado Vaticano, unas veces para prácticas de tenis, en la cacha instalada, ex profeso en la espléndida residencia oficial de que disfrutaba, ubicada al sur de la capital del país, otras para compartir el pan y la sal que se cocinaban en los excelentemente bien equipados hornos pontificios.

El entonces Delegado Apostólico nunca dejó pasar la oportunidad para calificar a sus interlocutores gubernamentales como unos auténticos "jacobinos".

La iglesia católica, así como sus homólogas de otras confesiones religiosas cuya práctica formal ha sido reconocida por el estado mexicano a través de la Ley de Asociaciones Religiosas y de Culto Público, realizan, puntualmente, y de forma pública, sus actividades pastorales de cara a cada una de sus respectiva feligresías.

Por su número, la iglesia católica, como fue enunciado, ha sido favorecida por la aceptación mayoritaria de la población, es decir, de acuerdo con el censo más reciente elaborado por el INEGI en 2010, el 82.7% de la población del país la practica, lo que, en números, más o menos, representa un universo de 92,924,489 de habitantes, frente a sus más cercanas competidoras, cuyas cuentas, en el mejor de los casos, no sobrepasan los seis millones de practicantes, tal cual podrá observarse a continuación:

Cristiana/Evangélica	5,783,442
Otras Cristianas y Evangélicas	5,585,116
Bíblica No Evangélica	2,537,896
Pentecostal	1,782,021
Testigos de Jehová	1,561,086
De Jesucristo de los Santos (Mormones)	1,082,427
Protestante Histórica o Reformada	820,744
Adventistas del Séptimo Día	661,878
Presbiteriana	437,690
Del Dios Vivo	188,326
Judaísmo	67,476
Otras Protestantes	53,832
Iglesia del Nazareno	40,225
Espiritualista	35,995

Indígenas	27,839
Metodista	25,370
Oriental	18,185
Anabautista/Menonita	10,753
Musulmán (Islam)	3,760
Otras Religiones	19,636
Sin Religión	5,262,546
No Especificado	3,052,509
Población Total	112,336,538

Un caso especial, el relativo a la Iglesia Ortodoxa, la cual representada una comunidad que se estima aproximada al millón de feligreses, entre los cuales se incluyen oriundos de migraciones provenientes de países europeos, como son: Rusia, Bulgaria, Armenia, Grecia, Letonia y Rumania.

En términos generales los representantes jerárquicos de las distintas iglesias reconocidas por el estado mexicano mantienen una relación cordial y de mutuo respeto con las autoridades competentes encargadas de velar por que se cumplan, a pie juntillas, los términos de la legislación correspondiente en la materia (LARCP).

No obstante lo anterior, prevalece en la precepción de los jerarcas un estado de ánimo dentro del cual, como resulta lógico suponer, prevalece el compromiso para anteponer a toda determinación adoptada desde la óptica del poder terrenal, las obligaciones evangélicas determinadas por sus respectivos códigos pastorales, y es ahí, justamente, en donde se provocan los innumerables cortocircuitos que han sido, y seguirán siendo, parte del debate universal del estado contemporáneo versus las Iglesias, lo cual, en todo caso, no vislumbra poder llegar a un fin predeterminado.

En nuestro país, la Jerarquía de la Iglesia más numerosa, es decir, la Católica, y a su vez, Guadalupana, ha mantenido una relación de mutua complicidad con los distintos representantes del gobierno federal, a quienes, como una especie de sacrificio piadoso en su propio beneficio, tolera y, hasta le llega a comprender razones y omisiones que en el buen nombre de su impoluta autoridad se cometen un día si y otro también, por supuesto, en detrimento de sus respectivas e inviolables investiduras.

Por tal motivo, no debería ser objeto de extrañamiento que un buen día nos topemos en el Club de Golf más prestigioso de la ciudad capital del país con quien fuera Obispo de la Diócesis de Ecatepec (1995-2012) disputando, eso sí, un arduo torneo en contra de alguien que podría llegar a ser, el mismo Presidente de la República, con el cual, además de disputarle los puntos objeto de la competencia, le estaría vendiendo alguna de las costosísimas obras de arte que reposan, excelentemente enmarcadas, en las cuatro paredes de su lujosa residencia en Las Lomas de Chapultepec.

Lo mismo sucede en el caso del Arzobispo Primado (1995-2017), y sucesor de Fray Juan de Zumárraga, pastor de la Grey más numerosa del mundo con 7.3 millones de feligreses, 650 parroquias y más de mil templos, cuyos gustos culinarios le han permitido mantenerse siempre cerca de las mesas en las cuales se degustan los más exquisitos y exclusivos manjares servidos en las mansiones de los más ricos y poderosos de México. Si, de esos mismos que, según la Biblia, es más fácil ver que un caballo entre por la ojo de una aguja, que un rico entre al cielo.

Pontifica, urbi et orbi desde la sede de su regia Catedral. Desde ahí, y bajo la mirada de una atónica audiencia, de frente a cámaras y micrófonos, que transmiten en vivo y en directo para el mundo y más allá, suscribe los principios doctrinarios de la Fe católica más conservadora que supone todos debemos guardar. Ha sido el único Cardenal mexicano que acompañó en sus respectivas visitas al país a tres Sumos Pontífices, o Jefes del estado Vaticano distintos: Juan Pablo II, Benedicto XVI (aunque este no viajó a la Ciudad de México), y a Francisco.

Es, según afirman los más conocedores, el dueño de todo el negocio que gira en el entorno de la parte más mundana de la principal advocación religiosa nacional: la Virgen de Guadalupe, lo cual, en todo caso, lo hace competidor neto de la "fayuca" proveniente de China, importada de forma ilegal, gracias a la ligereza con la cual las autoridades del Sistema de Administración Tributaria (SAT) interpretan siempre las leyes en esta materia.

Defensor a ultranza de uno de los males más graves en el entorno de los ministros de culto religioso: la pederastia infantil, a varios de cuyos autores más reconocidos ha protegido, y en muchos casos, ha coadyuvado al silenciamiento de la opinión pública. Uno de sus pecadores más dilectos, en contra del cual jamás levantó un dedo acusatorio, fue el tristemente recordado fundador de la asociación seglar "Regnum Christi" y de la Congregación "Legionarios de Cristo", a quien le fuera reconocida por el mismo Estado Vaticano delitos tales como abuso sexual contra menores, fraude y extorsión.

Por cierto, acabamos de recibir atónitos los detalles de la investigación periodística determinada en los "Paradise Papers" o papeles del paraíso mediante la cual fueron estudiados 13.4 millones de documentos relativos a inversiones en paraísos fiscales y que trajo a la luz la forma en la que los "Legionarios de Cristo" realizaron inversiones en siete empresas offshore en sitios tan emblemáticos como Luxemburgo, Isla Jersey y Panamá, de ingentes recursos financieros provenientes de su altruista misión universal educadora, lo anterior, con el fin exclusivo de evadir el pago de los respectivos impuestos.

Desde mi particular punto de vista, eso también es corrupción. Estamos frente a muy buenos ejemplos de tlachiqueros religiosos, falaces e impunes que dejan en entredicho a otros de sus colegas, quienes, en todo caso, cumplen en tiempo y forma con su amplia labor pastoral, sobre todo, de frente a la población más desfavorecida y vulnerable, sobre la cual, no podemos olvidar, que en nuestro país, es mayoritaria.

Son muchos y muy buenos ejemplos de meritorio ejercicio pastoral, dos casos acuden en este momento a mi memoria, y los hago públicos. El uno, es el del Obispo de Cuernavaca (1952-1982) calificado por la ultra derecha mexicana como el "Obispo Rojo" por haber sido promotor de la Renovación de las Iglesias, trabajó a favor de las poblaciones marginadas del país, participó activamente en el Congreso de los Cristianos por el Socialismo (prohibido, en su momento, por el Papa Paulo VI), y fue impulsor de la Teología de la Liberación, de gran raigambre en América latina.

El otro, el Obispo de Chiapas (1959) y más tarde de San Cristóbal de las Casas (hasta 1999), que fue mediador entre el gobierno y los integrantes del Ejército Zapatista de Liberación Nacional (EZLN), Defensor de los derechos de los pueblos indígenas de México y de América Latina, mejor conocido como "TATIK" que en lengua indígena significa "caminante". Le fue concedido por la UNESCO, en 2001, el premio Simón Bolívar.

No podemos dejar de reconocer, también, a los que obran de buena fe y en apego a los principios determinados para el ejercicio de sus respectivos apostolados. Son muchos más de los que nos imaginamos, y están ahí, cumpliendo, día a día, a raja tabla con los mandamientos determinados por la santa madre iglesia católica apostólica y romana, de la cual son sus representantes en esta tierra que nos pertenece a todos.

La Iglesia católica ha sido, es y seguirá siendo un poder de hecho en el entorno de la vida institucional de nuestro país.

Ojalá que sus representantes terrenales tomen conciencia de dicha misión fundamental y que dejen de lado el pecado de soberbia que tanto les estigmatiza.

9

CRIMEN ORGANIZADO

Si pudiera llegar a parecernos como algo insólito la posibilidad de que el nivel de penetración social que hemos permitido se desarrolle con respecto al fenómeno de la corrupción que prima en nuestro país, cuyos efectos directos – tangibles ya a estas alturas del paseo - nos hacen más vulnerables tanto hacia nosotros mismos, como hacia la mayoría de nuestros interlocutores de la comunidad internacional, dentro de los cuales, a algunos de sus representantes más conspicuos se les eriza la piel cada vez que deben interactuar con sus contrapartes mexicanas, por virtud de que, lastimosamente, a muchos de nuestros congéneres, se les distingue, desde la distancia, un característico signo monetario, cuya imagen se perfila desde el centro mismo de la frente, descendiendo, armónicamente, hasta insertarse con firmeza en alguno de los diversos orificios de que disponen en el rostro.

A dicho nivel ha llegado la insensatez con la que intentamos argüir frente a todos aquellos que se atreven a increparnos sobre las razones de la insólita sin razón que nos aqueja por igual a todos en México, y de la que, unos días sí, y otros también, hacemos escarnio señalando con el dedo, indefectiblemente, a terceros, como la causa principal de nuestra desazón, como si cada uno de nosotros estuviésemos libres o exentos de la responsabilidad colectiva que adquirimos, simplemente, como consecuencia de nuestras reiteradas y culposas omisiones.

Sobre dichas omisiones, la mayoría de las cuales, por su dimensión son extremadamente graves, ya que han hecho posible que las infinitas organizaciones existentes que conforman el crimen organizado – nacional o trasnacional -, prácticamente, hayan penetrado con inusitada facilidad, la entraña misma del ente social conformado por todos. El mismo que, además, debemos considerar con altísima preocupación, es el único que nos da cobijo, que nos sirve de morada, y por el cual henchimos el pecho de orgullo cada vez que nos toca reclamar su pertenencia.

De tal manera y, muy posiblemente de forma inconsciente, hemos contribuido a la formación de la madeja en la cual quedó atrapado el nudo gordiano que ahora mismo nos resulta, prácticamente imposible desenhebrar, salvo que, como consecuencia directa del empeño colectivo, se produzcan los resultados que siempre se obtienen cuando se esgrimen las armas de mayor utilidad práctica en esta materia, puestas a nuestra disposición nada más y nada menos que por las ciencias sociales: el orden y la justicia.

No se entiende la existencia de uno, sin la presencia obligatoria de la otra que la valide, es decir, que le de sentido y aplicación práctica a los fines que mejor convengan al ente social determinado - que en el presente caso, somos nosotros -. Y, ese es, justamente, el quid del problema que con fiereza extrema nos acecha, lo cual, no significa en el sentido más estricto de la palabra que pudiera llegar a constituirse como una hipótesis de trabajo, ya que, intrínsecamente hablando, el mal se ha transformado ya en una amenaza real, tangible y verdadera que pende cual espada de Damocles de un fino hilo sobre nuestras respectivas cabezas.

La forma más valida de ubicar el tipo de soluciones que convengan mejor a nuestros intereses, va de la mano del sentimiento de voluntad que antepongamos por encima de nuestros intereses particulares, por muy trascendentales que los mismos pudieran llegar a parecernos, o que, por virtud de su obsecuencia, nos resulte más adecuado visualizarlos de soslayo, lo cual, prácticamente, viene a ser lo mismo que sucede cuando nos hacemos los desentendidos.

Que nada pasa, o que, si llegase a pasar algo, no nos importe.

En el contexto de dicha piedra angular de nuestra propia filosofía, se desenvuelve, caóticamente, la sociedad mexicana en su conjunto. Ya sea para bien, o que suceda todo lo contrario, es decir, para el mal colectivo, a la larga, la mayoría piensa que le vale, que no le afecta directamente, y que por lo tanto, lo mejor es voltear la mirada hacia otro acontecimiento trascendental que esté sucediendo en el mismo momento cerca de nuestro entorno.

Entonces ¿porqué preocuparse? Si para ello tenemos autoridades que, supuestamente, tiene todo bajo control. Claro, si partimos del supuesto de que cada día, por lo menos, nace un ordenamiento jurídico diferente, distinto y disperso en el mundo de inmanejable legalidad que nos heredaron los próceres del movimiento armado de 1910, quienes, supusieron – patrióticamente - que su lucha perduraría en el tiempo por lo siglos de los siglos, al menos, hasta el momento en el que llegara con inusitada fortaleza el caos.

Si, apreciable lector, ese temido fenómeno que ahora nos embarga a todos y que nos mantiene aterrorizados, sobre todo, cada vez que visualizamos los efectos de sus síntomas, que pululan de forma inclemente a lo largo y ancho del medio ambiente que nos rodea, sin que, aparentemente, exista el firme propósito (o convicción) por parte del propio estado para cumplir y hacer cumplir uno de los fines consustanciales que determinan su propia existencia: el monopolio del uso de la fuerza, sobre todo, de cara al momento que estamos viviendo, en el que disponemos de un régimen político que, a pesar de todos los pesares, se niega a morir, no obstante presentar síntomas visibles y tangibles de padecer metástasis colectiva y purulenta, tan característica en la coyuntura nacional prevaleciente.

Aquí, todos nos damos por enterados, salvo en el caso específico de nuestros respectivos gobernantes a quienes se les ha llegado a cuestionar sobre su real y verdadera capacidad asertiva, partiendo del supuesto de que, por muy poco, o por mucho que afirmen haber avanzado en su estrategia para el combate del crimen organizado, y en su caso, para doblegar a sus cabezas más visibles, el balance sigue siendo negativo, por lo tanto, la anotación de este desigual partido (término figurativo) sigue favoreciendo, en proporción muy desigual a los malos versus los buenos (entre los cuales, estimo, por principio, debemos ser considerados todos).

Y, llegados a estas alturas del paseo ¿cuáles son las reales y verdaderas razones o circunstancias por las cuales los logros alcanzados resultan magros si los contrastamos con los respectivos desaciertos?.

La verdad, en todo caso, podría llegar a ser en extremo contradictoria, ya que, desde mi particular punto de vista, las ausencias más relevantes de la acción del estado vis a vis el combate al crimen organizado se derivan de la falta de continuidad en los programas establecidos durante el curso del período dentro el cual se registró una mayor incidencia del fenómeno, es decir, entre los años 2007 y 2017, por virtud de la implementación de estrategias eminentemente contradictorias, disonantes y contrapunteadas. El famoso caso de un paso adelante y dos pasos hacia atrás, característico del avance en materia democrática alanzados por nuestro país.

El crimen organizado como fuente formal de poder político en México quedóinscrito en nuestra antología desde tiempo inmemorial.

Ahora bien, su injerencia directa en las cosas del estado o en la búsqueda de espacios específicos de interacción por fuera del control de las autoridades constituidas a las cuales se les asigna la responsabilidad de gobierno, es decir, de ese mismo aparato que, en su oportunidad, le alentó, mostrándose tolerante y consecuente con sus acciones, en tanto las mismas no traspasaran los respectivos limites predeterminados ex profeso como de uso exclusivo para cada una de las partes, una especie de líneas rojas, pactadas de común acuerdo, entre unos y otros, a los fines del mantenimiento del equilibrio del estado de derecho.

Por lo anterior, nos corresponde ahora, incursionar en los vericuetos de las circunstancias que, dicho sea de paso, dejaron profunda huella en una relación eminentemente contra natura, como es el caso de la que se comenta, por virtud de que, si llegásemos a despejar algunas de las incógnitas más profundas que se mueven en su entorno, es posible que, si la suerte nos acompaña, dispongamos de algunas de las claves que nos permitan descifrar uno de los principales enigmas que hoy se constituyen como los mayores dolores de cabeza para nuestras correspondientes autoridades, dicho sea de paso, incluidos, entre ellas los tres poderes de la Unión, y los tres niveles de gobierno establecidos por las normas aplicables en esta materia.

En un momento indeterminado de nuestra historia más reciente, a alguno de los principales actores de la lid política se le ocurrió que la fórmula más adecuada para ganarse la favorabilidad ciudadana, ciertamente, bastante más cuestionada de lo que ellos mismos pensaban, sobre todo, como consecuencia directa de la recurrencia de sus desaciertos más notables en materia de gobernabilidad democrática, era por vía del combate directo, frontal y contundente en contra del crimen organizado que, a dichas alturas del paseo, azolaba ya con toda su crueldad y rudeza desde lontananza la paz, la tranquilidad y el bienestar público ciudadano.

Por tal motivo, se integró una agresiva estrategia para confrontar dicho fenómeno, valiéndose para ello, de los precarios instrumentos jurídicos que se tuvieron al alcance de la mano, entre los cuales, de forma extraordinaria se incluyó la activa participación de nuestras Fuerzas Armadas, a las cuales les fueron encomendadas funciones para las cuales no habían sido capacitadas (formalmente), como el caso concreto de sustituir las funciones inherentes a las múltiples entidades policiacas distribuidas, tanto a nivel federal, como estatal y municipal, a lo largo y ancho de todo el país, por considerar a priori que la mayoría de dichos cuerpos no habían cumplido con las mínimas expectativas en cuanto a los niveles de capacitación, confiabilidad y honestidad determinados a dicho efecto, no obstante el indudable apoyo internacional que nuestro país recibió en dicha materia por parte del gobierno de los Estados Unidos de América en el entorno de la "Iniciativa Mérida" que incluyó el apoyo para la formación de al menos 238 mil integrantes de las fuerzas federales.

Es, también, lamentable que durante el período 2006-2016 fueran dados de baja, (según la Comisión Nacional de Seguridad CNS) por cuenta del crimen organizado, 1,200 agentes federales, con actividades principalmente en diversos estados de la república, como son los casos de Tamaulipas, Michoacán, Guerrero, Chihuahua, Nuevo León y Veracruz. El resumen determina que, dentro de dichas bajas, se cuentan 552 de la Policía Federal; 481 de la Secretaría de la Defensa Nacional; y 74 de la Secretaría de Marina.

Dicen, quienes verdaderamente saben de esta materia, que el gobierno procedió unilateralmente al desconocimiento formal o tácito de cualquier tipo de fórmulas de connivencia preexistentes determinadas entre autoridades constituidas y organizaciones al margen de la ley (como eufemísticamente se describió al crimen organizado nacional o trasnacional), mismas que, ipso facto se sintieron vulneradas y traicionadas por quienes en antaño les habían cobijado con el manto protector de un estado tolerante, aquiescente y omiso en el cumplimiento del mandato constitucional que había protestado cumplir y hacer cumplir (la misma perorata de siempre).

El resultado a todas luces es visible: llevamos, al menos, diez años de lucha frontal y soterrada de unos contra otros, entre los cuales, quienes más pierden, en definitiva, somos todos nosotros, los ciudadanos del común y corriente, como lo somos usted, muy apreciado lector, y quien esto escribe, quIenes aleatoriamente somos víctimas inocentes (daños colaterales) del negativo impacto social que afecta, principalmente, a todas y cada una de las distintas actividades más comunes o elementales que realizamos en el día a día de un gran país que despierta por la mañana, como lo es el nuestro, sin disponer de la certeza real y verdadera de que al llegar la noche, aún nos encontraremos ahí.

Como la calle, es la calle, a pesar de que el actual jefe de gobierno de la CDMX se empeña en desmentir que el crimen organizado ha extendido su siniestro manto en contra de la megalópolis azteca, la realidad demuestra todo lo contrario, tal cual lo hemos asentado, oportunamente, en capítulos precedentes a través de algunos pasajes y ejemplos ciertamente desconcertantes en los cuales, la injusticia prima sobre cualquier otros sentimiento de carácter social.

Hoy por hoy, pululan por los cuatro puntos cardinales tanto de la propia capital del país, como de todas y cada una de las ciudades, poblaciones, rancherías y demás conglomerados urbanos y rurales que conforman el grueso del censo de población más recientemente elaborado por el INEGI, pandillas delictivas que azuelan con siniestra presencia a todo un país, cuyos habitantes observamos atónitos, estupefactos, perplejos, vulnerables y desarmados jurídicamente, las amenazas a las cuales estamos siendo expuestos por los malos de siempre, aupados, en todo momento, por sus siniestros cómplices gubernamentales.

Esa guerra, sin un fin preciso determinado, nos ha dejado una inmensa cauda de dolor y sufrimiento. Arrojó, entre los años de 2006 y 2012, al menos, 121 mil muertes violentas causadas, principalmente, por cuenta de las organizaciones más conocidas dedicadas al narcotráfico. Una cifra similar, o muy parecida, se vislumbra en los albores de la culminación del periodo sexenal correspondiente a 2012-2018, ya que a poco más de doce meses para que finalice, la PGR anunció que las cifras redondeadas de homicidios violentos que obran en las carpetas de investigación respectivas, ronda, al menos, 100 mil.

Ante tales resultados, resulta obvio para todos – a excepción hecha de las autoridades constituidas – que lo que falló, en todo caso, fueron las respectivas estrategias determinadas por los actores principales de la contienda, es decir, por una parte, la administración panista a la que correspondió "prender la mecha del polvorín", durante el período comprendido entre los años 2006-2012, empeñada, en su caso, por federalizar todo aquello que osara moverse en su guerrero panorama, como fue el caso, por ejemplo, de la creación de la Secretaría de Seguridad Pública Federal, de efímera existencia (2000-2013), aupada desde su creación, y con la firme advocación de dar sentido al pacto federal contemplado por la Constitución vigente.

Lamentablemente para todos, la visión con la cual se empoderó la administración que le sucedió en el ejercicio del poder - con orientación ideológica priista -, hizo, justamente, todo lo contrario, como suele suceder, y como ha sido la práctica consuetudinaria de dicho partido político a lo largo de toda su existencia, es decir, centralizó las funciones de lucha contra el crimen organizado en la dependencia del gobierno federal que, supuestamente maneja la política interior del país, y que en el presente ejemplo, se constituye como una especie de "saltimbanqui", es decir, se le utiliza, desde las labores de cosechar, recoger, transportar, comercializar (mayoreo y menudeo), hasta la del consumo de todo cuanto se ubica al alcance de sus voraces fauces.

El resultado, por obvio, lo tenemos al alcance de la mano. Han fracasado todos quienes se empeñaron en desarrollar un papel para el cual no estaban ni medianamente preparados, además, sin disponer de una estrategia específica bien asumida y concreta enfocada, específicamente, al desmantelamiento de toda la podredumbre que se ha generado al amparo de la ineficacia gubernamental vis a vis la estrategia muy bien planificada y puesta en marcha por el enemigo común de todos: el crimen organizado, que se empoderó del país, y que ahora reclama los espacios de influencia que supone le pertenecen, por haberlos ganado en buena lid.

Hasta aquí, nos surge otra pregunta: ¿realmente ha

fracasado el estado mexicano en su lucha contra el flagelo que ahora nos azota?

Y, la respuesta inmediata, es un si. Ha fracasado, y aparenta no saber hacia dónde realizar el siguiente movimiento. Es cierto que se han producido algunos aciertos, tales como la captura y posterior consignación de algunos de los más connotados jefes de las bandas criminales, también, se han producido bajas sustantivas de otros tantos susodichos cabezas de los carteles del narcotráfico, trasiego de armas y de precursores de metanfetaminas, a su vez, y con base a los convenios especializados en la materia, se han extraditado a personajes con nombres rimbombantes y con alto prestigio dentro de la comunidad trasnacional de criminales, como fue el caso concreto del líder del cartel de Sinaloa.

No obstante lo anterior, los diversos grupos criminales siguen interactuando a mansalva, una veces, aprovechando la sombra protectora que les proporcionan gobernantes corruptos o cooptados a sus respectivas causas, otras, como consecuencia directa del estado de incertidumbre (miedo y temor) que genera su presencia y su acción de cara a una población civil indemne, asentada en un lugar predeterminado, o zona de influencia directa, dentro de la cual, ante las notorias ausencias del estado de derecho, se desenvuelven cual peces en el agua, al amparo de la más absoluta impunidad y, muchas veces, gracias al contubernio con las autoridades judiciales respectivas, las cuales, ni siquiera se inmutan.

El problema, desde mi particular punto de vista, hay que verlo desde la perspectiva de su origen, es sistémico, por lo tanto, adolece del rigor de la aplicación de las leyes que deberían primar en un estado de derecho como en principio lo es el nuestro. Sin embargo, como es bien sabido, una cosa es el ser y otra cosa muy distinta es el deber ser, como acontece en el ambiente que hoy nos absorbe por completo a unos y a otros. Los buenos y los malos estamos condenados a convivir bajo el cumplimiento de las mismas reglas no escritas, aunque de cumplimiento obligatorio, características del propio sistema.

A la luz de lo que antecede, no existe un estado de derecho en el más estricto sentido de la palabra, sino simplemente, una entelequia que pugna por sobrevivir dentro de una selva plagada de voraces depredadores que alientan y acechan a sus posibles víctimas, ocultos siempre tras frondosos ropajes, tal cual sucedió en el conocido relato que nos fuera transmitido con amor, por nuestros abuelos, sobre aquél lobo legendario que se enfundó en piel de cordero con el fin de estar en posibilidad de comerse a la inquieta y alegre Caperucita Roja.

Tal cual están las cosas, me parece que muy poco podremos hacer durante el curso de los siguientes doce meses, es decir, el término que prima desde que fuera finalizada la redacción de la presente obra, y la conclusión del actual período sexenal, como para disponer de resultados tangibles y concretos, distintos a los que ahora se contemplan, y que dan cabida a que en el marcador en el cual podemos observar el estado actual de esta desigual y asimétrica competencia, los números favorezcan a los malos versus el sufrido pueblo de México.

En este punto, conviene señalar algo que me parece de la mayor relevancia que, además, tiene que ver con una fórmula similar a la utilizada bajo la premisa del ¿quién es quién? dentro de este bajo mundo del crimen organizado nacional y trasnacional.

Por un lado, ubicado en un apartado eminente, contamos con algunos de los ejemplos más preclaros de la especie, como es el caso de los distintos grupos que se mueven a mansalva desde las sombras del bajo mundo del narcotráfico, trasiego de armas, extorsiones, secuestros, violaciones y la comisión de todo tipo de delitos contra la salud, la integridad personal y patrimonial de todos los mexicanos.

Del lado contrario, una especie discordante conocida, de indiscutible raigambre social, caracterizada por la voracidad con que se mueve como Pedro por su casa, que son identificados – universalmente - como los mayores depredadores de recursos públicos, determinados, tanto en función de apropiarse de importantes sumas de los presupuestos nacionales, o del saqueo sistemático de recursos naturales renovables y no renovables, lamentablemente, bajo los auspiciados y en contubernio de quienes se supone deberían fungir como, los garantes del orden constitucional.

Unos y otros, cumplen a rajatabla con su misión depredadora. En nuestro caso, bajo la garantía de que, salvo que algo suceda en el Olimpo del poder, nada pasa, mientras el jefe de jefes se vea complacido con el favor que recibe desde el confort que le ofrece el mullido asiento del palco central de su respectivo palacio de ilusiones, lugar en el cual ejerce con inusitada sapiencia las funciones inherentes a su cargo.

Dentro del apartado de los eminentes, la lucha ha sido – supuestamente – sin cuartel por parte del estado mexicano, quien actuando a la sombra de sus indudables falencias ha intentado – sólo intentado – suplir sus imperdonables ausencias de autoridad en gran parte de las zonas y regiones ahora controladas por los grupos al margen de la ley.

Como muestra, de lo anterior, basta un botón: de conformidad con las reseñas más actualizadas, elaboradas desde la óptica de una de las entidades gubernamentales más conocidas en los Estados Unidos de América, la Agencia para el Control de Drogas (DEA) por sus siglas en inglés (nuevamente debemos atenernos a fuentes externas), la cual trabaja –cuando se puede - "de la mano" con sus contrapartes mexicanas, publicitadas recientemente, señala un aumento sustantivo en la adicción de ciudadanos estadounidenses a las drogas, especialmente, las psicoactivas, que son trasegadas a la Unión Americana, principalmente, desde destinos controlados por seis carteles de México, Colombia, República Dominicana y China.

La propia DEA estima que en los Estados Unidos existen, actualmente, 75 millones de consumidores de todo tipo de sustancias adictivas.

En el informe: "Evaluación Nacional sobre la Amenaza de las Drogas 2017", publicado el 1 de noviembre, se determina que en los últimos años el problema de las adicciones se ha agudizado, como consecuencia directa de la presencia de drogas sintéticas, como Fentanilo y los llamados Opioides. Además, según datos revelados el propio mes de noviembre de 2017 por voceros de la Casa Blanca (sede del gobierno estadounidense) el costo aproximado por concepto de consumo de los propios opioides (anualizado al 2015) se cifra en $ 504 mil mdd., cantidad que representa, nada más y nada menos que, el 2.8% del PIB de la superpotencia.

En dicho análisis, también se señala que de las sustancias

psicoactivas que comprenden un universo de más de 664 variedades, que la propia ONU reconoce como las más comunes que se consumen en los Estados Unidos de América, se destacan los casos específicos de: AB-Chminaca; XLR 11; AB-Pinaca; AB-Fubinaca; 5-Fluor-AMB; MAB-Chminaca; NM2211; 5Fluor-ADB; 5F-AB-Pinaca; FUB-AMB; ADB-Fubinaca; 5F-PB-22; FUB-PB-22.

Tan sólo, en el año 2015, y de conformidad con el propio estudio, fallecieron como consecuencia de haber consumido dichas sustancias, 52,404 personas, más del doble de los que, en situación similar, murieron durante el curso de 2003, tal cual enunció en el informe correspondiente en el que figuraron 25,785 personas que perdieron la vida.

Dentro de las organizaciones criminales mexicanas con mayor incidencia en el mercado estadounidense aludidas en el informe en comento, se incluyen: Cartel de Sinaloa, Cartel Jalisco Nueva Generación (CJNG), Cartel del Golfo, Los Zetas, Cartel de los Beltrán Leyva, y Cartel de Juárez. Dentro de los cuales, el más activo, según la propia agencia estadounidense, es el de Sinaloa, con presencia en al menos 29 de los 50 estados que integran a la Unión Americano, posicionado, a su vez, dentro de los lugares preeminentes con la venta de heroína, cocaína, mariguana, anfetaminas y sustancias sicoadictivas.

Resulta, también, espeluznante señalar que, conforme a los datos disponibles en esta materia, el Cartel de Sinaloa ha sido señalado como el principal traficante de Buche (vejiga natatoria) de Totoaba, especie marina endémica del Golfo de California, cuyo valor en el mercado internacional del kilogramo llega a cotizarse entre los $ 60 y los $ 80 mil dólares, por virtud de que, subsiste la creencia entre quienes conocen sobre dicha materia que, al menos en países del Lejano Oriente, como sería el caso de China, por ejemplo, que dispone de probadas cualidades afrodisiacas de incalculable calidad erótica para quienes la consumen y, por supuesto, rinde pingües ganancias a quienes explotan ese nicho de mercado, considerado por los especialistas, como el de la "cocaína del mar".

Por todo lo anterior, quienes trafican con dicha fuente proteínica por excelencia, no sólo están contribuyendo a que paulatinamente la población de la especie se vaya disminuyendo, sino que, como consecuencia directa de su captura, se incrementa el nivel de riesgo de extinción de otra especie endémica de la zona: la Vaquita Marina, sobre cuya conservación se han realizado ingentes esfuerzos, tanto por parte del gobierno federal, como por parte de la comunidad internacional especializada en la conservación de especies de fauna marina en peligro de extinción.

Con respecto al tráfico tradicional de todo tipo de estupefacientes, llama la atención, a su vez, el señalamiento que se realiza por parte de la DEA en el entorno de un grupo – aparentemente de reciente creación -, "Guerreros Unidos", que según las autoridades estadounidenses surge como consecuencia directa de la escisión del Cartel de los Beltrán Leyva, que se ha dedicado al trasiego de heroína con destinos en ciudades como Chicago, Los Ángeles, Phoenix, Atlanta, Pittsburgh, Indiana, y Nueva Jersey.

Es de suponer que la mayor parte de sus operaciones las realizan a través de envíos por vía terrestre desde destinos ubicados, principalmente, en el Estado de Guerreo, tal cual se pudo conocer – incidentalmente - durante los trabajos de investigación correspondientes a la misteriosa desaparición de los 43 estudiantes de la Escuela Normal Rural Isidro Burgos de Ayotzinapa (Guerrero).

A estas alturas del paseo, conviene recordar que en el capítulo 6 de la presente obra hicimos referencia a otro dato relevante en torno a la capacidad de combate de la que disponen las distintas organizaciones criminales que operan a lo largo y ancho de la geografía nacional, según la información compartida entre la PGR y el Centro de Investigación sobre Seguridad Nacional (CISEN), el gasto anual por concepto de adquisición de armas y parafernalia bélica alcanza, más o menos, la cifra de $ 500 millones de dólares.

Dentro del variado menú de todo tipo de juguetes para adultos detectado por las mismas altas autoridades mexicanas (PGR y CISEN), se destacan: Fusil AK-47; Fusil Barret, calibre 50 y otras armas de fuego consideradas como de "nueva generación": subametralladora y pistola FN Herstal (belga) conocida como "Five-Seven" por sus características técnicas y las cualidades de su munición – subsónica, trazadora y de penetración -, es capaz de traspasar blindajes, y es conocida popularmente como "mata policías".

Otras linduras, de carácter similar, a las anteriores, son las "armas antimateria", destinadas no sólo a dar de baja objetivos humanos, sino para destruir todo lo que se encuentra ubicado en el entorno (vehículos, viviendas, etc.).

La propia PGR ha decomisado, tan sólo en 2017: cohetes antitanques de los tipos M-72 y AT-4; lanzacohetes RPG-7;

lanzagranadas MGL, calibre 37 y 40 milímetros; granadas de 37 y 40 milímetros; y granadas de fragmentación. Nos toca, en todo caso, y vistas las circunstancias enunciadas con anterioridad, poner nuestras respectivas barbas a remojar, so pena de que, cualquier noche de estas, comencemos a escuchar el repiquetear de armas largas y poderosas en frente de nuestros respectivos domicilios particulares.

Otros grupos importantes, fuera de los tradicionales, que se han ido abriendo espacios a partir de las largas y pronunciadas ausencias del estado de derecho en diferentes regiones del país, son en una primera instancia, el Cartel Jalisco Nueva Generación (CJNG) del cual se comentó, tangencialmente, y referido al informe elaborado por la DEA sobre la incidencia del consumo de sustancias adictivas, sobre su capacidad de fuego, que es muy sustantiva, si para ello se le compara con el resto de los grupos delictivos que pueblan la fauna local. Asociado a dicho cartel, por lazos de afinidad entre sus respectivos dirigentes, surgen "Los Cuinis", los cuales, conjuntamente, con quienes integran el CJNG son considerados por la propia DEA como grupos mafiosos distintos, pero firmemente asociados.

Los Cuinis son considerados por las autoridades correspondientes de los Estados Unidos de América como el cartel "más rico" y con el mayor poder económico de todos los grupos similares a nivel mundial, ya que dispone de una importante y extensa red de distribución que se mueve sus productos hacia Europa, Asia, y Canadá, lo anterior, gracias a la alianza conformada con las Fuerzas Armadas Revolucionarias de Colombia (FARC) grupo que, en todo caso, les garantiza como el primer proveedor de cocaína a México, procedente de destinos como Colombia, Perú y Ecuador.

La Familia Michoacana y los Caballeros Templarios-Guardia Michoacana, son otros dos grupos escindidos, respectivamente, del Cartel del Golfo y del Cartel de Sinaloa, respectivamente que se disputaron el control territorial de los cultivos de mariguana y la comercialización de "cristal" de alto valor en sus respectivas zonas de influencia.

Los Huachicoleros, o trasegadores de los poliductos de que dispone la empresa estatal PEMEX, representan un dolor de cabeza para las autoridades federales encargadas de la vigilancia y supervisión de sus respectivas instalaciones estratégicas.

Sobre el daño patrimonial que este grupo criminal causa en perjuicio de los mejores intereses nacionales, hemos referido detalles suficientes en el Capítulo 3 de la presente obra.

Lo integran, además de reconocidos miembros del Cartel del Golfo y de los Zetas, autoridades a los tres niveles de gobierno, las cuales se hacen de la vista gorda, circunstancia que hace posible que interactúen bajo términos de la más absoluta impunidad, tanto a la luz del día, como bajo la cobertura protectora de la obscuridad de la noche, y que, vistas las circunstancias que priman en todo el país, no hay, hasta este momento, quien les haga frente y que, de dicha forma, se detenga la derrama inagotable de nuestro oro negro.

En todo caso, y vistas las indudables amenazas que penden sobre el estado de derecho, el reto al que se enfrentan las autoridades correspondientes de México es inmenso, pero afortunadamente, y de eso estoy convencido, llegado el momento de la verdad, y con el apoyo solidario de todos nosotros, es decir, la sociedad civil organizada, estaremos en posibilidad de superar cualquier obstáculo que se anteponga al bienestar general y a la primacía del orden y la justicia por encima de cualquier tipo de interés.

En otro orden de ideas, la defensa a ultranza que hemos realizado a través de los años de los cientos de miles de migrantes mexicanos que deciden iniciar una epopeya en pos del "sueño americano" y se trasladan a la aventura de cruzar la frontera terrestre que divide a nuestro país con los Estados Unidos de América, resulta épica en todos y cada uno de los capítulos en los cuales decidamos dividirla, y como prueba fehaciente de lo antedicho, obra física y materialmente la prueba, a través de la presencia de más de cincuenta representaciones consulares permanentes que ha abierto el gobierno federal en un número similar de poblaciones allende nuestras fronteras, cuyo objetivo principal, por principio, es la salvaguardia y la protección de los derechos de nuestros connacionales.

Si, así de simple. Esa es su misión principal, y se cumple a cabalidad, o al menos, eso es lo que todos nos imaginamos, si partimos de lo que ha venido cacareando nuestra Cancillería a lo largo del tiempo.

No obstante, hechos tangibles que se muestran un día si y otro también, sobre todo, durante la presente coyuntura política bilateral, en medio de la cual México se ganó – fortuitamente, espero – un inusual enemigo: el presidente de la nación más poderosa del mundo, el cual vive obsesionado con nosotros y ofendiéndonos a mañana, tarde y noche, como consecuencia de sus propias dudas existenciales, e indudablemente, por una cabal falta de ignorancia.

De ignorancia, en lo que, históricamente, ha representado México para la gran nación norteamericana como un aliado estratégico fundamental y garante de su supremacía como potencia en el concierto internacional de naciones.

No se podría explicar la hegemonía prevaleciente si partiésemos del supuesto de que una de sus mayores vulnerabilidades pudiera llegar a ser una frontera al sur de su territorio hostil o beligerante, como en todo caso podría haber sucedido si pensáramos con nuestras vísceras en lugar del corazón y albergásemos la esperanza de venganza por haber sufrido, como nación soberana, un daño patrimonial incalculable por virtud del despojo de una franja territorial de poco más de dos millones de kilómetros cuadrados, consecuencia directa de una injusta e inequitativa guerra culminada en 1847.

Aún así, y a pesar de todo, seguimos viendo con ilusión migrar hacia el norte, con vistas a un país en el cual se abren oportunidades excepcionales, mismas que, sería imposible vislumbrar dentro de nuestro entorno vital, especialmente, si se diera el caso de que no formamos parte de alguna de las infinitas colectividades que viven a la sombra del presupuesto nacional.

A todos nuestros migrantes, o al menos, a una gran mayoría de los mismos, se les atraviesan en su largo periplo los mismos traficantes de todo, quienes no sólo los expolian, los vejan, y les dejan sin nada con lo cual proceder su camino, al tiempo que se burlan y se siguen burlando, y lo seguirán haciendo en este México mágico en el cual nos encontramos, en donde las instituciones encargadas de poner orden e impartir justicia brillan por su ausencia.

Pues bien, con las mismas ilusiones, migran diariamente cientos de miles de nacionales de países ubicados al sur de nuestras respectivas fronteras, principalmente, provenientes de Guatemala, El Salvador y Honduras, aunque también, migran desde Nicaragua, Costa Rica, y otras regiones de nuestro propio entorno geográfico, como el caso de Cuba o Haití, o más allá del macizo continental que nos rodea, por ejemplo, refugiados de conflictos en otras latitudes del mundo, como Oriente Medio, África, o Sudeste Asiático.

Da igual, esos mismos migrantes se aventuran a recorrer – muchas veces exponiendo con ello su propia vida -, una selva en la que no prima ni ley, ni orden alguno, salvo el chantaje, la extorsión, el secuestro, la violación sexual de la cual son víctimas por parte de todo tipo de actores locales, entre los cuales se incluyen desde guardias migratorios, policías municipales, estatales o federales, agentes del orden, vigilantes aduaneros, integrantes de bandas organizadas – o medianamente organizadas -, asaltantes de caminos, narcotraficantes, gatilleros, macheteros, pozoleros, o simplemente truhanes sin escrúpulos que se han empoderado de la ruta de "La Bestia" por cuyo tránsito y recorrido demandan cuotas para repartir entre los cuates con quienes, en todo caso, actúan coludidos bajo la sombra de la más absoluta impunidad en medio de la cual se mueve casi todo el crimen organizado en nuestro país.

Un caso paradigmático en esta materia que no podemos ni debemos olvidar, se registró en San Fernando, Tamaulipas, en donde fueron asesinados a mansalva supuestamente por integrantes de los Zetas, 72 migrantes centroamericanos en agosto de 2010. El causante directo a quien se atribuye dicho crimen de lesa humanidad alias "Pata de Queso" o Z-74 quien fue capturado en noviembre de 2017. Como consecuencia de su delicado estado de salud, fue ingresado a un hospital público para un tratamiento de emergencia, sin embargo, unos cuantos días después (tres) falleció víctima de una pancreatitis.

¡Muy lamentable! Tanto el crimen de lesa humanidad perpetrado en contra de los indefensos migrantes, como la desaparición física del presunto responsable del mismo, quien no pudo reparar en vida los hechos de los cuales fuera acusado.

La anterior, es una realidad que no ha podido ser superada, no obstante, los ingentes esfuerzos realizados desde todos los niveles de gobierno, incluso, con el apoyo y participación de los esfuerzos de los gobiernos de países que ven seriamente amenazada la integridad personal de sus connacionales, en la aventura de cruzar el largo trecho que separa las fronteras del istmo centroamericano, con los estados al sur de la Unión Americana.

Priman, en dicho sector, la corrupción y la impunidad. Son temibles los operativos de autoridades migratorias mexicanas, supuestamente, a la caza de migrantes ilegales, a quienes una vez se les captura, son conducidos a recintos carcelarios clandestinos, en los cuales, además de ser despojados de sus pertenencias, son sometidos a todo tipo de vejaciones, al tiempo que, también, les son conculcados sus derechos fundamentales a grado tal que, muchas veces, llegan perder la más preciada de todas sus posesiones: la vida.

Aquí nos surge una pregunta: ¿qué ha hecho el gobierno de México para evitar que se repitan hechos tan lamentables y deleznables como los anteriormente descritos?

Una respuesta a bote pronto es: todo y nada, es decir, ha proclamado urbi et orbi que reprueba dichos actos en contra de migrantes extranjeros, sin embargo, poco efectivas han sido sus proclamas. Inútiles, diría yo, si asistimos, como sucede con mucha frecuencia a la existencia de ese famoso gatopardismo que ya nos tiene hasta la madre de que se repita con tanta frecuencia, ya que, si contásemos la cantidad de acuerdos bilaterales en esta materia, suscritos un día si, y otro también con autoridades centroamericanas, podríamos constar que no sirve para otra cosa que no sea para la fotografía que se conserva en el registro oficial para conmemorar el día del evento que se describe.

Se siguen violentando los derechos fundamentales de los migrantes de países de nuestro propio entorno geográfico en su búsqueda por alcanzar el añorado sueño americano. Los principales culpables de dicha situación son quienes integran los grupos del crimen organizado que se mueven a mansalva de norte a sur y de este a oeste por toda la geografía de México.

Y, las autoridades apá: muy bien gracias. Haciéndose como el tío Lolo (tarugo solo).

Dentro de los casos vinculados con el crimen organizado que revisten mayor perplejidad, e incluso responsabilidad internacional para el Estado mexicano, sobre todo, a la luz de la materialización de los hechos, y en razón de la ausencia de resultados concretos, es el de los feminicidios (homicidios con violencia) cometidos a mansalva en contra de personas por razón de su género, cuya genealogía más próxima data del comienzo de los años noventa con los casos específicos registrados, principalmente, en el Estado de Chihuahua, en Ciudad Juárez, lugar en donde operan infinidad de empresas maquiladoras de todo tipo de productos para consumo masivo en los Estados Unidos de América.

De repente en el verano, así nomás porque sí, se fueron descubriendo, cada vez con mayor frecuencia, casos de homicidios en contra de personas de género femenino, cuyos cadáveres eran ubicados en parajes alejados, casi siempre en entierros clandestinos y con evidentes signos de haber sido torturadas o violentadas sexualmente, dependiendo de la edad o el nivel socioeconómico que los restos físicos pudieran llegar a determinar.

Muy pronto, el fenómeno se fue extendiendo, traspasando, primero, las fronteras del Estado de Chihuahua, y posteriormente, trasladándose hacia otros estados de la república, a grado tal que, conforme los datos disponibles en esta materia, publicados por el INEGI en julio de 2017, los feminicidios en nuestro país pasaron de cuatro a siete mujeres asesinadas cada día. Tan sólo por lo que respecta al Estado de México (entidad que encabeza la lista de asesinatos), durante el período 2006-2013, ocurrieron 30 mil.

De conformidad con la misma fuente, en el año 2016 se registraron 23 mil 953, es decir, 20 homicidios por cada 100 mil habitantes, que representa una tasa superior a la registrada en 2015 que fue de 17 homicidios por cada 100 mil habitantes.

La legislación correspondiente a nivel federal, sólo tipificó como delito grave al feminicidio en las reformas correspondientes al código procesal penal de 2015, aunque hasta esta fecha – y tal cual viene siendo habitual en nuestro país -, una gran mayoría de quienes cometen este tipo de delitos de género sigue disfrutando de la más absoluta impunidad como consecuencia directa de la corrupción prevaleciente en todo el aparato judicial de que disponemos en México.

Por lo que respecta a la que hemos considerado como "especie discordante" del encuadramiento bajo el cual estamos realizando nuestro ejercicio empírico sobre el crimen organizado nacional y trasnacional y la forma en que afecta nuestros propios intereses, la lista de la cual disponemos es muy numerosa, e incluye, además de las diversas agrupaciones armadas señaladas, que pululan por todo nuestro espacio vital, a otro tipo de depredadores, a los que se alimentan de jugosas partidas presupuestales, es decir, a los mejor conocidos como delincuentes de cuello blanco, quienes de forma activa o pasiva aprovechan una coyuntura determinada para apropiarse de forma indebida (truculenta) de fondos públicos que utilizan, por una parte, para sobornar a sus compinches de la alta burocracia gubernamental, y por otra, para satisfacer con fruición sus más anhelados requerimientos particulares.

Dentro de dicha clasificación podríamos incluir a todo tipo de gestores y cabilderos, los mismos que acechan desde sus respectivas covachas a representantes oficiales que de buena fe, o con conocimiento de causa, avalan todo tipo de pillerías, las cuales, indefectiblemente, inciden negativamente en el mal uso de los recursos públicos puestos a su disposición para el manejo de los asuntos que, en infinidad de ocasiones, están bajo su custodia y exclusiva responsabilidad.

También, se aplica a todos aquellos a quienes desde la

esfera de su responsabilidad oficial coadyuvan a la distorsión o al debilitamiento del ordenamiento jurídico vigente, en perjuicio del interés general del cual, en todo caso, son mandatarios y corresponsables directos.

Dentro de este apartado, no podemos dejar de enunciar, por el gran impacto social que nos fuera causado, y también por su amplia visibilidad, la infinidad de casos específicos, determinados en ocasión de los movimientos telúricos registrados en México los días 7 y 19 de septiembre de 2017.

Como consecuencia de dichos eventos, nuevamente, figuramos como mudos testigos de la inmensa y pestilente cloaca en medio de la cual sentaron sus reales los especuladores inmobiliarios, tanto urbanos, como rurales, razón por la cual no sintieron ningún tipo de responsabilidad a la hora de dar fiel cumplimiento de los ordenamientos urbanos y específicos diseñados en la materia con el fin de garantizar a los usuarios finales que los diferentes proyectos que son puestos públicamente en marcha, supuestamente, con el fin exclusivo de brindar los mejores estadios de bienestar a quienes los habitan, a los que, al mismo tiempo, se obligan a garantizar que cuentan con las debidas salvaguardias en materia de sostenibilidad e integridad física de las edificaciones que adquieren, en la mayoría de los casos, en medio de grandes sacrificios económicos.

Todavía seguimos viendo, a estas alturas del paseo, un número indeterminado de damnificados (víctimas inocentes) que padecieron en carne propia no sólo el dolor de haber perdido a uno o a varios de sus familiares más allegados, sino el haberse quedado sin un techo que cubra sus necesidades primarias más urgentes.

Vaya para todos ellos, a lo largo y ancho de todo el país, nuestra solidaridad más amplia y un efusivo lamento por el trabajo que no han realizado las diversas autoridades involucradas en la salvaguardia de los intereses de todos los mexicanos, especialmente, en las circunstancias de angustia existencial que aqueja a buena parte de quienes fueron lo más golpeados de todos los que sufrieron en carne propia la tremenda fuerza que es capaz de desplazar la naturaleza.

En el medio de la misma fauna de cuello blanco característica que nos acecha por igual a todos, ubicamos a entidades locales y trasnacionales con nombres propios, como es el caso específico de la multinacional de la construcción: Odebrecht, empresa especializada en la realización de todo tipo de obras de infraestructura pública, de origen brasileño, y con presencia tanto en la mayoría de países de nuestra subregión geográfica, como en países de otras regiones más alejadas del mundo.

Sobre dicho particular - que nos sirve de puntual ejemplo - llama poderosamente la atención que, a instancias de autoridades judiciales del gobierno de los Estados Unidos de América, nos enteramos, de la noche a la mañana, de la trama protagonizada por dicha trasnacional, que ha cubierto de podredumbre a casi todos los gobiernos de los países más singulares de América Latina y el Caribe, entre los cuales se señalan, especialmente, el de su origen: Brasil, cuyos graves casos de rampante corrupción gubernamental son ahora paradigmáticos, es decir, han quedado inscritos de forma indeleble en la Enciclopedia Internacional de Malas Prácticas Gubernamentales, que abrimos desde este espacio, con miras a integrar en su acervo a todas aquellas entidades públicas con padecimientos similares, como es el caso específico de México.

Si bien es cierto que, con la apertura de la cloaca, algunas importantes figuras públicas y privadas de diferentes regímenes de nuestra región han caído como víctimas de este espinoso caso de rampante corrupción gubernamental, aún quedan por resolver otros casos emblemáticos, como el nuestro, sobre todo, a partir de las afirmaciones realizadas durante el curso del proceso judicial en comento, del cual se desprenden, entre otras linduras, serias acusaciones lanzadas por el Director de Operaciones Estructuradas de la trasnacional en contra de altos funcionarios mexicanos, a quienes se responsabiliza de haber recibido - por vía de interpósita persona - un donativo de (más o menos) 10.5 millones de dólares, que habrían sido subrepticiamente colados para apoyar la campaña presidencial (2012-2018) del candidato del partido en el gobierno, el PRI, quien en todo caso, al culminar dicha contienda, se alzó con el premio mayor: el triunfo.

Por tal motivo, y tal cual afirmó el mundialmente conocido Monje Loco: nadie sabe, nadie supo. Y, en todo caso, volvimos al mismo circulo vicioso de siempre en medio del cual, la justicia en México no sólo es ciega, sino que también, omisa y cómplice a favor de quienes detentan el poder.

Dicen, quienes de esto saben, que en el ánimo de despejar cualquier tipo de incógnitas de carácter jurídico que pudiera llegar a ameritar la comisión de tal desaguisado, el titular de la Fiscalía Especializada para Delitos Electorales (FEPADE) había abierto una "carpeta de investigación" en dicha materia, por virtud de la cual, finalmente, los mexicanos (y las mexicanas) nos enteraríamos de que un altísimo personaje del primer círculo del actual primer mandatario podría estar involucrado, no sólo en el delito de filtrar dineros de procedencia ilícita a la campaña presidencial del glorioso partido aplanadora, sino que, el de facilitar la práctica de "hacer negocios a modo" a la trasnacional brasileña, por vía de los muy bien conocidos subterfugios jurídicos aplicados a las licitaciones amañadas por parte de la empresa más importante del país: PEMEX.

En el brete por ubicar algún tipo de responsabilidades - no vayan a decir los fiscales de los gobiernos de los países amigos de México en nuestra región que aquí no se castigan las malas prácticas gubernamentales – se expuso el buen nombre de quien hasta el mes de octubre fungiera como tercer titular en este sexenio de la Procuraduría General de la República (PGR), a quien, además, insistentemente se acusó de intentar constituirse como el fiscal general "carnal", es decir, en primer fiscal general que, conforme al mandato constitucional vigente se extiende su encargo en el tiempo por un espacio de (9) nueve años, es decir, una figura de carácter transexenal.

Y tal cual sigue retumbando hasta el día de hoy en nuestros oídos, el ahora ex procurador general, en la conferencia de prensa en la cual hizo pública su dimisión, señaló, puntualmente que había dejada cerrada la carpeta de investigación sobre el caso de los supuestos sobornos en que habría incurrido la multinacional Odebrecht en lo concerniente al involucramiento en nuestro país con sus malas prácticas empresariales.

A decir verdad. La verdad no se supo, y considero que jamás se sabrá, si se mantienen las condiciones prevalecientes hasta el día de hoy.

En dicho sentido, conviene reflexionar en esta materia y concluir que, tanto el ex titular de la PGR, como el ahora ex titular de la FEPADE, fueron simbólicamente sacrificados en la cima del Gran Teocali o templo sagrado, como todo hace suponer que fue práctica en coyunturas similares en tiempos de nuestros ancestros, los Aztecas. Lo anterior, como consecuencia directa de la urgente necesidad de salvaguardar el sacro santo e inalienable derecho de pernada del que disfruta en México, el dueño sexenal del oficio más antiguo del mundo: la política.

Como el caso específico del indebido ingreso de los dineros sucios a las campañas electorales de todos nuestros partidos políticos, los negocios al margen de la ley que han sido denunciados, sobre todo en contra de licitaciones a modo para obras de infraestructura en la paraestatal PEMEX, ahí han quedado, en el olvido más triste. Son, o figuran, como daños colaterales de todos los procesos electorales, como sabiamente enunció el creador del nuevo Apotegma patrio: la democracia cuesta, y el precio a pagar se minimiza si se contrasta con el beneficio directo que recibimos de su práctica.

Como sabiamente dicta, también el aforismo: el fin justifica los medios, así debemos entender el estado de derecho que hemos ido avanzando conforme progresa y se va abriendo espacios un sistema político que, pese a todas las vicisitudes padecidas, se niega a morir o intenta resurgir como el Ave Fénix, es decir, desde sus más profundas cenizas.

Y, en todo caso, todo nos hace suponer que así lo seguirá haciendo, de la misma manera a como lo ha venido repitiendo durante el largo interregno que prima desde sus inicios hasta los días que hoy nos alumbran.

La empresa estatal PEMEX ha sido – desde su creación

a finales de los años treinta – hasta nuestros días, la principal generadora de esperanzas de los mexicanos para sustentar un mejor avenir para beneficio de las grandes mayorías.

Sin embargo, y hasta donde nos alcanza la memoria, la paraestatal siempre se ha comportado como la más veleidosa de todas las amantes disponibles, es decir, ha quedado en manos de un puñado de inescrupulosos ricos y poderosos, entre los cuales, figuran la mayoría de integrantes de la zona VIP de la alta burocracia gubernamental, los cuales han sido capaces de integrar, sostener y mantener un esquema de privilegios y canonjías solo comparables con los beneficios similares que, a lo largo del tiempo, han venido disfrutando todos y cada uno de los integrantes de la cúpula de la familia Saud, que como es bien sabido, son los patriarcas de la mayor potencia petrolera a nivel mundial: el Reino de Arabia Saudita.

Nuestros émulos de jeques petroleros se mueven en forma idéntica a como lo hacen sus homólogos, los autócratas saudíes, en medio de la más absoluta riqueza y ostentación, tanta como la cantidad de aviones, helicópteros y todo tipo de semovientes sean capaces de integrar en medio en su propio entorno. Al respecto, baste recordar que, en lo que va del presente sexenio (2012-2018) la administración ha concedido a su sindicato para el disfrute de todo tipo de prebendas, más o menos, la cantidad de $1,600 mdp.

Por todo lo anterior, no debería extrañarnos cuando nos pintan un panorama, supuestamente halagador, mismo que, en la práctica, resultó todo lo contrario, como fueron los casos de las falsas expectativas generadas en torno a los beneficios inmediatos de que seríamos objeto gracias a las tan cacareadas reformas estructurales, entre las cuales, se destaca la energética, bajo cuya sombra nuestro país estaría en capacidad de producir para el año 2023, hasta 4 millones de barriles de petróleo diarios (bdp), cantidad que implicaba, si para ello calculamos que, en dicho entonces el precio internacional de barril estaba por encima de los $100 dólares, haber dispuesto – nuevamente – de una riqueza inagotable que nos obligaría, como sucedió en el pasado reciente, administrar la abundancia.

Una abundancia que, desafortunadamente, no llegó, y estimo que, a estas alturas del paseo, jamás llegará, como consecuencia directa de la estrepitosa caída que sufriera la cotización del precio internacional del barril de petróleo que, en nuestro caso específico, se ubicó por debajo de los $50 dólares, cantidad que no soporta la embestida del asalto de los depredadores de cuello blanco, ávidos de partidas presupuestales a digerir, como fueron los casos – también emblemáticos – del proyecto de gasoducto Los Ramones Fase II Norte, otorgado a dedo, a su vez, a la trasnacional Odebrecht, o de la adquisición por $275 mdd., de los desechos de la Planta Agronitrogenados (adquirida por la propia PEMEX en 2013), supuestamente, bajo las mejores condiciones a favor de la Nación, que a la hora de la hora, resultó ser todo lo contrario, causando importantes daños patrimoniales al Estado mexicano.

El manejo discrecional de las partidas presupuestales de que ha sido objeto la paraestatal, también resultó de antología. Su primer director general del sexenio que corre ahora, dispuso durante su interregno de entre $476,600 mdp (2013) y $540,580 mdp (2016), además, carta blanca para el manejo de los recursos destinados a infraestructura que variaron de $326,324 mdp (2013) a $366,352 mdp (2016).

Con el apetito despierto tras degustar tan suculentos bocados servidos a la carta, a nadie se le podría escapar la posibilidad de que México, ahora sí, dispondría de un excelente oportunidad para dar el salto cualitativo e integrar – como siempre fue su deseo - las ligas mayores del orden económico internacional, con pronósticos de un crecimiento anual mínimo del PIB de un 4% (sostenido).

En dicho sentido, es muy difícil para un país del peso específico que tiene el nuestro, alcanzar los ambiciosos objetivos de desarrollo propuestos por el gobierno que cierra su administración el 30 de noviembre de 2018, con un raquítico crecimiento de entre 1.5 y 2 puntos porcentuales del PIB.

Los bandidos de cuello blanco (recuerdan la leyenda de los de Río Frio que tanto atemorizaron al México del siglo XIX) no cejaron en explotar las compulsiones que les causaran los inmensos recursos financieros que le generaron al Estado la explotación y venta del famoso recurso no renovable: el oro negro.

El expolio, como ha quedado sentado, se inició, desde el momento mismo en que vio sus primeras luces la paraestatal, sirvió, desde sus comienzos en calidad de caja chica gubernamental, utilizada para paliar todo tipo de contingencias, hasta la más inverosímiles, a grado tal, que su antología podría servir de llave maestra para quedar inscrita con letras de oro en nuestra tan comentada Enciclopedia Universal de malas Prácticas Gubernamentales que pretendemos poner a disposición de todos los interesados, sin costo alguno.

Es posible que tales depredadores de cuello blanco causen tanto daño a la Nación o mayor, como sucedió con los casos de los mismos asaltantes de caminos que tanto miedo causaron a quienes osaban transitar por la única ruta de unión entre la capital del país y los viajeros que provenían de allende los mares a su arribo a nuestro territorio por el Puerto de Veracruz, al cruzar el valle entre el volcán Iztlacihuatl y la Sierra de Río Frío en la confluencia entre los Estados de México, Puebla y Tlaxcala.

10

LA JOYA DE LA CORONA

El día 27 de noviembre de 2011 quedó registrada en la sede principal del PRI la precandidatura del ex gobernador del Estado de México, quien además, es representativo del Grupo Atlacomulco. Unos cuantos días más tarde, sería confirmado como el abanderado único de dicho instituto político a la presidencia de la república en las elecciones que, puntualmente, se celebraron el día 1 de julio del año siguiente, es decir, de 2012, alzándose con una indiscutible victoria dentro de la coalición

Compromiso por México, conformada con el PVEM, con una votación favorable de 19,158,592 votos, equivalentes al 38.15% del total de sufragios emitidos, lo cual implicó un margen superior de 6.5% sobre su más inmediato contendiente, el abanderado de la coalición Movimiento Progresista que aglutinó al PRD-PT-Movimiento Ciudadano, quien obtuvo 15,848,827 votos equivalentes al 31.57% del gran total.

Las cifras alcanzadas por ambas coaliciones, en principio, le significaron al gubernamental PAN (que concurrió a dicha elección federal en solitario) una estrepitosa derrota, si para ello se tiene en cuenta que su abanderada principal tan sólo sumó 12,732,630 votos, equivalentes al 25.40% del total de sufragios emitidos.

En consulta con quienes verdaderamente conocen sobre esta materia (electoral) conviene registrar que, en su mayoría, suponen que el entonces partido en el gobierno recibió un estrepitoso voto de castigo por parte de la ciudadanía, la cual se pronunció en extremo enfadada por la pobre actuación de la administración federal que tocaba a su fin, principalmente, en dos renglones fundamentales de su proyecto de gobierno: el manejo de los fenómenos de corrupción e impunidad galopante prevalecientes, y la cruenta ofensiva lanzada en contra del crimen organizado que azoló a todo el país por igual, con índices, hasta dicho entonces, nunca alcanzados, con respecto a la violencia exacerbada que le fue característica.

Tomando en consideración los indudables efectos negativos de dicha experiencia, un número significativo de ciudadanos fueron creyendo, paulatinamente, en el juego de palabras que simbolizó la fresca opción encabezada por un joven y camarogénico candidato del PRI (promovido a ultranza mediante una eficaz campaña mediática dirigida a través de una de las dos cadenas que constituyen el duopolio televisivo a nivel nacional), es decir, el partido político que se repite a si mismo con insistencia que, aunque ha robado mucho a lo largo de su existencia, ha sabido, en todo caso, cómo gobernar este país, vis a vis los "chambones" de la oposición, quienes, a su vez, robaron en exceso, y no pudieron con la carga que representa la inmensa responsabilidad de gobernar una nación como la nuestra.

Además, el mediático candidato ofreció concretar, a la mayor brevedad posible, cambios sustanciales a través de la Estrategia Nacional para Combatir la Violencia, a partir de cuatro ejes sustanciales: combate frontal a la pobreza, crecimiento económico generador de empleo entre el 5% y el 6% anual; mayor cobertura educativa posible; y programas sociales debidamente focalizados, ninguno de los cuales, a estas alturas del paseo (culminó el quinto año de gobierno) ha sido coronado con éxito, independientemente de la cantidad de recursos de que dispuso tanto esta administración como la que le precedió, sobre todo, los destinados a soliviantar necesidades básicas de la última de las prioridades enunciadas.

En dicha materia, es decir, en programas de desarrollo social, existe una verdadera anarquía. Para quienes conocen debidamente del caso, a la fecha, existen más o menos unos 6.500 programas sociales distintos, distribuidos a lo largo y ancho de territorio nacional, manejados, indistintamente, por los tres niveles de gobierno entre los cuales se han repartido durante el período 2009-2017 más o menos, 605 mil mdp., sin que, por virtud de su altísimo costo haya disminuido el nivel de pobreza endémica que caracteriza a México a lo largo de los últimos cincuenta años.

Con tal plataforma – útil en extremo a los fines del establecimiento político prevaleciente -, sobre todo, de cara a la situación de excepción planteada como consecuencia del advenimiento de una supuesta amenaza nacional determinada por una izquierda ideológica vociferante y envalentonada, encabezada, principalmente por uno de sus más conspicuos Redentores, el abanderado de la coalición Movimiento Progresista, a quien durante todo el proceso electoral se procuro estigmatizar a ultranza como una real y verdadera amenaza en contra de los más inalienables intereses soberanos de esta patria inflamada, si se diera el caso de que dicho candidato se viera favorecido por el voto ciudadano mayoritario.

Habrá que reconocer, sobre todo, a estas alturas del paseo que el tiempo nos da la razón. Que la elección federal de 2012, en esencia, fue una contienda para obnubilados, ya que –sin querer queriendo - caímos en la trampa que nos fuera presentada por los grandes apostadores. Si, esos mismos que siempre llevan las de ganar, porque saben hacer y deshacer entuertos a su antojo, especialmente, todos aquéllos que hacen posible la defensa a ultranza de sus (obscuros) intereses particulares.

Es por ello que a nadie le importó, y estimo que, seguirá sucediendo lo mismo en el futuro cercano que, durante el largo proceso de la efervescente campaña política que coronó con esta elección presidencial, todos y cada uno de los principales partidos le hicieron trampa (conejo) al sistema, tal cual ha sido debidamente comprobado a posteriori por el simple transcurso del tiempo, especialmente, en ocasión de las importantes revelaciones que, casualmente, involucraron a importantes personajes de la época, con actos de flagrante corrupción, como han sido delineados sutilmente por ejecutivos de empresas trasnacionales - como es la brasileña Odebrecht -, la cual acusó, directamente, a un alto representante del círculo íntimo del candidato del PRI, de haber recibido, en calidad de soborno un poco más de $10 mdd, bajo la promesa, intuimos que cumplida, de ser considerada de forma privilegiada en la implementación de proyectos para la realización de obras públicas específicas de su interés (y apetitos comerciales).

Por todo lo anterior, a nadie le sorprendieron los comentarios que sobre dicha materia fueran realizados por quien actualmente ocupa el cargo de Director General del Intergralia Consultores y ex Consejero Presidente del IFE, quien a la postre señaló, palabras más, palabras menos, que todos los jugadores electorales esgrimen - por debajo del agua - algunas de sus mejores cartas para financiar campañas multimillonarias, con gastos reales que trascienden los límites determinados por la legislación correspondiente aplicable en dicha materia. Una verdad de Perogrullo.

En todo caso, corresponderá a la historia el juicio que se llegue a realizar en el entorno de la campaña electoral avanzada de cara a consolidar el poder político durante el sexenio 2012-2018, que, a estas alturas del paseo se encuentra en franco proceso de declive (último año), y a punto de abrir nuevos espacios de interacción para el inicio de una de las contiendas electorales que ha sido considerada con la categoría de la más crucial de toda nuestra historia política más reciente

A la fecha de concluir la elaboración de la presente obra (finales de diciembre de 2017), el reloj electoral ha sido puesto en marcha retroactiva con la esperanza puesta en los resultados del domingo 1 de julio de 2018, y dispone de los tres principales protagonistas que integran a las fuerzas (coaliciones) que cuentan con las más altas expectativas de triunfo:

En primer lugar, el recientemente destapado (27 de noviembre) candidato del PRI, quien, por su parte – además de haber sido ungido de la forma más tradicional posible, es decir, a dedo limpio del titular del poder ejecutivo - afirma no militar en dicho instituto político, aunque pide que lo acepten como propio, e imagino que a estas alturas del paseo, ya fue cooptado a los mejores intereses del partido aplanadora. Ha constituido una coalición que se la jugará con los tricolores en la que participan otros dos partidos chapulines: PVEM y Panal.

En segundo lugar, se destaca el caso del sempiterno aspirante del recientemente creado partido MORENA, integrado en coalición con el PT y Encuentro Social (PES) quien con la presente candidatura se configura como el aspirante que más veces ha intentado alcanzar las mieles del poder que se derivan del ejercicio de la más alta magistratura del país. Al respecto, dicen quienes verdaderamente saben del caso, que el dirigente político ha reiterado vehementemente que de darse el caso, de no verse favorecido por el voto popular mayoritario, pasará al retiro definitivo de la arena política en su estado natal, Tabasco, lugar en el que dispone de una propiedad que le fue heredada por su padre, distinguida con el nombre de "La Chingada".

En tercer lugar, el abanderado de la coalición "Por

México al Frente", integrada por el PAN, PRD y Movimiento Ciudadano (MC), quien, en todo caso, fue el principal dirigente del blanquiazul hasta la fecha en la que fue proclamado como aspirante a la candidatura presidencial, un joven de 38 años, (el más bisoño de todos los suspirantes a la candidatura presidencial) y oriundo del Estado de Querétaro.

A partir de la posibilidad de que se realice el pretendido enjuiciamiento – si es que realmente se llega a realizar -, la sociedad mexicana en su conjunto, tendrá a su disposición los elementos necesarios e indispensables para estar en posibilidad de allegarse un devenir político más positivo, con nuevas expectativas en lo que concierne al tipo de representantes populares que, efectivamente, le garanticen idoneidad para el eficaz desempeño de las distintas responsabilidades derivadas de la función pública que, día a día, suscita, no sólo los mínimos márgenes de honestidad indispensables, sino que, una verdadera vocación de servicio a favor de las causas comunes de todos sus semejantes.

En este sentido, no podemos dejar de considerar que, 2018, será el año de Hidalgo (chingue a su madre quien deje algo) para el presente sexenio, motivo por el cual, no podemos, ni debemos, dejar de estar en situación de alerta máxima con el fin de evitar – en lo posible – un mayor saqueo de las arcas nacionales que el que se ha venido acumulado a estas alturas del paseo durante los últimos cinco años de desbocada corrupción, determinada por la acción depredadora de los mismos tlachiqueros de siempre, los que están buscando la más adecuada ubicación que les sea posible para lanzarse en pos de todo aquello que se mueva, o al menos, que huela a recursos públicos.

De conformidad con la prospectiva que hemos venido narrando a lo largo de la presente obra, los grandes dolores de cabeza asumidos, indistintamente, por las dos administraciones sexenales del panismo, giraron en el entorno de las debilidades prevalecientes más destacadas que presentó nuestro sistema político, en todo caso, por una parte, lo que tiene que ver con la debida aplicación de la ley y el orden, y por otra, con el cabal cumplimiento del principio del ejercicio del monopolio del uso de la violencia (fuerza), determinado a favor del Estado.

En nuestro país, lamentablemente para todos, ni uno, ni otro mandato constitucional han sido manejados con los niveles mínimos de eficiencia que de los mismos se esperaba, sobre todo, a la luz de la información pública disponible en dicha materia, como es el caso de los márgenes de impunidad con los que opera la justicia en México (98.5%) y la indudable epidemia que se desprende de la proliferación de grupos armados que se mueven a mansalva y al margen de la ley, cobijados por una especie de aura protectora, resultado del caos institucional prevaleciente (crisis sistémica), así como de la violencia extrema, suscitada como consecuencia del florecimiento de sus intereses mezquinos propios.

Esas, en todo caso, han sido, las dos tareas fundamentales que tuvo que enfrentar la administración sexenal que culminará su ejercicio el 30 de noviembre de 2018, y a cuyos resultados intentaremos referir en medio de la mayor imparcialidad posible durante el curso del presente capítulo.

Dicho lo anterior, conviene enunciar que en medio de las mayores expectativas por desmarcarse de los esfuerzos realizados a lo largo de los doce últimos años que le precedieron, quienes integran el nuevo PRI, como pomposamente se auto designaron desde el comienzo de la presente administración, prácticamente, de un solo plumazo hicieron trisas la estrategia para constituir un esfuerzo a nivel federal de lucha en contra del crimen organizado que había sido desplegada teniendo como principal soporte la plataforma de la Secretaría de Seguridad Pública Federal, entidad que fue prácticamente desmantelada por el priato, sustituyéndola, en todo caso, por una Secretaría de Gobernación en extremo sobrecargada de funciones y dudosamente eficiente en esa materia, tal cual ha quedado comprobado con las cifras arrojadas desde todos los flancos posibles, a través de los cuales se ha venido calibrando el nivel de eficiencia y eficacia alcanzado por la presente administración sexenal en dicho menester, durante sus cinco primeros años.

Algo muy parecido ha sucedido con el tan cacareado proyecto para crear una Gendarmería Nacional – que no cristalizó, al menos hasta el día de hoy, y asumo que, vistas las circunstancias prevalecientes, ha pasado a mejor vida – en el cual, además, coadyuvó como asesor especial, un experto internacional, de nacionalidad colombiana, autodenominado como "el mejor policía del mundo".

Es de suponer que, si dicha instancia hubiera visto la luz del día, en todo caso, su función principal habría sido la de ir ocupando los espacios que se le han ido abriendo a los integrantes de las Fuerzas Armadas, cuya función constitucional ha sido, dadas las condiciones prevalecientes de orden público, ampliamente sobrepasadas.

Al respecto, cabe mencionar – como dato informativo de indudable interés - que a estas alturas del paseo se registra presencia de integrantes de las Fuerzas Armadas en al menos 24 de las 32 entidades federativas que integran la Unión, no obstante el hecho de que, a lo largo de los últimos diez años, la administración federal erogó (+ o -) $130 mil mdp de recursos públicos etiquetados para la capacitación y formación de cuerpos policiacos dentro de los tres niveles de gobierno.

La mayoría de dichos recursos (si no es que todos) han ido a parar, prácticamente, a la basura, es decir, a los bolsillos de quienes se autodenominan como integrantes de una nueva generación de gobernantes (Gobernadores), los cuales, a su vez, y de conformidad con el último informe de Causa Común A.C. que dirige María Elena Morera no sólo no han hecho absolutamente nada para remediar la situación prevaleciente de quienes integran los distintos cuerpos de seguridad pública y policía, los cuales, en su mayoría, jamás han recibido algún tipo de entrenamiento o capacitación, con el agravante de que, muchas veces, deben cubrir de su propio peculio gastos tales como uniformes, armamento, equipo, suministros varios, así como gasolina y demás lubricantes para sus respectivas unidades móviles. Dicho ejemplo, nos sirve, además, para denunciar inconsistencias en la materia tan extensas que rondan cerca del infinito.

En materia de seguridad pública, hoy por hoy, estamos prácticamente como si nos hubiésemos remontado a la edad de piedra, es decir, con una mano adelante y otra atrás, cuidando, con ambas, de la posibilidad que el día menos pensado pudiésemos llegar a ser objeto de cualquier tipo de desaguisado que, muy posiblemente, llegara incluso a costarnos la vida. Hemos llegado – acierto que puede ser confirmado por la opinión pública

— a límites insospechados que jamás habríamos ni siquiera imaginado, es decir, a los extremos más extremos: el límite del paroxismo.

En todo caso, y como fuera enunciado en su momento por uno de mis profesores en Praxeología: a los límites de la razón y del entendimiento, más allá de la nada.

Lo anterior, ha servido como pretexto idóneo (excusa), al gobierno para presentar una de las iniciativas de ley que, aunque a estas alturas del paseo ha cumplido por entero con su recorrido institucional (pase por las dos cámaras que integran el Congreso) suscitó una polémica de alcances tanto a nivel nacional como internacional: la Ley de Seguridad Interior (LSI), sobre cuyo contenido, nada más y nada menos que el Alto Comisionado para los Derechos Humanos de la ONU Zeid Ra ad Al Hussein, llamó la atención de las más altas instancias del gobierno federal en el sentido de racionalizar la propuesta prevista sobre la activa presencia de las Fuerzas Armadas en el contexto de unas obligaciones que, desde el punto de vista constitucional, no estás avocadas a desempeñar.

Es de esperar que, en breve esta pieza legislativa pase a la sanción correspondiente por parte del Ejecutivo y que, por lo tanto, una vez sea publicada en el Diario Oficial, se traduzca en una norma de cumplimiento obligatorio

Otras instancias civiles de carácter local o internacional, como son los casos del Centro de Investigación y Docencia Económica (CIDE) que realizó una Consulta Nacional en dicha materia, el Instituto Nacional de Ciencias Penales (INACIPE), la UNAM, la CNDH, así como las ONG Amnistía Internacional (AI),

Human Rights Watch, y la CIDH, también han alzado su voz en el contexto de evitar la posible militarización de México, lo que podría llegar a suponer – en el caso más extremo - la sumisión del poder civil vis a vis las más altas instituciones castrenses determinadas en el orden constitucional.

Escuché, además, que uno de los más conocidos editorialistas del periódico Reforma, enunciara que la LSI es una estrategia del gobierno federal sin estrategia para verdaderamente combatir el flagelo que hoy nos tiene a todos viviendo horas de verdadera incertidumbre, es decir, un nuevo paso de cangrejo (hacia atrás).

Por lo que respecta a la otra pata coja de la misma silla, es decir, lo que atañe a los esfuerzos institucionales encaminados a avanzar en la lucha en contra de la apropiación indebida de los recursos públicos que tanto daño patrimonial le han causado al estado mexicano, la involución ha sido sorprendente – e imagino plenamente satisfactoria – a la luz de los resultados alcanzados, principalmente, por los depredadores de siempre: constructoras de obra pública, huachicoleros y carteles de la droga, entre otros, muchos de los cuales son integrantes, o han sido cooptados de ese nuevo PRI, así como todos sus respectivos adláteres de la fauna política nacional, quienes además de apropiarse de los voluminosos botines generados por todos los mexicanos que pagan puntualmente sus impuestos, han logrado lo que hasta hace apenas unos años era un sueño imposible e inalcanzable: que muchos de los nombres más reconocidos de su especie figuren en lugares destacados de la lista VIP de la Organización Internacional de Policía Criminal (INTERPOL), desde donde se alienta su búsqueda y captura, a partir de las jugosas recompensas que se ponen en juego.

El nuevo PRI (Grupo Atlacomulco) que, nuevamente, se encumbró en el más alto cargo del poder público tras doce años de ausencia, no sólo encontró un país completamente distinto, sino que, su capital electoral – otrora inmenso - había sido reducido sustancialmente, si para ello consideramos los porcentajes tradicionales de votación alcanzados por el instituto político en elecciones similares, como sucedió, por ejemplo en los casos de los sexenios 1994-2000, con 48.69%; y 1988-1994, con 42.4% ésta última contienda, viciada, y bajo sospecha de haber sido fraudulenta (por supuesto, hasta prueba en contrario, misma que nunca se hizo pública. El gobierno de la época prefirió incendiar la sede de la Cámara baja del Congreso federal como medida para acallar el clamor público).

Ni que decir del caso de otra elección que difícilmente podríamos olvidar (al menos los ciudadanos de mi generación), la correspondiente a 1976, con candidato único a la presidencia, en la cual el PRI y los partidos satélites que siempre lo avalaron, se alzaron con un rotundo triunfo de 16,424,021 votos, equivalentes, al 91.90% de sufragios emitidos. ¡Qué tal!

La nueva administración federal trabajó intensamente para desembarazarse de las ataduras que le fueran heredadas (impuestas) por su inmediata predecesora, sobre todo, y tal cual ya fue alertado, de los diversos amarres realizados para el manejo institucional de la seguridad nacional, es decir, las fuerzas federales lanzadas a las calles de las principales entidades a lo largo y ancho de toda la República, para lo cual se concretaron compromisos de carácter internacional, como fue el caso específico del Plan Mérida (30 de junio de 2008) con la injerencia directa del gobierno de Estados Unidos de América, a través de diversas dependencias como fueron los casos de los Departamentos de Estado de Justicia y de Defensa (Pentágono), el Consejo Nacional de Seguridad, la Agencia Central de Inteligencia (CIA), la Oficina Federal de Investigaciones (FBI) y la Administración de Control de Drogas (DEA), entre otras.

Se supone que, tras la entrada en vigor de la estrategia bilateral en la lucha frontal contra el crimen organizado, el gobierno de México hizo posible un sueño que su contraparte estadounidense había acariciado por largo tiempo, es decir, la presencia física de sus agentes federales interactuando codo con codo con sus contrapartes mexicanas de las Secretarías de la Defensa Nacional, Marina, y Seguridad Pública Federal, la Procuraduría General de la República (PGR), el Centro de Investigación y Seguridad Nacional (CISEN) y el Congreso.

Por lo tanto, la soberanía nacional - cuya mácula habría sido mancillada – tenía que ser devuelta a sus legítimos usufructuarios, es decir, a los integrantes de la nueva casta política que se empoderó como consecuencia lógica de una elección legítima, independientemente, de los muchos vicios que le fueron característicos, como fue enunciado con anterioridad.

Con un ambicioso proyecto de Nación a cuestas, implementado, en su oportunidad, por vía del Pacto por México, compromiso suscrito, conjuntamente, por el propio Presidente de la República, y los máximos dirigentes del PRI, PAN, PRD y PVEM, al día siguiente de la conflictiva toma de posesión del primero (hubo protestas ciudadanas reprimidas por la fuerza pública integrada por policías y por el Cuerpo de Granaderos) es decir, el 2 de diciembre de 2012, que se echo a andar con la intensión de viabilizar las famosas reformas estructurales que el país había venido requiriendo con el fin de estar en posibilidad de dar el salto cualitativo hacia una dimensión que por años habíamos acariciado, pero que, por una u otra razón, no había sido posible de concretar. Básicamente, por virtud de la férrea oposición ejercida por el propio PRI durante el curso de los doce años de alejamiento de la primera magistratura de la Nación.

El Pacto por México dispuso de tres ejes principales: Fortalecimiento del Estado Mexicano; Democratización de la Economía y la Política y Ampliación y Aplicación Eficaz de los Derechos Sociales; y Participación de los Ciudadanos como actores fundamentales en el Diseño, la Ejecución y Evaluación de Políticas Públicas.

De ahí, la importancia de haber sido reconocido - nada más y nada menos - que por la prestigiosa revista estadounidense TIME, la cual incluyó en la portada principal de su edición del 24 de febrero de 2014 la fotografía presidencial y le calificó como "Saving Mexico" (salvando a México) considerado como muy meritorio y que nos hizo suponer que, ahora si, efectivamente, nuestro país se volcaba hacia nuevos horizontes, y que se habían concretado, o estaban en camino de hacerlo, las más importantes reformas estructurales de que habíamos sido objeto en los últimos 50 años, entre las cuales, destacamos: la política, la educativa, sobre telecomunicaciones, la hacendaria, la financiera y la energética, entre las más sobresalientes, tal cual fue comentado en su oportunidad.

Por virtud del enorme simbolismo que entraña la misma, es decir, como consecuencia directa de los infinitos tabúes que caracterizaron la política energética del gobierno federal a partir de la expropiación petrolera del 18 de marzo de 1938, dicha reforma fue calificada, en principio, como uno de los pasos hacia delante más trascendentales en el proceso de modernización del país, sobre todo, porque la misma abrió, entre otros alicientes, una ventana a la posibilidad de inversión de capitales particulares, nacionales y extranjeros, en labores de prospección, exploración, explotación, y en su caso, comercialización del recurso no renovable más significativo del que disponemos: el Oro Negro mexicano, considerado como la verdadera joya de la corona de la economía nacional.

El gobierno advirtió que, con la reforma en comento, en el futuro no habría más gasolinazos, es decir, se auguró un futuro promisorio en dicho sentido, sobre todo desde la perspectiva del impacto negativo en contra de la canasta básica familiar que suscitaron los incrementos mensuales que se convirtieron en una tortuosa obligación.

No obstante, en dicho punto, también falló la administración, ya que, a comienzos de 2017, en el mes de enero, se volvió a anunciar un nuevo "Gasolinazo", mismo que se tradujo en un franco y sonoro rechazo en contra de la administración y de sus más conspicuos operadores.

En cuanto a los verdaderos alcances de la otra reforma más significativa, la educativa, debemos considerar que la misma hizo posible la sustancial apertura de dicho importante espacio de interacción entre gobierno y gobernados, del cual, injustificadamente, se habían apoderado los principales dirigentes del magisterio nacional. Dicho paso, le significó al sistema educativo nacional una bocanada de aire fresco, ya que hizo posible la creación del Sistema de Evaluación Educativa que, en todo caso, será coordinado por expertos en dicha materia adscritos al Instituto Nacional para la Evaluación de la Educación. Se instituyó, además, el Servicio profesional Docente, y se creó el Sistema de Información y Gestión Educativa.

Como consecuencia directa de la implementación de esta reforma, se ha visto que, a nivel nacional, una gran mayoría de quienes ejercen como profesión el magisterio, aunque en un principio no dejaron pasar la oportunidad para oponerse a la misma, a la hora de la verdad, han acogido con beneplácito lo que la norma implica, especialmente, en todo lo que tiene que ver con la consecución de un objetivo en común: procurar mayores y mejores niveles educativos en beneficio directo de todos los educandos.

No obstante, la férrea oposición característica a todo aquello que incida en el detrimento de sus privilegios y canonjías, defendidos a ultranza, enunciados, principalmente, por quienes integran la Coordinadora Nacional de Trabajadores de Educación CNTE, cuyas reivindicaciones han sido mencionada a lo largo de la presente obra en capítulos precedentes, todo nos hace suponer que el gobierno federal, a través de la Secretaría de Educación, tiene el sartén por el mango, y ha ido manejando, paso a pasito, en forma positiva la debida implementación de este ambicioso proyecto de modernización, destinado, como ya fuera expresado a la forja de las nuevas generaciones de mexicanos.

Dentro del capítulo determinado a la ampliación de la participación ciudadana en el diseño, ejecución y evaluación de políticas públicas, el Pacto por México nos recetó un tutifruti de reformas – calificadas algunas de las mismas como políticas –

que en todo caso implican, más que un avance institucional, un auténtico retroceso (Gatopardismo), sobre todo, si se les analiza desde la perspectiva del impacto que las mismas han causado, por lo menos, si se les mide en función del tiempo, a partir de la fecha en que vieron la luz de su primer día de existencia, el mes de febrero de 2014.

Un verdadero collage revestido con algunas buenas intenciones, ya que abre espacios – antes vedados – de participación ciudadana, como la posibilidad de reelección para cargos de elección popular de legisladores, a nivel federal, y de alcaldes y diputados a sus respectivos Congresos locales. Determina, también, las candidaturas independientes a cargos de elección popular a todos los niveles de representación, incluidos, entre ellos, los cargos de gobernadores y presidente de la república.

La letra menuda de dicha reforma política incluye, para el caso específico de las candidaturas independientes para la presidencia de la república, como requisito fundamental, obtener las firmas de al menos, el 1% de la lista nominal del padrón electoral vigente (actualmente hay inscritos 85 millones), es decir, deberán reunir más o menos, 850 mil apoyos, en al menos 17, de las 32 entidades que conforman la federación.

Algo que, aparentemente, resulta un ejercicio prácticamente inalcanzable, si se toman en cuenta, entre otros detalles, que la norma determina plazos en tiempo, considerados como muy breves entre la fecha de inicio y la de cierre de recolección de firmas.

El otro galimatías que nos recetó la tan cacareada reforma

política, fue la creación del que hemos venido señalando como moderno PAC-MAN, es decir, del Instituto Nacional Electoral, (INE), verdadera nueva Torre de Babel, supuestamente, avocada a propiciar el sustancial avance del proceso de consolidación democrática en el cual estamos todos empeñados, y que pese a los indudables esfuerzos que han sido desplegados en dicha asignatura, aún no estamos en posibilidad de encontrar la luz al final del túnel en el cual lamentablemente nos encontramos.

En su oportunidad, y a lo largo de la presente obra, he realizado algunas de mis consideraciones más íntimas sobre este Organismo que considero como prototipo del llamado paso de cangrejo, es decir, siempre hacia atrás. El INE, en principio, se creó para sustituir a su hermano mayor (que no gemelo), el Instituto Federal Electora (IFE), órgano primigenio de nuestra democracia que, en todo caso, surgió a la vida pública investido con el aura de haber sido concebido atendiendo a los criterios específicos determinados sobre la conveniencia de su independencias, vis a vis todas las experiencias previas derivadas de la praxis de las entidades que le precedieron, la mayoría de ellas, surgidas bajo la áulica inspiración de la Revolución de 1910.

En este punto, vale enunciar que no todo lo que sucedió en el pasado fue mejor, el IFE nos alentó con la esperanza de un más promisorio avenir político para México, y así quedó asentado tras el proceso electoral federal del año 2000 que propició la tan anhelada alternancia política.

Con el INE, la nostalgia es el sentimiento dominante. Referimos, en su oportunidad que, lamentablemente, al constatar que nació cooptado a los mejores intereses de los cuates y las cuotas esgrimidas como monedas de curso legal por las tres principales fuerzas políticas que dominan el espectro nacional: PRI, PAN y PRD.

Al frente del organismo rector de todos los procesos electorales que se realizan en nuestro país, se encumbró a un académico que desprecia profundamente las raíces autóctonas de la gran nación mexica, que además, no ha tenido la cautela de disimular sus sentimientos en contra de las razas indígenas que pueblan esta gran nación, orgullosamente nativa, estigmatizándolos con apelativos tales como "chichimecas" , o "pata rajadas".

La voracidad por deglutir recursos públicos, es notoria, y característica, al tiempo que valida el apotegma que hemos venido refiriendo durante el curso de la presente obra: "la democracia cuesta, y el precio a pagar se minimiza si se contrasta con el beneficio directo que recibimos de su práctica". Por lo anterior, el presupuesto asignado al INE para todas y cada una de las elecciones que le han tocado organizar, crece y crece, tal como sucede con el apetito del protagonista come galletas del juego electrónico del cual tomamos su seudónimo: PAC-MAN.

Ojalá que, sobre la hipótesis enunciada nos equivoquemos por subestimar las potencialidades de este nuevo órgano del Estado mexicano que surge como consecuencia directa de las negociaciones cupulares (cuates y cuotas) realizadas desde los altares de la patria (en lo oscurito), en todo caso, por los mismos de siempre: los insaciables, los que viven del reparto de todo tipo de bienes nacionales y recursos públicos al alcance de sus voraces apetitos.

A sus manos, y en sus respectivas cuentas bancarias

ubicadas en paraísos fiscales van a parar los cientos de miles de millones de pesos destinados a cubrir todo lo que tiene que ver con la organización de procesos tan corruptos y permeables, como son los que conforman las distintas elecciones que se realizan en México, un día si y otro también, y así, subsecuentemente, hasta que llegue el momento en que verdaderamente nos cansemos por tanto dispendio como el que acontecerá en vísperas del mes de julio de 2018, y que estemos en posibilidad de poner el grito en el cielo, con un ¡Ya Basta!.

En la glosa de la cacareada reforma política no podemos darnos el lujo de olvidar que, también, ha quedado proclamada la obligación a todos los partidos políticos para conformar sus respectivas listas de candidatos a cargos de elección popular bajo el criterio de equidad de género, es decir, deben ser incluidas, siempre, y de forma equilibrada, candidaturas a favor de nuestras mujeres.

Se creó, además, la figura de Fiscalía Nacional de la República (FNR) institución que, en principio, deberá sustituir, en todas sus funciones como jefe del Ministerio Público a su similar, de la Procuraduría General de la República (PGR) entidad que pasaría, sin pena ni gloria, a mejor vida. Se advierte, en todo caso, que quien ejerza la titularidad de la FNR., durará en el encargo un período de nueve (9) años, por lo tanto, se aspiraría a que su permanencia trascienda en el tiempo, como una entidad transexenal, tal cual fuera mencionado oportunamente.

Dispondrá, para su actuación de dos instancias fundamentales para el acontecer nacional: la Fiscalía Especializada para Delitos Electorales (FEPADE) y la Fiscalía Nacional Anticorrupción (FNA), generada, ésta última, como consecuencia directa de la creación de lo que pomposamente fuera calificado en su momento como el Sistema Nacional Anticorrupción (SNA), constituido, en principio, como consecuencia de un esfuerzo real y verdadero de gobernantes y gobernados, encaminado para hacer eco de uno de los más viejas reivindicaciones ciudadana, para actuar de forma clara y definida en contra del flagelo que nos azuela con insistencia: la corrupción y los múltiples tentáculos que le caracterizan.

En principio, como usted muy apreciado lector, ha podido corroborar a lo largo de la presente obra, éste es el tema central de nuestro trabajo y, en todo caso, busca caracterizar de una u otra manera las circunstancias que rondan su propio entorno y que lo hace tan apetecible a los ojos de los más conocidos sibaritas de los negocios a través del manejo indebido de recursos públicos

En el mismo contexto de las reforma estructurales, no podemos dejar de mencionar un tema que ha sido abordado ya durante el curso de la presente obra, y que sirvió para prefigurar la tan esperada reforma política para la Ciudad de México (CDMX), misma que fue diseñada específicamente para la entidad en la cual tienen su sede los tres poderes de la Unión, que en adelante dispondrá de una configuración política similar a las otras 31 que integran la Federación. Se extendió mandato preciso para establecer una Asamblea Constituyente en el marco de la cual se elaboró la Carta Fundamental que servirá para gobernar a los habitantes de la capital de la República, bajo la figura de un Jefe de Gobierno, cargo con el cual se denominará, en adelante, a quien ejerza la primera responsabilidad política de la CDMX.

El experimento constitucional para la CDMX, tal cual fue concebido provocó, entre especialistas en dicha materia, sentimientos de amplia insatisfacción, sobre, todo, en lo concerniente a la forma y al fondo determinado para la selección de los 100 padres de la patria que fueron integrados, tanto por la vía electoral, como por la tradicional, de insaculación con los nombres de algunas de las más conocidas luminarias transexenales, quienes al término de su misión fundacional, se mostraron orondos y satisfechos por haber cumplido una misión fundamental para la patria, y para quienes somos oriundos de la antigua ciudad de los palacios.

Para la implementación de obra de gobierno tan sustantiva, es decir, para que lo que fue aprobado verdaderamente se constituya, en norma de obligatorio cumplimiento, quedaron muchos cabos por atar, tantos como los más fundamentales y sustantivos como para que se concluya que disponemos de un derecho positivo vigente y aplicable a la solución de males endémicos que han venido aquejando la salud de la patria.

Sin embargo, antes de que el propio gobierno cayera en cuenta del profundo y obscuro agujero que ya se vislumbraba entre la cúpula del Edén (Ser) en el cual se desenvolvía y el Infierno que cantara Dante en su obra fundamental La Divina Comedia (Deber Ser), de repente en el verano, comenzó a deshojarse la margarita, y uno a uno, fueron cayendo dramáticamente sus pétalos en la hoguera del fuego perenne del Averno en el cual se constituyó la realidad insoslayable por la que atravesábamos como país.

Tan pronto como para comienzos del 2014 y ante la eventualidad de graves hechos en contra de la seguridad interior del Estado de Michoacán como consecuencia de la violencia exacerbada protagonizada por representantes del crimen organizado, en este caso concreto por Los Caballeros Templarios (con presencia en los Estados de Michoacán, Guerrero y Jalisco), el gobierno federal designó un Comisionado por la Seguridad y el Desarrollo Integral en el Estado de Michoacán, cuya misión fundamental – al menos así se hizo público – era la de brindar todo el apoyo posible al gobernador del Estado (extracción priista) quien se había visto sobrepasado por el clima de desasosiego que prevalecía en todo el estado, especialmente, como consecuencia del surgimiento de las Autodefensas o Guardias Comunitarias, integradas por civiles armados que se alzaron en contra de los grupos organizados que pululaban a lo largo y ancho de dicha entidad federativa.

Visto desde la perspectiva como si fuésemos casuales espectadores de una corrida de toros presenciada desde la barrera, el remedio resultó peor que la enfermedad, ya que, por una parte, se vio reforzada la enorme fuerza disponible por parte del gobierno federal en dicha materia, pero por otra, existen fundadas sospechas de que, no obstante la indispensable presunción de buena fe por parte del estado – se registró una flagrante violación del pacto federal por virtud de la forma y el fondo utilizados por nuestras máximas autoridades del Poder Ejecutivo para desahogar una situación que pudo haber sido manejable en forma diferente, si para ello se hubiesen agotado las debidas instancias determinadas dentro del orden constitucional.

Lo cual, por supuesto, no se hizo.

Poco avance se ha registrado en dicha materia, ya que, está probado que les resulta más sencillo a la gran mayoría de los gobernadores estatales acudir al auxilio del gobierno federal para la resolución de sus más ingentes problemas en materia de seguridad pública, por vía de la demanda del envío de suficientes elementos de fuerzas federales (Ejército, Armada, y Policía Federal) que desplegar los recursos públicos propios a su alcance en dicho menester.

Por lo anterior, no debe extrañarnos que se disponga de un registro de innumerables eventos en medio de los cuales, ya sea de forma voluntaria, o en función de órdenes específicas recibidas por sus altos mandos, las fuerzas armadas han sido protagonistas de algunos eventos significativos, como son los casos específicos de Tlatlaya (Estado de México) y Ayotzinapa (Guerrero) en los cuales, de conformidad con los respectivos informes emitidos por la Comisión Nacional de los Derechos Humanos (CNDH) fueron conculcados- muchas veces a mansalva - los derechos fundamentales de integrantes de la población civil, supuestamente, involucrados en dichos eventos.

El caso concreto de Tlatlaya, verificado el 30 de junio de 2014, según el informe de la CNDH elementos del ejército ejecutaron, dentro de una bodega en San Pedro Limón, a 15 de las 22 personas halladas en el suelo de la susodicha bodega.

Por lo que respecta al caso Ayotzinapa, que se volvió icónico, en el cual desaparecieron 43 estudiantes de la Escuela Normal Rural Isidro Burgos, de Ayotzinapa, Guerrero, los eventos partieron de una actividad que, en principio, nada tuvo que ver con la decisión adoptada por el alcalde de la ciudad de Iguala (PRD) quien ordenó a la policía local detener a un grupo de estudiantes que supuestamente habían sido enviados para boicotear un acto público en medio del cual su cónyuge estaba rindiendo el informe de labores correspondiente a su gestión como presidenta del DIF municipal.

Nada hubiera trascendido a la luz pública sobre la incontrolable acción de la fuerza policial, si para ello no se determinara que en el fondo de dicho entramado subsistió una tenaz pugna de intereses entre integrantes de dos carteles del crimen organizado: Guerreros Unidos y Los Rojos, por lo cual, ante la evidencia de que ni el gobierno municipal, ni el estatal (cuyo gobernador era militante del PRD), iban a logran avanzar en los trabajos de investigación, la PGR atrajo la misma, y con ello, un verdadero galimatías en medio del cual quedaron entre las patas de los caballos, tanto el propio titular de la PGR – a quien le costó el puesto -, como a la Secretaría de la Defensa Nacional, cuyo 27 Batallón de Infantería tiene sede en las inmediaciones de la propia localidad de Iguala, y por extensión, al mismo presidente de la república que no supo o no quiso desmarcarse a tiempo, circunstancia por la cual recayó sobre sus hombros la responsabilidad histórica del desafortunado evento.

El entuerto fue de tal dimensión (internacional) que resultó necesario autorizar el involucramiento de un Grupo Interdisciplinario de Expertos Independientes (GIEI) conformado por juristas y médicos legislas quienes, en principio, avanzaron en una investigación de los hechos desde el punto de vista científico, mismo que dejo muy mal parados los trabajos previamente realizados por sus contrapartes mexicanas a los tres niveles de gobierno.

Si bien es cierto que, hasta el momento de concluir con la redacción de la presente obra, los familiares y amigos de los 43 desaparecidos de Ayotzinapa siguen demandando justicia, derecho que, posiblemente, nunca alcanzarán, así como la entrega de los restos mortales de hijos y familiares, este capítulo de infortunio para nuestro país, continuará presente, como una especie de cicatriz sangrante que podrá ser utilizada como muestra fehaciente de nuestra incapacidad institucional para hacer frente a la conflictiva situación en medio de la cual nos desenvolvemos.

Y, aunque los reflectores de los principales medios masivos de comunicación globales empezaron a enfocarse hacia otros ámbitos de la coyuntura mundial - ajenos a nuestros intereses - de repente en el verano, y gracias a un reportaje surgido de la labor periodística de un grupo de investigación encabezado por una de las comunicadoras más destacadas de México (desde mi particular punto de vista), colgó en su portal de noticias el 9 de noviembre de 2014, la información sobre la sospechosa adquisición de la primera dama de la nación, por $7 mdd., de una residencia, a la que, como consecuencia del color dominante del inmueble, se denominó Casa Blanca, ubicada en el lujoso barrio capitalino de las Lomas de Chapultepec.

La información divulgada por el referido portal noticioso, en todo caso, no giró en el entorno a la posibilidad de que la pareja presidencial tuviera o no los recursos económicos suficientes como para disfrutar de un bien suntuario de tal categoría, ya que, es de público conocimiento que la hoy primera dama de la nación, antes de su matrimonio con el actual jefe de estado, desempeñó con éxito una productiva carrera artística como protagonista de programas para una cadena de televisión privada considerada como la que reporta el mayor volumen de ventas dentro del mercado nacional.

En todo caso, el quid de todo el asunto, parte del supuesto

de que dicha residencia fue construida, ex profeso y a la medida, por al empresa inmobiliaria del Grupo Higa, entidad que cosechó cercanos vínculos con quien fuera el Gobernador del Estado de México durante el sexenio 2005-2011, periodo durante el cual, fue públicamente conocido que el Grupo se vio beneficiado de sustantivos contratos de todo tipo de obra pública.

La incógnita a despejar ronda en el entorno de si hubo o no conflicto de intereses a los fines de nuestro derecho positivo, algo que, en su momento, fue soliviantado por la Secretaría de la Función Pública Federal, la cual, a través de su titular determinó – el 21 de agosto de 2015 – que, conforme a la praxis en dicha materia, no existe fundamento alguno para sustentar una hipótesis de esa naturaleza.

Una de las consecuencias políticas más destacados suscitadas como resultado directo de este espinoso caso, fue la inmediata cancelación de uno de los más emblemáticos proyectos anunciados por el titular del poder ejecutivo el mismo día de su toma de posesión (1 de diciembre de 2012): la construcción del Tren de Alta Velocidad México-Querétaro, con un valor estimado de $ 58 mil mdp. La obra fue adjudicada, en principio, a la empresa internacional China Railway, en consorcio con una empresa de origen francés, y con cuatro compañías mexicanas, (GIA+A, Constructora Teya y Prodemex) todas, propiedad de conocidos contratistas gubernamentales, especialmente, en el caso de Constructora Teya, la cual estaba en manos del mismo empresario que fuera señalado como quien vendió el ostentoso bien inmueble adquirido por la primera dama.

Conocidos los nocivos efectos de tal escándalo, en su oportunidad, no le quedó más remedio a la Secretaría de

Comunicaciones y Transportes (SCT) anunciar perentoriamente la cancelación del proyecto en comento con el fin de intentar (por lo menos) salvaguardar cualquier género de duda o suspicacia en torno a la transparencia con la cual fue manejado el tema.

No obstante lo anterior, la principal afectada, es decir, empresa China Railway, no sólo se inconformó ante las autoridades mexicanas responsables del descalabro del proyecto, sino que, a su vez, presentó una demanda en contra del gobierno de México del orden de 600 mdd., equivalentes a $11,294 millones 520 mil pesos por reparación de los daños causados derivados de la cancelación del contrato suscrito entre las partes.

Un poco después, el 11 de diciembre del mismo Annus Horribilis para la presidencia de México, el conocido cotidiano The Wall Street Journal denunció públicamente la adquisición de una residencia de descanso (recreo) en Malinalco, Estado de México, por parte del entonces Secretario de Hacienda y Crédito Público alter ego presidencial, comprada, conforme a la hipótesis enunciada por el periódico estadounidense a la inmobiliaria Bienes Raíces H&G., S.A., la cual, a su vez, es subsidiaria del Grupo Higa (favorecido, como ha sido ya mencionado, durante el sexenio del gobierno de Estado de México 2005-2011 con ingentes contratos de obra pública), bajo condiciones inusualmente ventajosas para este tipo de intercambios comerciales, a favor del adquirente.

En otro orden de ideas, uno de los criminales más conocidos tanto dentro de nuestras propias fronteras, como allende las mismas, es el del narcotraficante y líder del Cartel de Sinaloa, Joaquín Guzmán Loera alias El Chapo, reincidente, y a su vez, protagonista de dos fugas cinematográficas llevadas a cabo de penales federales de que se tenga memoria.

Este líder de uno de los principales carteles de narcotráfico, quien gozó de relativa libertad desde la fecha de su primera fuga del penal federal de Puente Grande Jalisco, el 19 de enero de 2001, hasta su recaptura en Mazatlán, Sinaloa, el 22 de febrero de 2014, fue enviado al penal federal de El Altiplano, en el Estado de México, lugar desde donde, nuevamente, se fugó, a través de un túnel cavado por expertos en esa materia, el 11 de julio de 2015, puso en jaque a todo el establecimiento carcelario mexicano, y a las dos principales cabezas visibles del régimen encargadas de orientar la política de seguridad nacional: el secretario de gobernación, y el propio presidente de la república, cuya mácula, una vez más, quedó sobradamente manchada con la comisión de tal afrenta infringida nada más y nada menos, por un criminal del perfil internacional del que disfrutaba El Chapo.

Afortunadamente para todos nosotros, el episodio criminal fue zanjado, al menos por lo que respecta a la responsabilidad de gobierno federal, por la vía de una nueva recaptura el 8 de enero de 2016, así como su posterior extradición a los Estados Unidos de América (19 de enero de 2017), país en el cual se le iniciaron juicios diversos, abiertos por causas vinculadas al tipo de actividad delictiva que desarrolló durante el curso de su amplia carrera criminal.

Sin embargo, las malas noticias que acompañaron a ésta, considerada la segunda parte del sexenio 2012-2018, siguieron a la orden del día en años subsecuentes, como sucediera con el caso del evento registrado en la población de Tanhuato, en el estado de Michoacán, el 22 de mayo de 2015, durante el curso de un enfrentamiento entre integrantes de la Policía Federal y un grupo armado en el que, fallecieron 43 personas, dentro de las cuales 42 pertenecían a los supuestos atacantes y tan sólo, una baja que fuera reportada en contra de los agentes federales.

Sobre dicho evento, la CNDH como viene siendo habitual, realizó un informe del cual se desprenden algunos datos del mayor interés público, como fue el caso de que se comprobó que los policías federales ejercieron un uso excesivo de fuerza en contra de los supuestos criminales contra quienes se enfrentaron. Fue manipulada la evidencia y se dio trato indigno a algunos de los cadáveres encontrados en la escena del crimen, se registraron, también, actos de tortura en contra de civiles, a su vez, fueron sembradas armas y municiones, y se manipularon algunos cadáveres, al tiempo que fueron quemados otros. Quedó constancia de que, al menos, se registraron 22 ejecuciones de personas.

Incursos en la misma secuela de adversidades, un nuevo e importante descalabro sufrió el partido en el poder en ocasión de las elecciones estatales celebradas el 5 de junio de 2016, resultado de las cuales el gubernamental PRI perdió a favor de partidos políticos de oposición 7 de las 12 gubernaturas que estuvieron en juego, de entre las que se destacan las de los estados de: Durango, Quintana Roo, Veracruz y Tamaulipas, entidades que habían venido siendo gobernadas por dicho instituto político por espacio de (nada más y nada menos que) 86 años.

Dicho descalabro fue seguido por sendos escándalos suscitados como consecuencia de los actos de (pillería) corrupción registrados en algunos estados emblemáticos del país, como fueron los casos de Veracruz y Quintana

Roo, referidos en capítulos precedentes, cuyos ex titulares del ejecutivo, presuntamente se llenaron los bolsillos con ingresos provenientes de los erarios públicos puestos bajo su responsabilidad, principalmente, para la ejecución de asuntos diversos de la mayor relevancia determinados a favor del avance y el progreso de esas dos entidades federales.

Un poco más tarde, el 19 junio de 2016, en la población de Asunción Nochixtlán, Oaxaca, se verificó un desalojo de familiares y profesores integrantes de la CNTE que protestaban en contra de la reforma educativa puesta en marcha por la administración federal, especialmente por lo que respecta a la mecánica determinada para el Sistema Nacional de Evaluación para la Educación. En dicho operativo a cargo de la Policía Federal se registraron seis víctimas mortales, además de 108 personas que sufrieron heridas de todo tipo.

Nuevamente, el gobierno federal quedó incurso en una investigación llevada a cabo por la CNDH, cuyas secuelas están aun por verse.

Eventos como los señalados se repiten con mucha frecuencia en México, sobre todo, derivados de la acción directa – y muchas veces al margen de los debidos controles – por parte de todo tipo de autoridades, ya sean estas federales, estatales o municipales, como sucedió, justamente, en casos emblemáticos durante el sexenio correspondiente en que el actual primer mandatario ejercía el cargo de gobernador del Estado de México, y que ha sido, recientemente, ventilado por la Corte Interamericana de Derechos Humanos (CIDH) instancia que atendió los casos presentados en contra de México por un grupo de once mujeres que denunciaron haber sido sometidas a violaciones de sus derechos humanos, torturas de carácter sexual y todo tipo de agresiones, en los eventos suscitados en los municipios de San Salvador Atenco y Texcoco, la madrugada del 3-4 de mayo de 2006.

En ese entonces, y de acuerdo con las investigaciones del caso, se supone que elementos de la policía estatal reprimieron –violentamente- a manifestantes que protestaban, pacíficamente. Posteriormente, hasta donde se supo, realizaron detenciones y/o consignaciones en contra de un número indeterminado de personas, entre las cuales, figuraron las once afectadas, las cuales fueron victimizadas dentro de los términos enunciados en las acusaciones respectivas.

Nuestro país, en todo caso, aceptó responsabilidad por los hechos que le fueran imputados y aceptó el llamado de la propia CIDH a la "No Repetición" de los mismos, quedando asentado que, en todo caso, fueron violadas, entre otras normas de obligatorio cumplimiento, la Convención Americana sobre Derechos Humanos; la Convención Interamericana para la Prevenir y Sancionar la Tortura; y la Convención para Prevenir, Sancionar y Erradicar la Violencia en contra de la Mujer.

Otra de las asignaturas pendientes que debemos reforzar es la del cumplimiento efectivo de las normas relacionadas con el debido respeto por los derechos fundamentales de las personas, cuya omisión no podemos ni debemos soslayar, ni tolerar, ni apapachar, sea cual sea la causa de la violación ce las mismas, especialmente, cuando se trata de actos cometidos por agentes gubernamentales, independientemente del nivel al cual pertenezcan los mismos (federal, estatal o municipal) generalmente, perpetrados en contra población civil indefensa.

El colofón de los muchos sinsabores que ha vivido nuestro país en el interregno del presente sexenio sucedió, justamente, el mes de septiembre de 2017 en el que México entero sufrió la violencia de dos importantes movimientos telúricos, el primero, de 8.2 grados, el día 7, afectando principalmente la zona sureste del país, y el último, de 7.1 grados, que afectó la ciudad capital. Ambos eventos – como fuera señalado con anterioridad - causaron caos y destrucción, y revivieron escenas muy parecidas a sus similares, las vividas en ocasión de los sismos que acontecieron, el mismo mes de septiembre, en el año de 1985.

La relación bilateral con el gobierno de los Estados Unidos de América (EUA) es, sin lugar a dudas, uno de los asuntos más relevantes de la agenda política del México. Lo anterior, independientemente del tipo de orientación ideológica que inspire, en su caso, al gobierno de nuestro país, el cual puede ser de izquierda, de derecha, o de centro, o en su caso pertenecer a alguno de los rangos intermedios de la clasificación con la cual actualmente se intentan delinear las diversas fuerzas políticas emergentes a nivel global.

Para nuestro mayor pesar, y por supuesto desde mi particular punto de vista, los signos externos esbozados al comienzo de la administración federal 2012-2018, no fueron – desde la perspectiva estadounidense – todo lo alentadores que nuestra contraparte hubieran deseado, sobre todo, desde la perspectiva del esbozo de colaboración en materia de combate al fenómeno del crimen organizado y el tráfico ilegal de estupefacientes, determinado, especialmente, a través de la Iniciativa Mérida, misma que ha sido comentada en su oportunidad, ya que, bajo el supuesto del ejerciendo pleno de sus funciones soberanas el gobierno federal, de un solo plumazo, cerró a cal y canto nuestras respectivas fronteras e interpuso un veto explícito al esquema de cooperación delineado por el ambicioso proyecto bilateral.

Baste recordar al respecto que, desde los primeros días del sexenio que corre, se procuró desmantelar (sin justificada razón aparente) todo el esfuerzo determinado con la creación de la Secretaría de Seguridad Pública Federal, así como de la mayoría de las acciones encaminadas hacia la desconcentración de las funciones que, en dicha materia, corresponde ejercer a autoridades a nivel estatal y municipal tal cual lo determina la propia constitución política del país.

Como consecuencia de lo anterior, los desencuentros estuvieron a la orden del día, es decir, tuvimos, en lo que tiene que ver con el marco de la relación bilateral, más debilidades que fortalezas. En tal sentido, recordemos, por ejemplo, las acciones determinadas por el gobierno estadounidense correspondiente al período 2009-2017, en cuyo segundo cuatrienio designó en México a un representante diplomático quien supuestamente era uno de los especialistas del Departamento de Estado en adscripciones calificadas como "Estados Fallidos" dando por descontado – en buen cristiano – que esa era la categoría en la cual había sido ubicado México (Gulp).

En represalia, quien a la postre fungía en calidad de presidente de México 2006-2012 retiró el placet al enviado diplomático estadounidense, valiéndose para ello del contenido de la información sobre México enviadas de forma confidencial al Departamento de Estado, mismas que, por coincidencia, fueron filtradas a la opinión pública internacional en el portal de noticias Wikileaks, manejado por Julián Assange.

Con independencia de si la información reservada que el embajador compartió con su gobierno ameritaba o no una sanción de dicho calibre – que, dicho sea de paso, es lo peor que puede sucederle a un jefe de misión en funciones -, el hecho fue calificado, en su momento, por la propia Secretaria de Estado, como algo innecesario, fuera de lo común y quizá inamistoso por parte de México (su presidente, en todo caso), lo cual, desde mi punto de vista, desmereció la alta estima que, supongo, dispensaba (formalmente) dicha administración estadounidense a su contraparte mexicana.

Nosotros, en todo caso, continuamos sin inmutarnos. Es posible que, al más alto nivel de la toma de decisiones trascendentales en materia de política exterior, se pudiera llegar a desconocer que los enviados diplomáticos a nivel de embajador deben desempeñar sus funciones en medio de las mejores condiciones posibles, entre las cuales, se incluye la elaboración de sus respectivos informes mismos que deben ser analíticos, perspicaces e intuitivos, además, de otras múltiples cualidades, entre las que no se incluye la de sumisión al estado ante el cual se encuentran acreditados.

Deben ser, además, en extremo críticos, sobre todo, si se diera la posibilidad de que perciban dentro de la atmósfera de su entorno que el estado ante el cual se encuentran acreditados mantiene rasgos de ineficacia en el cumplimiento de sus obligaciones institucionales, en su caso, que los más altos representantes del propio estado se desenvuelvan en el contexto del manejo de cierto tipo de pautas contrarias a los usos y costumbres determinados para las buenas prácticas gubernamentales por parte de la comunidad internacional, como indudablemente sucede en países como el nuestro, en donde la excepción a la regla se constituye en el cumplimiento eficaz del ordenamiento jurídico vigente, es decir, vivimos en medio de un estado de caos, resultado directo de la crisis sistémica prevaleciente de nuestras principales instituciones gubernamentales.

La transición de una administración bajo sino Demócrata que, supuestamente, cumplió satisfactoriamente su agenda bilateral con México (lo cual está por verse) vis a vis su sucesora Republicana que, formalmente, asumió el poder el 20 de enero de 2017, llegó acompañada por un inesperado torbellino que, a estas alturas del paseo, no hemos podido descifrar, ni al menos, entender el enigma que se nos plantea, sobre todo, desde la perspectiva de la manifiesta animadversión en contra de México, que desde el inicio de su ascendente carrera política hiciera patente quien a estas alturas del paseo, es el residente principal del número 1600 de Pennsylvania Ave., N.W., Washington D.C., 20500, en los EUA.

Para llegar a comprender el suceso, baste recordar que desde el comienzo de su meteórica campaña para alzarse con la postulación del Partido Republicano, el hoy 45º presidente de los Estados Unidos de América, ha sido especialmente incisivo en todo lo que atañe a nuestro país, como serían los casos específicos de los temas de migración, el combate al crimen organizado en general, y al tráfico de todo tipo de estupefacientes, en particular, así como a otros temas de la mayor relevancia para las partes, como son los los insertos en la agenda comercial - que compartimos, también con Canadá -, en el marco del Tratado Trilateral de Libre Comercio (TTLC) vigente para todas las partes desde enero de 1994, razones suficientes que nos hacen suponer que justifican la idea de erigir un inmenso Muro fronterizo, tan grande, como que sea capaz de abarcar todos y cada uno de los rincones de los 3,185 kilómetros de que consta la línea imaginaria que ahora nos separa.

Y, a todo esto, el gobierno federal (sí, el nuestro), en lugar de plantarse en su macho – como en todo caso hubiese sido lo deseable – ha interactuado de forma sumisa, timorata, o por lo menos, pusilánime, rindiendo una injustificada pleitesía a un personaje salido de la nada, que sólo se ha jactado de algunos de los antivalores que pueblan por su mente acalorada, mismos que forman parte de una subjetiva agenda internacional hecha a su imagen y semejanza, en la cual, se destaca el menosprecio de países con una riquísima tradición y cultura propias, como el nuestro, que es, y ha sido, a su vez un privilegiado aliado histórico y confiable, que jamás le ha vuelto la espalda al coloso del norte, al que seguimos considerando (formalmente) como nuestro mejor aliado y socio a todos los efectos posibles del caso.

Hemos sido, hasta el momento de concluir con la presente obra, vituperados en infinidad de ocasiones, la primera, en junio de 2015, apenas al inicio de su meteórica carrera por la candidatura presidencial del partido Republicano, en la fecha vociferó: "...cuando México envía a su gente, no nos mandan a los mejores. Nos mandan gente con un montón de problemas, que traen drogas, crimen y son violadores..". Además, en una ocasión similar, señaló que una de las premisas en las cuales sustentaría los principios para la relación bilateral, será la siguiente: "...construiré un gran muro (en la frontera) y voy a hacer que México lo pague...".

Con esas (ofensivas diatribas) y con otras tantas similares de igual o peor calibre, despotricadas conforme la coyuntura política se le iba presentando - muy apropiadas al contexto de su muy exquisito y bien elaborado lenguaje político -, buscó y obtuvo la complicidad de quien a la postre se convertiría en su contraparte obligada del lado mexicano, una especie de aval a la vulgaridad que le caracterizó durante ese lapso de tiempo en que se constituyó la campaña política.

Sucedió, en todo caso, lo irremediable. Gracias a los buenos oficios (complicidad) de una pareja de alter egos en nuestro caso el entonces titular de la SHCP, y por parte estadounidense, el yerno del aspirante presidencial, quienes elucubraron, conjuntamente, lo que nadie se imaginaba – que, además, causó estupor (por decir lo menos) a nivel nacional-, que el candidato republicano en ciernes (sí, el mismo que nos había sobajeado un día si y otro también) viajara a nuestro país, que en la ocasión, fuera recibido, casi, con la calidad de jefe de estado (trasladado, además, en uno de los helicópteros al servicio presidencial), y que para colmo, aprovechara esa magnífica oportunidad, para volvernos a humillar, esta vez, reiterando su amenaza en el entorno de construir un Gran Muro y que el costo de tan suntuosa obra, sería pagado por México.

¡Una verdadera y absoluta desvergüenza, no les parece!

A partir de dicho momento de irreflexión política por parte nuestras más altas y legítimas autoridades políticas, lo que ha seguido, forma parte de una retahíla que aparenta no tiene fin.

Así, ha quedado expuesto en todas y cada una de las

diversas oportunidades en las que, fingiendo un sentimiento de casualidad, nuestro más alto representante político, ha enfrentado cara a cara (en el marco de foros multilaterales) a su contraparte estadounidense, quien persiste en seguir humillando a México por vía de reiteradas ofensas, suponiendo que, con esa actitud cosecha a favor de su propio futuro de cara a obtener una segunda nominación para ser reelecto para un nuevo período de cuatro años al frente de los destinos de su país.

No hemos podido concretar un objetivo primario que antes se encontraba al alcance de la mano, es decir: que nuestro presidente sea recibido en buena y debida forma en la Casa Blanca, en el marco de una verdadera visita de estado, como ha venido sucediendo desde tiempo inmemorial, en todas y cada una de las distintas administraciones presidenciales de nuestro país en tiempo modernos, al menos, hasta donde alcanza la memoria que contiene el registro histórico de acontecimientos de tal naturaleza.

Fuimos obligados a cancelar la única invitación oficial recibida a dicho efecto (enero de 2017), ya que nos fue confirmado que en la agenda bilateral contemplada por la administración de 45º presidente estadounidense, habían sido inscritos temas que denotaban alta susceptibilidad para México, como el de la construcción de un Gran Muro, la incidencia del crimen organizado mexicano en los altos índices de consumo de todo tipo de estupefacientes en la Unión Americana, la obligada renegociación del TTLC (caso contrario sería denunciado unilateralmente), y la suspensión del "Deferred Action for Childhood Arrivals" (DACA) mejor conocido como Programa de Acción Diferida para el Ingreso de Menores, adoptado en junio de 2012, y determinado para favorecer a 800 mil extranjeros, mejor conocidas como "dreamers" o soñadores, de los cuales, 78% (624 mil) son mexicanos.

En dicho contexto, las más amplias expectativas que suscitaron (a nivel internacional) el acceso al poder de una nueva generación de políticos vinculados al PRI (a pesar de todo), fueron decayendo paulatinamente, conforme hemos ido avanzando en del desarrollo del más ambicioso plan de gobierno que fuera sustentado a cal y canto (Pacto por México), al menos, durante el trascurso de los primeros dos años. Acto seguido, dicho proyecto quedó apenas apuntalado con pequeñas tachuelas, mismas que lo fueron, paulatinamente, debilitando, hasta llegar a estas alturas del paseo, lo cual nos brinda la oportunidad de contrastar sus respectivas fortalezas, frente a sus indudables debilidades, ganando por varias cabezas de diferencia (como suelen considerar los verdaderos aficionados a la hípica), las últimas sobre sus predecesoras.

Nos encontramos actualmente ad portas de que concluya el periodo constitucional determinado a favor de la presente administración, tiempo oportuno – desde mi punto de vista – para realizar un balance, aunque sea de forma preliminar, sobre su actuación, lo cual nos permite, al menos, virtualmente desnudarlo para que reciba, esperemos que con toda humildad, el juicio de un electorado plenamente insatisfecho, que habrá de determinar, en poco más de seis meses, el futuro destino de un país que se encuentra en medio del dolor que le producen las mayores y más profundas cicatrices de las que tengamos memoria, las cuales recibimos como parte del legado histórico más adverso de que tengamos memoria.

Se irán, tal cual llegaron, con el rabo entre las patas, eso sí, cargados con muchísimos millones, sobre todo, de ilusiones arrancadas al noble pueblo de México, a cambio de no haber podido (querido) ofrecer nada. No cambió ni la situación de pobreza o pobreza extrema que nos ha caracterizado a lo largo y ancho de los más de ochenta años en que fuimos gobernados por los mismos desentrañados de siempre (la oferta fue de un crecimiento promedio anual del PIB del orden del 4 o 5%); no superamos, como era nuestro mayor deseo, los umbrales de violencia heredados como consecuencia directa de la ausencia de un estado real y verdadero en importantísimos rincones de esta Suave Patria, como fuera cantada por Ramón López Velarde.

El Orden y la Justicia, primaron por su ausencia. Vivimos en lo que podríamos suponer como un eterno desorden, en medio de un clima de caos e injusticia; volvemos a nuestros orígenes: la ley de la selva. Prima, quien es capaz de someter de la forma más despiadada (fiera) posible al más débil, que concurre a la pugna, quien no sólo es vencido, sino que, además, es cegado, y obligado a culminar su ciclo de solaz esparcimiento en este planeta, en medio de esa nada infinita que tanto nos angustia.

Ante la crítica de la cual ha sido objeto, sustentada con autoridad, la respuesta ha sido siempre con una sin razón de calibre tal como la muy memorable pronunciada por el protagonista del sexenio (25 de octubre de 2016): "..ningún presidente se levanta en la mañana pensando como joder a México..", aunque, en principio, eso fue, justamente, lo que se ha venido haciendo un día sí y otro también, a lo largo de los más de 1,825 días transcurridos desde su ascenso al poder.

Algo similar sucedió, por ejemplo, el 12 de julio de 2017

con el caso del inmenso socavón de seis metros de profundidad y 10 metros de ancho, abierto a la altura del kilómetro 93+600 de la Autopista Cuernavaca-Acapulco, obra hiper costosa que apenas había sido inaugurada recientemente y sobre la cual subsisten serias dudas sobre la forma y el fondo en que la misma fue contratada y ejecutada. La responsabilidad principal, en todo caso, si se llegara a fincar algún tipo de sanción, recaería directamente en el titular de la Secretaria de Comunicaciones y Transportes.

Y, así como si nada hubiera sucedido, nos quedamos todos. Se avecinan tiempos aciagos, no olvidemos que 2018 además de ser el año de Hidalgo, se constituirá en un período con infinidad de cambios de todo tipo para nuestro aquejado país, comenzando porque dispondremos, a partir de la culminación del proceso electoral del mes de julio, de una nueva administración federal, que ojalá coadyuve en la medida de sus posibilidades a mejorar el estado de ánimo que hoy nos caracteriza, partiendo del supuesto de que, lo peor que pudo habernos sucedido, lo estamos padeciendo durante el curso de la presente coyuntura.

Cualquier cosa que suceda y que contribuya a mejorarla, por supuesto que será bienvenida, sobre todo, aquellas iniciativas encaminadas a poner un punto final al clima de corrupción e impunidad que ahora nos afecta por igual a todos y cada uno de los mexicanos.

Que se acaben, de una buena vez, los cientos de miles de tlachiqueros que se han adueñado de los principales espacios públicos de interacción ciudadana, evitando con ello que tengamos el gobierno que realmente nos merecemos.

EPÍLOGO

Se concluye la presente obra en un clima de la más absoluta incertidumbre. Mucho pesar nos ha causado ir repasando, de la mano de usted, muy apreciado lector, el grave daño del que han sido objeto las principales instituciones políticas del país, mancilladas, sin límite alguno, por los mismos inescrupulosos de siempre, los integrantes de clanes políticos - como el que predomina actualmente en el panorama de México -, los que siempre han vivido de eso, justamente, de hacer fortunas con cargo a los recursos públicos que todos, sin excepción, hemos aportado puntualmente a las arcas nacionales.

Si bien es cierto que México no es una nación aislada al impacto negativo que ha venido suscitando el fenómeno de la corrupción, indefectiblemente, asociado a la impunidad que, por otra parte, se presenta, también, en un número importante de otras naciones similares o distintas a la nuestra, el caso es que, justamente, nos corresponde a nosotros (y solamente a nosotros) la obligación de ponderar dentro de un amplio abanico, las posibles soluciones que debemos adoptar, a la mayor brevedad del caso, en dicha materia, so pena de quedar empeñados ad infinitum a soportar sobre nuestras espaldas un muy humillante círculo vicioso, que nos será, prácticamente imposible de transformar con el simple transcurso del tiempo en virtuoso.

Dicho lo anterior, resulta imperioso hacer sonar (Hoy, Hoy, Hoy) – con todo el aire que sea capaz de producir nuestros respectivos pulmones - el clarín de alerta ciudadana. En unos meses más, tendremos oportunidad de adoptar las decisiones más trascendentales que hayamos tomado a lo largo de nuestra existencia para la viabilidad política de esta gran nación, cuya sangre circula en forma perenne por nuestra venas.

No nos dejemos atraer por el embrujo del canto de las sirenas, de esas mismas voces que estarán en circulación día y noche, hasta que culmine la emisión de 59 millones de mensajes transmitidos urbi et orbi en un desplante más del derroche mediático propiciado ad hoc para beneficio directo de los mismos de siempre (los que anteponen el principio de cuates y cuotas para la solución de cualquier tipo de entuerto político) a los que estamos ahora, más que nunca, dispuestos para anteponerles un amplio frente ciudadano, sustentado en los principios básicos de convivencia reconocidos a ultranza por las ciencias sociales.

Tomemos en cuenta que de los 87.9 millones de mexicanos que acudiremos a los urnas para decidir la suerte de quienes aspiran a integrar los 3,416 cargos de elección popular – entre los cuales el más importante: el de presidente de la república -, ¡seis millones!, sí ¡seis millones! de entusiastas jóvenes (nuestro futuro está en sus manos) acudirán por vez primera a ejercer ese derecho que les privilegia y que, en todo caso, podría significar la diferencia entre seguir gobernados por los mismos intereses de siempre o entregar la estafeta a alguien que, al menos, nos garantice la posibilidad de disponer de un país mejor que el que ahora estamos heredando a nuestros hijos y a los hijos de nuestros hijos.

Estimo que, dicha tarea, no nos será imposible (o muy difícil) de realizar, sobre todo, vistas las grandes alternativas que se nos abren de cara a las múltiples herramientas de comunicación casi instantánea de que actualmente disponemos en la mayoría de los casos, y que nos sirven, tanto para comunicarnos con nuestros semejantes y allegados, como con quienes ejercen algún cargo de representación popular, a quienes, sin mayores ambages, desde nuestra propia trinchera, podemos no sólo increpar, sino también llamar al orden.

Si, entiendo, que las cosas no están como para que asumamos que de la noche a la mañana vayamos a cambiar el curso de los hechos, es decir, cortar por lo sano, y acabar con todo el cobre que afea nuestra cocina, ya que, para una gran mayoría de ciudadanos, es notoria la ausencia de voluntad política de los principales actores que operan en el cenit del poder público para que las cosas cambien, o al menos se modifiquen un poco, por vía de aprobar leyes sin ton ni son (como se ha venido haciendo) que para lo único que sirven, si es que realmente así se les puede calificar, es para exonerarlos de cualquier tipo de responsabilidad directa ante sus electores, y por supuesto, ante la historia.

Un primer paso, podría ser el de buscar analogías con otras experiencias vividas en países de nuestro propio entorno, como el caso de los resultados obtenidos por nuestra vecina más cercana del sur, la República de Guatemala, país que suscribió en diciembre de 2006 con la Organización de las Naciones Unidas

(ONU) - de la cual somos miembros fundadores -, la creación de la Comisión Internacional contra la Impunidad (CICIG) cuyos resultados tangibles están a la vista.

Otro experiencia que me resulta no sólo atractiva, sino muy positiva, tiene que ver con la iniciativa enviada al Congreso por parte del presidente del Perú (cuyo período comenzó el 28 de julio de 2016) mediante la cual se determina la "muerte civil" a todos aquellos funcionarios y empleados públicos que sean declarados culpables por actos de corrupción cometidos en el ámbito de sus responsabilidades.

Por supuesto que, tanto una, como la otra experiencia recogidas del ambiente prevaleciente en dicha materia a nivel regional, deberán disponer, si fuera el caso, de las debidas salvaguardias constitucionales para poder llegar a ser implementadas en nuestro país.

Antes de concluir con el presente ejercicio, abro un paréntesis, con el fin de evitar, en lo posible, que en el ánimo de darnos una nueva y distinta oportunidad para alcanzar el mayor grado de excelencia en materia de gobernabilidad democrática de cara al 1 de diciembre de 2018, vayamos a caer en el gravísimo error que – desde mi muy particular punto de vista – incurrieron nuestros vecinos del norte a la hora en la cual eligieron a su 45º., presidente constitucional, quien además de maltratar a su socio histórico, es decir a México (el Gran Muro) y lo seguirá haciendo hasta el término de su mandato.

Que además, ha convulsionado al planeta entero por virtud de las incontrolables diatribas, de que ha sido objeto en menos de once primeros meses que lleva su mandato, entre las cuales, vengo a destacar las siguientes, con el ferviente deseo de que, al menos, nos sirvan de pauta para reflexionar sobre nuestro voto serio y responsable, en las elecciones del 2018:

* Retiro del Acuerdo Transpacífico de Cooperación Económica (TPP);

* Anuncio de que dejará el Tratado Trilateral de Libre Comercio con México y Canadá (NAFTA);

* Salida del Acuerdo de Paris sobre Cambio Climático (COP21);

* Salida de la Organización de Naciones Unidas para la Educación la Ciencia y la Cultura (UNESCO);

* Paulatino debilitamiento de la Organización Mundial de Comercio (OMC);

* Retiro del pacto de la ONU sobre protección a Migrantes y Refugiados;

* Cancelación del "Deferred Action for Childhood Arrivals" en perjuicio de 800 mil extranjeros, de los cuales 624 mil son mexicanos;

* Entrada en vigor el veto migratorio emitido en contra de extranjeros provenientes de países con religión musulmana;

* Reconocimiento de Jerusalén como capital de Estado de Israel; y

* Posible amenaza del comienzo de una guerra nuclear con Corea del Norte.

¡Qué tal! ¿recuerdan ustedes algún caso concreto de tantas metidas de pata en tan corto lapso de tiempo?

Evitemos, en lo posible, un dolor de cabeza a México y a sus respectivas instituciones públicas y no votemos por un iluminado que, al final, lo único que nos acarreará, será alcanzar un mayor grado de infortunio para todos.

SOBRE EL AUTOR

Ignacio Gutiérrez Pita, nació en la ciudad de México, el 12 de abril de 1950. Estudió la licenciatura de Ciencias Políticas y Sociales en la Universidad Complutense; Maestría en Relaciones Internacionales en la Universidad Francisco Marroquín (UFM) y es candidato al doctorado en Ciencias Sociales de la propia UFM.

Durante 40 años ininterrumpidos trabajó en la Secretaría de Relaciones Exteriores, en su sede de Tlatelolco. Ingresó al Servicio Exterior de carrera (SEM) desde 1972 hasta su retiro voluntario en 2007. Se desempeñó en diversos cargos incluidos en el escalafón del SEM, con adscripciones en Bolivia, Haití, Paraguay, España, y Grecia. Representó a México en calidad de Embajador en Panamá, República Dominicana y Honduras. A su vez, fungió como Cónsul General en Guatemala.

Actualmente es Director Ejecutivo para América del Sur del Consejo Internacional para la Promoción de la Libertad y el Desarrollo Humano Sostenible (PROLIDER).

Ha sido profesor universitario, emprendedor, analista político, consultor internacional, activista social, y es Vexilólogo aficionado.

Made in the USA
Lexington, KY
04 May 2018